曾祥明 · 著

中国特色

ZHONGGUO TESE DUIWAI WENHUA
JIAOLIU DE LILUN YU SHIJIAN

对外文化交流的

理论与实践

东北林业大学出版社
Northeast Forestry University Press
·哈尔滨·

图书在版编目（CIP）数据

中国特色对外文化交流的理论与实践／曾祥明著．—哈尔滨：
东北林业大学出版社，2016.12（2025.4重印）

ISBN 978－7－5674－0991－0

Ⅰ．①中…　Ⅱ．①曾…　Ⅲ．①中外关系—文化交流—
研究　Ⅳ．①G125

中国版本图书馆 CIP 数据核字（2017）第 015610 号

责任编辑：赵　侠　彭　宇
封面设计：宗彦辉
出版发行：东北林业大学出版社
　　　　　（哈尔滨市香坊区哈平六道街 6 号　邮编：150040）
印　　装：三河市天润建兴印务有限公司
开　　本：710 mm×1 000 mm　1/16
印　　张：12. 25
字　　数：219 千字
版　　次：2017 年 9 月第 1 版
印　　次：2025 年 4 月第 3 次印刷
定　　价：58. 80 元

序

文化是一个民族的根和灵魂，是一个国家软实力的重要支撑，是可以推动经济社会进步的独特力量。文化软实力事关立国之本、治国之道与兴国之路。在经济全球化、文化经济化时代，文化外交具有经济外交、政治外交、军事外交所不可替代的作用。文化交流与合作，能够促进国与国之间、人民与人民之间的相互理解与认同，为进一步深化多领域的国际合作提供祥和氛围，奠定互信基础。鉴于文化在国际关系中的重要作用，文化外交已经成为国家外交的重要支柱之一。

中华文化博大精深，源远流长，内涵极其丰富。然而，中华文化资源尚未造就和夯实我国的文化强国地位，甚至在西方政治和军事的强势背景下，呈现所谓"西强我弱"的世界文化格局。"文化实力和竞争力是国家富强、民族振兴的重要标志。"① 我国文化软实力的影响力，相对于经济迅速崛起的硬实力而言，有着明显的不足，我国在文化资源上的优势未能体现出相应的文化软实力及其应有的竞争力。文化立国、文化强国是中国崛起的现实需要。党的十八大倡导提高国家文化软实力，扩大文化领域的对外开放程度。当前，如何向世界传播中华优秀文化，包括传统中国文化和当代中国文化，以中华文化软实力提升国际竞争力，更好地塑造文明的东方大国形象，是我们亟待研究的课题。

在我国，文化外交早已有之。新中国成立以来，党和政府也非常重视对外文化交流。如周恩来总理在外交工作中，高度重视中华文化的传播，鼓励中外文化交流，把文化外交作为拓展新中国外交局面的重要手段。为了让世界更多地了解新中国，他在各种国际交流场合有意识地将民族歌舞、国画、国产电影、传统刺绣等手工艺作品介绍给其他国家和民族，向国外民众展现有着悠久文明历史的中国文化，让世界感受中华文化的魅力。在促进国际文化

---

① 中国共产党第十八次全国代表大会报告。

交流中发挥了积极作用的东方歌舞团，也是在周恩来总理的直接关怀下建立起来的。该团把中国的民族歌舞艺术带到了世界各地，同时也让国人了解到亚非拉国家各具特色的歌舞文化，由此推进了中外文化与社会的沟通和认同。

在文化外交领域，世界上一些国家的做法值得我们借鉴或参考。如法国在第二次世界大战后把对外文化传播作为民族复兴的重要手段，政府制定了相应的文化保护措施，向世界传播法语和法国文化，与西方的英美文化展开竞争。德国于第二次世界大战后成立的歌德学院，则通过对外文化传播与交流，在重塑德国国家形象、赢得国际社会认同方面取得积极成效。印度独立后也高度重视文化外交，1950 年外交部下设印度文化关系委员会，专门负责国家的对外文化交流项目，以提升国家对外影响力和认知度。印度政府还把宝莱坞电影、音乐等文化产业推向世界，在传播印度文化的同时，也获得了可观的经济收益。

近十年来，我国在世界许多国家创办了孔子学院，在中国经济崛起的同时，以积极的姿态大力推进我国与各国教育文化的交流合作，让世界能够真正接触和了解一个爱好和平的中国。当然，孔子学院在运作中也遇到了某些阻力和问题，需要不断完善和改进，不过世界的"汉语热""中华文化热"已是客观存在。习近平总书记于 2013 年 12 月 30 日在中央政治局集体学习时指出，推动中华文化走出去，提高国家文化软实力，关系我国在世界文化格局中的定位，关系我国国际地位和国际影响力，关系"两个一百年"奋斗目标和中华民族伟大复兴的中国梦的实现。这是总书记对全球化背景下文化发展的战略意义的把握。"中华文化热"为我国文化外交的开展创造了条件，但这远远不够，要使"中华文化热"从温度向深度转化，最终成为中华文化软实力，助力中华民族的伟大复兴，则还需进一步的推动。

本书的作者曾祥明博士是我的学生，读书期间给我留下的最深刻的印象就是勤奋好学。他虽然人长得瘦小，但是思维极其活跃，学习动力十足。平日里除了阅读推荐给他的书籍以外，他还博览了大量的政治学和外交学方面的文献。为了尽快提升自己的学术水平，祥明十分关注各高校和研究机构举办的学术交流活动，参加了一系列的学术会议和论文交流、评选活动，这对于拓展他的学术视野起到了积极的作用。每次他向我汇报他的阶段学习情况时，总让我有种眼前一亮的感觉。在他读博士期间，祥明作为国家留学基金委派出的留学生去葡萄牙学习了一年多，为此他还学习了葡语。正是这段出国经历，使他开始关注文化外交，对文化软实力、文化外交研究产生了浓厚兴趣。在欧洲，他亲身感受到中西文化的差异，对中葡两国自近代以来的国家兴衰与力量的此消彼长做了深刻的思考，发出"兴也文化，败也文化"的感叹。回国后，祥明撰写的博士论文《中国文化外交及其对中葡关系的影响研究》在论文答辩时得到校外专家的充分肯定。现在祥明博士已经是中国矿业大学（北京）的教师了，和我一样，教学、科研成了他日常工作的重要内容。此书就是他在博士学位论文的基础上，继续研究中国文化外交的成果。在我看来，这是一份有价值的研究成果。

中国和西方国家在文化、文化价值观上有着很大的差异，这给中国的对外发展时常带来一些不必要的麻烦，需要我们去阐释中国文化和价值理念。文化外交责任重大。祥明博士在此方面所做的研究具有一定的理论价值与较强的现实意义。在本书中，他对文化外交首先做出学理分析，之后详细考察了中国文化外交的思想渊源，分析了实施文化外交的重要现实依据、文化外交追求的主要目标，以及实现这些目标的实施主体与方式等。书中对我国文化外交的发展历程及现实问题与困境也做出了分析与思考。祥明博士通过论析中国特色文化外交是中华民族伟大复兴的必然要求和当然选择，提出中国特色文化外交是助力中国梦的重要路径的认识，并从中国文化外交的道路选择、统筹机制、法治建设等多个方面探讨了中国文化外交助力中国梦的路径体系。本书的研究和探索为我们关注和研究中国文化外交提供了新的思路，特别是祥明博士对中国文化外交发展的前瞻性判断，对中国文化外交发展路径体系的构建分析，以及对于推进我国当前及未来外交事业的发展、文化产业的进步、文化软实力的提升均具有积极意义。

祥明博士的这种探索表达出一位青年学者对国家与民族的责任感，对学术研究的钻研精神，值得鼓励。

目　　录

第一章 绪论

第一节 问题的提出及研究意义

一、选题缘起

（一）文化与文化外交在当今外交活动中的重要性

大发展、大变革、大调整是当今时代的新常态，如何深刻认识时代条件、正确把握时代发展，已是一个刻不容缓的时代命题。面对生态失衡、环境污染、资源短缺、人口膨胀、粮食危机、贫困泛化、贫富分化、阶层固化等诸多世界性难题，仅凭单个国家的力量是难以解决的。因而，寻求合作共赢是各国应对全球性问题的不二选择。合作的前提是达成共识，而共识的达成在很大程度上取决于人们对问题的一致性理解与利益的相互协调。"橘越淮为枳"在于水土相异。对此，马克思主义认为观点相异源于立场不同，而人们的立场深受其所处人文社会环境的影响。一个人所处的文化背景影响着他的所思所想，是一种"关于社会生活的集体无意识"①。一国的历史和文化很大程度上决定了它会以何种眼光来看待这个世界。诚如美国学者麦哲所言："美国国务卿看待周围世界的眼光，会在性质上大大不同于伊朗国王看待世界的眼光，这部分地来自他们不同的个人偏好和意识形态，部分地来自他们各自

---

① 周宏．理解与批判——马克思意识形态理论的文本学研究［M］．上海：上海三联书店，2003：86.

扎根于几千年来不同的文化世界里。"①

东欧剧变、苏联解体等被美英等西方诸国认为是民主的胜利，以至于这些西方国家更加认真看待自己在世界范围的价值观输出及其文化产品出口。在国际交往中，文化因素变得越发活跃，文化对国际社会和国际关系的影响日益明显。随着和平与发展时代的到来和全球化背景下世界各国相互依赖程度的不断提高，以及传统安全和非传统安全问题的相互交织，传统意义上依靠国家经济、军事等硬实力来谋求国家利益的行为越来越行不通，取而代之的是以文化为标志的软实力因素在国际关系中的地位和作用愈益突出。"文化不但不是一个文雅平静的领地，它甚至可以成为一个战场，各种力量在上面亮相，互相角逐。"② 如果说，20 世纪是经济、军事等硬实力竞争的世纪，那么 21 世纪则是文化软实力制胜的世纪。文化软实力正成为世界不同国家在国际政治舞台上竞争的战略制高点。谁率先抢占文化发展的制高点，拥有强大的文化软实力，谁就能够在激烈的国际政治博弈中赢得先机。

众多国家都表达了文化的重要性及实现文化的创造性转化与创新性发展的紧迫性与决心。胡锦涛指出："文化在综合国力竞争中的地位和作用更加凸显，维护国家文化安全任务更加艰巨，增强国家文化软实力、中华文化国际影响力要求更加紧迫。"③ 因此，"要积极开展对外民间文化交流，推动中华文化走向世界"④，"形成与我国国际地位相对称的文化软实力，提高中华文化国际影响力"⑤。李克强在 2014 年的《政府工作报告》中指出，"文化是民族的血脉"，要"增强文化整体实力和竞争力"，"提升文化产业发展水平，培育和规范文化市场。传承和弘扬优秀传统文化，重视保护文物。加快文化走出去，发展文化贸易，加强国际传播能力建设，提升国家文化软实力"，将我国建设成为"现代文化强国"。习近平进一步强调，"要努力提高国际话语权。要加强国际传播能力建设，精心构建对外话语体系，发挥好新兴媒体作用，增强对外话语的创造力、感召力、公信力，讲好中国故事，传播好中国声音，

① Ali A. Mazrui. Cultural Forces in World Politics [M]. New Hampshire：Heinemann Educational Books Inc.，1990：7.
② 萨义德. 文化与帝国主义 [M]. 李琨，译. 上海：上海三联书店，2003：3.
③ 胡锦涛. 中共中央关于深化文化体制改革，推动社会主义文化大发展大繁荣若干重大问题的决定 [N]. 人民日报，2011－10－26 (1).
④ 胡锦涛在中国文代会作代会上的讲话 [N]. 人民日报，2011－11－23 (1).
⑤ 张志军. 推动中华文化走向世界 [N]. 光明日报，2011－10－28 (1).

阐释好中国特色"，以建成"社会主义文化强国"，"提升中国的国家文化软实力"①。学者们分析认为，"被传统的国际关系理论所忽视的文化因素，在国际关系中发挥着举足轻重的作用，而且其作用愈益增强"②。全球化使得"人类社会的文化交流达到了前所未有的规模和程度，加速了文化与外交的结合，促成了文化外交的兴起和发展"③。文化外交对塑造良好的国家形象、维护国家安全、追求国家利益都有正面价值，在外交领域初步形成了与政治外交、经济外交、军事外交的鼎足之势。在外交研究领域，从文化角度研究国际关系和一国对外政策也日益成为国际关系研究中重要的视角与方法。

（二）中国文化外交需求与文化外交建设匮乏之间的矛盾

自古以来，弱国无外交。国际关系的主要内涵是大国关系。在当前西方大国所主导的国际格局中，中国作为一个正在复兴的东方大国④，俨然是一个挑战者，因为中国的发展必然触及现有的国际秩序。现有世界大国为维护自己的既得利益和既有的国际关系格局，必定会调动一切可用力量，想方设法地延缓或阻止中国迈向大国的发展步伐。因此，当前我们所面临的国际形势不容乐观，甚至是险象环生。不论我们如何重申"和平崛起""和平发展"，但现实往往是我们的友好被曲解，我们的诚意被敌视。如今，美国高唱"重返亚洲"，加强与日、韩、菲、澳等盟国的关系，巩固封锁中国的"亚太小北约"。菲律宾、越南等国频繁制造摩擦，不断挑衅，甚至侵夺中国的南海权益。中国作为南海的主权国，到目前为止在南海的实际控制岛屿仅有 9 个（包括由我国台湾驻军的太平岛），越南非法侵占 29 个，菲律宾非法侵占 10 个。⑤ 印度与越南、新加坡、菲律宾等在马六甲海峡附近联合军演，积极推

---

① 习近平. 建设社会主义文化强国，着力提高国家文化软实力 [EB/OL]. 新华网. (2013－12－31) [2014－08－20]. http：//news. xinhuanet. com/politics/2013－12/31/c_118788013. htm.

② 俞新天. 强大的无形力量：文化对当代国际关系的作用 [M]. 上海：上海人民出版社，2007：1.

③ 简涛洁. 冷战后美国文化外交及其对中葡关系的影响 [D]. 上海：复旦大学，2010：12.

④ 按照国际上的通用观点，考察一国是否为大国的因素主要有以下几点：人口、领土面积、经济总量、政治影响力、军事实力。中国的人口数量居世界第一，无疑是人口大国；国土面积居世界第三，是领土大国；经济总量已居世界第二，是经济大国；中国是联合国五大常任理事国之一，具有否决权，从这点讲，也是政治大国；中国还是世界核大国和航天大国。但是中国也面临几点尴尬：一是中国仍未完全统一，是目前世界大国当中唯一没有实现统一的国家，众多的岛屿和领土被他国占领，海上又遭遇美日等国的封锁；二是人均 GDP、人均资源占有量仍处于世界较低水平。

⑤ 梁嘉文，李雪青. 中国在南海"失去的十年"：被南海宣言捆绑了手脚 [EB/OL]. 中华网. (2011－06－28) [2014－08－16]. http：//news. china. com/zh_cn/focus/nhctsj/11101498/20110628/16618928. html.

行"东进政策",并增兵中印边境,妄图在藏南领土争端上增加对中国谈判的筹码。在西方某些国家的怂恿下,非洲部分国家认为中国是掠夺非洲资源的新的经济殖民者。^① 西方大国以民主为旗号主导下的伊拉克战争、利比亚战争,让中国蒙受重大经济损失。^② 据中国商务部消息称,截至 2013 年 3 月,中国有 26 家企业进入利比亚,涉及 200 多亿美元的项目,利比亚危机爆发后,中国国企的项目全部暂停,涉及金额超过 90 亿美元。利比亚恢复和平,项目保留下来的不多,新政府对于之前工程的欠款基本不予支付。战后各方同意部分项目的重建,但战乱过后,之前完工项目价值难以评估。^③ 这种大规模的损失最后都得由中国来埋单。

面对如此复杂多变的外部挑战,我国应如何选择国际战略?和平发展能否破局?如何让各国民众理解中国参与经济全球化?实现中华民族的伟大复兴是否有利于国际社会的共生共赢?让他国"接受中国外交的总体思路,承认国际关系的多元化,包括各种民主价值观、各种民族宗教文化的多元共存,在全球化的进程中,中国寻求的是共赢、多赢,构建和谐世界"^④。为此,中国在独立自主和平外交政策的基础上,逐步推出"与邻为善、与邻为伴""负责任大国""和谐世界""中国梦""亲、诚、惠、容"等友好的外交思想,但面对当前西方人一贯的丛林法则思维,中国人的这些努力收效不大。西方的逻辑是"正在崛起的大国对现有的国际秩序提出挑战"^⑤。而在传统的国际政治生态中,战争是世界霸权兴衰更替所倚赖的必备条件,即通过依靠武力和对外侵略扩张行为实现崛起。从历史来看,在国际体系中,一个新的权力实体的兴起,都会试图用一种全新的方式来展示实力以确立自身新的国际地位。如早期欧洲的海上扩张和殖民帝国、希特勒的纳粹德国与军国主义日本发动的世界大战、美国的空中优势和全球经济霸权。因而,"没有理由相信中国的崛起是个例外"^⑥。他们天然地认为,崛起到一定程度的中国必然试图通过硬实力去改变世界局势。如美国芝加哥大学政治学教授米尔斯海默认为,"只要

---

① 潘晓亮. 商务部长陈德铭称:指责中国掠夺非洲资源系污蔑 [EB/OL]. 新华网. (2010－01－20) [2014－08－16]. http://news.xinhuanet.com/fortune/2010-01/20/content_12840309.htm.

② 乔雪峰. 中国在利比亚大型项目千余亿损失由纳税人承担 [N]. 中国经济周刊,2011－05－24(12).

③ 侯隽. 利比亚易帜各国损失千亿 [N]. 中国经济周刊,2011－08－30 (8).

④ 专家论中国全方位外交 [N]. 环球时报,2009－10－19 (5).

⑤ 埃兹拉·沃格尔. 与中国共处:21 世纪的美中关系 [M]. 北京:新华出版社,1998:161.

⑥ Christopher L. China's Challenge to US Hegemony [J]. Current History,2008 (107):75.

中国按照现在的速度成长下去，中美对抗甚至冲突难以避免"，"中国正试图从根本上改变当今世界秩序，使之符合自身利益，美国与其等待未来中国变得更强大、无法控制，不如现在就起来应对"，而难以理解中国人提出的"和平崛起""和平发展"等完全有别于西方话语体系的理念。尤其近代以来数百年独领风骚的优势地位，让西方潜意识里变得十分狭隘或自负。正如英国观察家保罗·柯文指出的那样，西方思想是在西方长期掌握主导权的情况下培育而成的，绝非像人们期望的那样浸润着世界理念，事实上它是狭隘的，自认为具有普世精神，换句话说，就是自认为具有正确的判断和永恒的适应性。他们很难想象或理解一个完全不同的世界。诚如全国人大外事委员会主任傅莹 2015 年 6 月 4 日在北京出席中国社科院举办的"美国研究报告（2015）发布式暨美国亚太再平衡战略新挑战"学术研讨会上的讲话中所指出的，"人类历史发展到今天，大国之间通过协商而不是战争而建立起平等和相互尊重的关系和秩序，好像还没有先例"。

当前，中国确实面临着十分复杂严峻的国内外形势。国内面临着环境恶化、人口老化、贫富分化、经济下行等压力，国际上面临"受到美、日等国的压制和围堵，周边国家也更愿意与美国合作来制衡中国"[①] 的艰难处境。这种国家间信任与共识的缺乏，使得彼此互有疑虑，甚至有欧洲学者大肆渲染："未来的世界注定不是欧洲的，霸主或者是美国，或者是中国。欧洲该如何行事呢？跟着美国走，确实会受些委屈，但半个多世纪的历史表明，追随美国也不会遭什么大罪。跟着'难以把握的'中国走，风险是巨大的。陌生的巨人，迥异的文化传统，对立的意识形态。"[②] "中国的形成源自与西方大相径庭的文明和历史根基，地理位置也全然不同，这一事实极大地强化了西方的挫折感、迷失方向的心理和不安全感。"[③] 当前更令他们担心的，不是中国经济的再次崛起，而是不同于西方现有发展模式的中国道路的成功。正如英国学者马丁·雅克所言："西方很难想象，世界上可能还存在正规的自成体系的政治文化，可以替代自己的制度安排；他们相信其他所有国家——不论什么样的历史和文化，最终都可能向西方模式看齐。然而中国似乎提供了这

---

① 理查德·哈斯. 冒犯中国反而会促使中国对外诉诸武力 [N]. 何黎，译. 环球时报，2012 - 01 - 03 (7).

② 钟声. 大国崛起，时间在中国一边 [N]. 人民日报，2011 - 12 - 28 (3).

③ 马丁·雅克. 当中国统治世界 [M]. 张莉，刘曲，译. 北京：中信出版社，2010：327.

样的替代品。"① 对此，缪开金博士也认为"文化认同是国家认同的基础"②。异质文化确实让中西方人更不知如何与彼此交往，但这不限于此，也是因为在当前的世界话语体系中"中国输掉了话语权的缘故"③。当前，一个不可否认的事实是，西方媒体，特别是美国主流媒体掌控着世界资讯的传播格局，也左右着当今世界的舆论气候。因而，需要加强我国的文化外交，传达中国声音，传播中华文化，使外界对中国及中国文化认同、接纳和喜爱，提高我国的文化软实力和国际话语权。文化软实力与一个国家的经济实力、政治影响力息息相关。随着中国经济与政治影响力的增强，西方国家也会主动或被动地加大力度理解中国、适应中国。经验表明，西方可以接受中国用实际行动所表达的和平崛起诚意。"中国的内在活力和创造力远远超出西方人的想象，这种内在活力和创造力正是中国和平崛起的最本质的力量。"④ 德国学者本尼迪克特·弗兰克说，"西方国家必须永远记住：和平共处是中国外交政策的中心主题。中国不会谋求地区霸权"⑤。有美国媒体也指出，"中国的崛起对美国既有挑战也有经济利益，中国经济的崛起不是靠侵略他国，而是依靠向别国销售本土廉价生产的产品和服务而致富。号召美国不要与中国为敌，并理解中国在美国太平洋诸多军事部署下的紧张感"⑥，并提出要"加强中美之间的文化交流"，以促使中美之间"及时达成更大程度的谅解，加强世界和平"⑦。但我们的文化外交做得远远不够。中国有着世界第一的人口总量和华侨群体，有着几千年的悠久历史文化，但"中文信息量仅占全世界因特网服务器内存信息量的4%，而美国提供的一般性网上消息就占80%，服务性消息占94%"⑧。中国是世界第二大经济体，但仍然处于世界产业链的低端，缺乏大量有力的"中国创造"。据世界经济论坛发布的《2013—2014年全球竞争力报告》显示，中国的全球竞争力位列其测量的148个国家中的第29

① 马丁·雅克. 当中国统治世界 [M]. 张莉，刘曲，译. 北京：中信出版社，2010：313.
② 缪开金. 中国文化外交研究 [D]. 北京：中共中央党校，2006：154.
③ 郑永年. 中国国际命运 [M]. 杭州：浙江人民出版社，2011：225.
④ 周武. 西方世界中国研究的典范转移 [J]. 中国社会科学报，2010 (6)：13.
⑤ 管克江. 不要低估中国坚持和平发展的决心 [N]. 人民日报，2012－02－05 (3).
⑥ 格温·黛尔. 石器时代的防务政策，奥巴马本月公布美国新防务战略 [N]. 环球时报，2012－01－18 (11).
⑦ 金元浦. 美国政府的文化外交及其特点 [J]. 国外理论动态，2005 (4)：35.
⑧ 李智. 文化外交：一种传播学的解读 [M]. 北京：北京大学出版社，2006：4.

位。① 中国知名国际政治学专家阎学通博士领衔的研究团队通过对中国与美国国家软实力的定量比较研究后发现,"中国软实力总体处于美国 1/3 上下"②,仍有相当大的差距。我们也注意到,约有 14 亿人以之为母语的中文却集中使用于中国一国,而仅有 7 亿人以之为母语的英语的使用国家和地区却遍布世界,并且英语在联合国工作用语中排列第一位。中国前驻法大使吴建民先生说:"国际上有种外交看法,一流国家输出文化,二流国家输出人才,三流国家输出产品。"③ 一个国家在世界舞台的荣辱起伏,表面上看是各种实力的较量,实则文化是核心。文化可以深入心灵、交流情感、表达思想,很难用外部势力覆盖和压倒文化的作用。没有文化的经济是脆弱的,没有文化的政治是空洞的,没有文化的社会是可怕的。文化软实力"西强我弱"的局面未根本改变,与我国不断上升的国际地位和丰富的传统文化资源现状还不相适应。④ 中国在成长为一个世界性强国的过程中,"要想在国际关系中形成自己的话语权,就必须以中国特有的文化价值观影响世界的话语氛围"⑤。通过积极的文化外交,创造属于自己或有利于自身的国际形势。

文化是一个国家的软实力,是一个民族的灵魂,是推动经济社会进步的重要力量,同时也代表着一个国家和民族的文明程度、发展高度与前进速度,事关立国之本、治国之道与兴国之路。一个国家的国际地位和影响力也逐渐与该国文化亲和力、国际形象、创新能力及和他国的关系等密切相关。中国无意追求强权,但作为一个拥有五千多年文明史的文化发源地,必须大力发展文化,向世界展示中华优秀文化;而且,中国要想成为对未来世界有更大贡献的国家,就有责任通过文化外交向国际社会提供有价值的文化及文化产品。

---

① 2013—2014 年全球竞争力报告 [EB/OL]. 网易财经. (2013 − 09 − 10) [2014 − 08 − 16]. http://money.163.com/13/0910/00/98CDJTPM00252G50.html.

② 阎学通,徐进. 中美软实力比较 [J]. 现代国际关系,2008 (1):28.

③ 高远. 日本文化在西方的影响超出我们想象 [EB/OL]. 人民网. (2013 − 3 − 16) [2014 − 08 − 16]. http://japan.people.com.cn/35464/7243052.html.

④ 文化部长蔡武答网友问:"文化软实'西强我弱'局面没变"[EB/OL]. 人民网文化频道. (2010 − 04 − 09)[2014 − 08 − 22]. http://culture.people.com.cn/GB/22219/11325679.html.

⑤ 蔡拓. 和谐世界与中国对外战略[M]. 哈尔滨:黑龙江人民出版社,2006:217.

二、研究意义

中国是世界文明古国之一，具有深厚的历史文化，但在当今的国际文化格局中，呈现出明显的"西强我弱"态势。这与近代以来东方较之西方的劣势有关，也与我国文化的含蓄相连。对西方而言，中国文化或神秘，或落后，或迥异，中西之间缺乏足够的文化交流。当前的国际形势呈现出经济全球化、政治多极化、国际关系民主化和文化多样性与文化全球化并存之特征，国与国之间的交往日益密切。加强文化外交建设，完善文化外交机制，提高文化外交水平，是构建我国的国际新形象和道德力，传播"和平发展""和谐世界""中国梦"理念的关键。在学习和研究外国文化的基础上，如何主动从理论和实践上向欧美等异质文化的国家解释中国的发展目标和展示中国的国际形象，做到增信释疑，对中国赢得世界人心、国际认同，增强我国应对发展中所面临的世界新形势、新秩序变化的能力，具有重要的现实意义和深远的战略意义。

第一，促进国际社会的相互理解与协调。对国际社会而言，文化外交可以促使经济外交与政治外交更具内涵，促进人们心灵的交流与情感的沟通，促使国际社会对当前世界上出现的一些局部冲突进行文化反思。思考国际关系中出现武力冲突或武力相威胁时是否高度重视了不同文化之间的沟通，是否借用了文化外交手段；提醒国际社会更多地谋求以教育、科技、体育、音乐、美术、绘画等文化活动为手段的国际文化交流与合作来获得全人类的共同福利，未来的世界秩序应更多地建立在文化软实力之上。对我国而言，可通过文化外交的方式，"使搞形象宣传易于为外国人所接受，也使我们的政策易于为外国人所理解"①，从而树立我国良好的国际形象，消除国际社会对一个经济持续快速发展的社会主义大国发展前景和意图的怀疑。通过文化外交，可以争夺国际舆论的主动权，营造有利的国际舆论环境，增强中华文化软实力，让世界人民更多地了解中国、认识中国、理解中国，消除偏见和误解，从而知华、友华、亲华，以实现国家的战略目标。同时，深化我国对其他国家对华外交的理解与应对，增强中国用其他国家的思维和立场来思考问题的能力，促进我国在与他国的交流、与对外发展中做到未雨绸缪，并进行更为

---

① 李忠杰. 我国需要更高层次的国际战略——"怎样认识和把握当今的国际战略形势"之八[J]. 瞭望新闻周刊，2002（32）：22－30.

积极有效的危机管理。

第二，拓展外交研究的维度与深度。近二十年来，文化外交受到热议，但相比于外交研究的政治、经济、军事维度，文化解读依然相对贫乏。① 因而，本书的研究在一定程度上有助于增强文化外交研究的价值，丰富外交研究的维度，拓宽文化外交研究的新领域。另外，目前的文化外交研究主要集中于大国文化外交研究，特别是西方大国的国别文化外交研究或其对他国文化外交的研究，对于中国等发展中国家或中小国家的文化外交研究鲜有问津。本书深入剖析了中国特色文化外交，一定程度上可以弥补当前的文化外交研究主要局限于西方文化外交研究的不足，探讨了社会主义的文化外交研究。

第三，在推进实现"中国梦"伟大进程中，促进中国的世界秩序观的深化与细化。几千年的中华文化塑造了中国人特有的世界秩序观。比如，"和合""天下大同"。"和谐世界"作为近年来中国基于自身传统文化创造性转化提出的世界秩序观之一，让许多国家领导人都感到兴奋，他们认为这是中国领导人从东方文明的传统思想出发，提出的富有创造力的构想，为国际社会的未来勾画出了一幅祥和、繁荣、安宁的图景。本书将在中国梦的引领下，向世界传播中国梦与世界各国的美好梦想互联互通，为构建"中国人眼中的世界"和"世界人眼中的中国"提供感性认识和理论思路，增强中国（文化）在当代世界体系中的话语权，服务中国未来的文化输出，增强中华优秀文化对世界的影响与贡献。

---

① 如在中国知网检索"政治外交""经济外交"或"文化外交"，结果显示：截至2012年2月3日，中国期刊网中收录的博士学位论文中，有关"政治外交"的有45篇，有关"经济外交"的52篇，而有关"文化外交"的仅有20篇；硕士学位论文中，有关"政治外交"的有207篇，有关"经济外交"的有196篇，而有关"文化外交"的仅有145篇；期刊论文中，有关"政治外交"的有820篇，有关"经济外交"的有1073篇，而有关"文化外交"的仅有490篇。在所有相关论文中，"政治外交"与"经济外交"分别占35.17％与43.34％，"文化外交"的论文数仅占约21.49％。截至2014年8月19日，在中国期刊网收录的博士学位论文中，有关"政治外交"的有66篇，有关"经济外交"的60篇，而有关"文化外交"的仅有30篇；硕士学位论文中，有关"政治外交"的有334篇，有关"经济外交"的有298篇，而有关"文化外交"的仅有245篇；期刊论文中，有关"政治外交"的有1155篇，有关"经济外交"的有1260篇，而有关"文化外交"的仅有777篇。在所有相关论文中，"政治外交"与"经济外交"分别占36.80％与38.30％，"文化外交"的论文数仅占约24.90％。两年间，文化维度的解读受到人们的重视，增长了约3个百分点，但比起政治维度和经济维度的解读，还是相对比较薄弱。

第二节　相关研究综述

　　基于国际政治的实用主义取向，外交实践与研究的传统是政治、经济或军事维度，从文化维度来开展外交的实践和研究较少。简涛洁指出："自威斯特伐利亚体系建立以来，权力与政治、军事与安全等'高级政治'议题一直主导着国际舞台。权力和利益是国际关系研究的热点和国际关系理论框架的重点。"[①] 但这种实用主义导向往往具有短视和趋利的弊端，缺乏外交所需要的远见。文化外交正好可以弥补这种不足，并带来科学精神。自 20 世纪 90 年代美国学者约瑟夫·奈（Joseph Nye）提出"软实力"（Soft Power）概念引发"民主与市场为主要内容的'软实力'是美国外交的力量增值器"[②] 的讨论后，包括中国学者在内的各国学者对外交中的文化或文化外交产生了浓厚兴趣。有学者断言："冷战结束和全球化为文化外交提供了机遇。"[③] 这种论断与事实的发展基本一致。冷战结束后，权利政治凸显，开启了国际关系的新时代。和平与发展时代的降临，意味着依靠传统的"硬实力"来谋取国家利益的时期已风光不再；尤其是在世界各国日益形成相互依赖、命运与共的今天，更是为经历惨痛战争教训的国际社会所不容。另辟蹊径以获得国家利益已成为世界各国政治家、外交家所面临的一项崭新课题，这一切使得文化外交逐渐走上外交前台，国内外关于这方面的研究也日益增多。西方的文化外交研究"有了一定的历史与较好的基础"[④]。国内的文化外交研究虽然起步较晚，但也不乏佳作力作。

一、国外文化外交相关研究

　　在西方学界，文化外交研究主要围绕三个主题展开：一是"文化外交"的理论研究；二是"国际关系中的文化因素"或"文化对国际关系的影响"；三是各国文化外交政策及其影响研究。在这些研究中，虽各有侧重，但互有交叉。

---

　　① 简涛洁. 冷战后美国文化外交及其对中美关系的影响 [D]. 上海：复旦大学，2010：7.

　　② 约瑟夫·奈在《注定要领导世界：变化中的美国权力本质》（*Bound to Lead：The Changing Nature of American Power*，1990）一书中其首次提出了"软实力"的命题。

　　③ 张骥. 国际政治文化学导论 [M]. 北京：世界知识出版社，2005：13.

　　④ 胡文涛. 美国文化外交及其在中国的运用 [M]. 北京：世界知识出版社，2008：7－10.

（1）"文化外交"主题下的理论研究主要阐述了文化外交的概念、功能、背景、发展、思想渊源及与文化关系、文化交流、对外宣传或公众外交的辨析等方面。主要成果有：美国学者菲利普·库姆斯的《对外政策的第四维度：教育与文化事务》①、鲁思·埃米莉·麦克默里和穆纳·李合写的《文化方式：国际关系的其他途径》②、佛兰克·宁科维奇的《观念外交》③、入江昭（Akira Iriye）的《文化国际主义与世界秩序》④、英国外交官 J. M. 米切尔的《国际文化关系》⑤、日本学者平野健一郎的《国际文化理论》⑥ 等，这些研究要么对文化外交的概念、功能、特点进行了论述，要么对文化外交的发展历程、实践操作做出了解读，或者对新形势下文化外交的动态做出了新的探讨，这些成果对进一步研究文化外交具有理论指导和方法论上的价值。

（2）"国际关系中的文化因素"或"文化对国际关系的影响"主旨下的研究主要有：Paul Sheeran 的《文化政治和国际关系》⑦、Beate John 的《国际关系的文化建构》⑧、Richard Ned Lebow 的《国际关系的文化理论》⑨、塞缪尔·亨廷顿著的《文明的冲突与世界秩序的重建》⑩、塞缪尔·亨廷顿与彼得·伯杰合写的《全球化的文化动力：当今世界的文化多样性》⑪、塞缪尔·亨廷顿与劳伦斯·哈里森合写的《文化的重要作用——价值观如何影响人类

① Coombs P H. The Fourth Dimension of Foreign Policy：Educational and Cultural Affairs [M]. New York：Harperand Row，1964.

② Mcmurry R E. Lee M. Cultural Approach，Another Way in International Relations [M]. Chapel Hill：University of North Carolina Press，1947.

③ Frank A，Ninkovich. The Diplomacy of Ideas [M]. Baltimore，Maryland：London：Cambridge University Press，1981.

④ Iriye A. Cultural Internationalism and Word Order [M]. Washington，D. C.：The Johns Hopkins University Press，2000.

⑤ Mitchell J M. International Cultural Relations [M]. London：Allen & Unwin Ltd.，1986.

⑥ 李廷江. 探索国际关系的新视角：平野健一郎和他的国际文化理论 [J]. 国外社会科学，1997（2）：38—42.

⑦ Shzzran P. Cultural Politics in International Relations [M]. New York：Askgate，2001.

⑧ Bohn B. The Cultural Construction of International Relations：The Invention of the State of Nature [M]. London：Palgrave Macmillan，2000.

⑨ Lebow R N. A Cultural Theory of International Relational [M]. London：Cambridge University Press，2008.

⑩ 塞缪尔·亨廷顿. 文明的冲突与世界秩序的重建 [M]. 周琪，译. 北京：新华出版社，2010.

⑪ 塞缪尔·亨廷顿，彼得·伯杰. 全球化的文化动力：当今世界的文化多样性 [M]. 康敬贻，林振熙，柯雄，译. 北京：新华出版社，2005.

进步》①、德国学者迪特·森格哈斯的《文明内部的冲突与世界秩序》②、海伦娜·芬恩的《论文化外交：凝合外国公众》③ 等，这些成果都从不同的角度研究了文化与国际关系问题，研究了文化因素在国际关系中的作用。如亨廷顿在其"文明冲突论"中认为，现在和未来世界的矛盾主要是各种文明的冲突，文化成为国际关系中的支配性力量、国家行为的基础及世界冲突的根源。约瑟夫·奈在"软实力论"中认为，文化具有导向、吸引及效仿作用而成为一种"同化性"的力量，它并不具有强制性，而是一个国家的文化和意识形态拥有某种影响力的重要表征。通过这种软实力来影响国家间关系。

（3）关于各个国家文化外交政策的专门研究或比较研究。一直以来，美国是世界上最为关注文化外交及使用对外文化外交的国家，因而美国的文化外交是世界上最为活跃的。这样一来，也使得研究美国的文化外交政策成为焦点。这类研究主要有：弗兰克·宁科维奇的《文化外交：美国对外政策与文化关系（1938—1950）》④、查尔斯·弗兰克尔的《对外事务中被忽略的一面：美国对外教育、文化政策》⑤、莫顿·库姆斯的《文化外交与美国政府》⑥、伦道夫·威克的《国外的无知：美国对外教育文化政策与助理国务卿职位》⑦、理查德·阿德特的《王者首选：20 世纪美国的文化外交》⑧、理查德·阿德特等人的《富布赖特计划的分歧：1948—1992》⑨、柯文·迈坎的

① 塞缪尔·亨廷顿，劳伦斯·哈里森. 文化的重要作用——价值观如何影响人类进步 [M]. 程克雄，译. 北京：新华出版社，2010.

② 迪特·森格哈斯. 文明内部的冲突与世界秩序 [M]. 张文武，译. 北京：新华出版社，2004.

③ Finn H K. The Case for Cultural Diplomacy [J]. Foreign Affairs，2003（6）：20.

④ Ninkovich F A. Ninkovich. The Diplomacy of Ideas：U. S. Foreign Policy and Cultural Relations，1938—1950 [M]. London：Cambridge University Press，1981.

⑤ Charles Frankel. The Neglected Aspect of Foreign Affairs：American Educational and Cultural Policy [M]. Washington D. C. ：Brookings Institution，1965.

⑥ Cumminos M C. Cultural Diplomacy and United States Government：A survey，Center for Art and Culture [M]. Washington D. C. ：Brookings Institution，2003.

⑦ Randolph Wieck. Ignorance Abroad：American Educational Cultural Foreign Policy and the Office of the Assistant Secretary of State [M]. New York：Praeger Publishers，1992.

⑧ Arndt R T. Arndt. The First Resort of Kings：American Cultural Diplomacy in the Twentieth Century [M]. London：Brassey's Inc. ，2005.

⑨ Arndt R T. Arndt，David Lee Rubin. The Fulbright Difference，1948—1992 [M]. Washington，D. C. ：Transaction Publishers，1993.

《冷战后的美国文化外交》①、菲利普·库姆斯的《对外政策的第四层面：教育与文化事务》②、弗兰克·宁科维奇的《美国信息政策与文化外交》③及《美国国务院支持文化外交的最近趋势：1993—2002》④等。英法等国也是世界上较早实施文化外交的国家。因此，研究英法等国文化外交政策的成果也相应较多，如法国文化关系学者路易·多洛的《国际文化关系》⑤。德国和日本在经济腾飞之后也密切关注文化外交，加强了这方面的研究。如德国弗兰德里克·拜弘的《苏联的文化攻势：文化外交在苏联外交政策中的作用》⑥、玛格丽特·乌兹弥斯基等的《国际文化关系：多国比较》⑦等著作。这些成果或者详细地描述了一个国家文化外交方面的政策、历史和实践，或者对多国的文化外交政策进行了比较分析，或者对某一文化外交政策的实践项目进行了深入解读，对于从宏观与微观相结合的角度来认识文化外交做出了有益的探讨。

二、国内文化外交相关研究

中国的文化外交源远流长，历史悠久。⑧自春秋战国起，"文化交流就广泛而深入地渗透到思想观念、文学艺术、科学技术及生产生活等领域，国家不断加强对文化交流的管辖和控制"⑨，如汉唐高僧西天取经、意大利人马可波罗入仕元朝、明朝郑和七下西洋、日本文人留学中国等。从宽泛的外交意义上讲，这些都是历史上的文化外交活动，具有明显的"东学西传"的痕迹。

---

① Kevin Mulcahy. Cultural Diplomacy in the Post-Cold War World, Unpublished paper on file at the Center for Artand Culture [M]. Washington D. C. ; Brookings Institution, 2000.

② Coombs P H. The Fourth Dimension of Foreign Policy: Educational and Cultural Affairs [M]. New York: Harperand Row, 1964.

③ Ninkovich F A. U. S. Information Policy and Cultural Diplomacy (No. 308) Series editor, Nancy L. Hoepli-Phalon [M]. New York: Foreign Policy Association, 1996.

④ Ninkovich F A. Recent Trends in Department of State Support for Cultural Diplomacy: 1993—2002 [EB/OL]. (2014-08-20) [2014-09-21]. http: //www. culturalpolicy. org/.

⑤ 路易·多洛. 国际文化关系 [M]. 孙恒，译. 上海：上海人民出版社，1987.

⑥ Barghoorn F C. the Soviet Cultural Offensive: The Role of Cultural Diplomacy in Soviet Foreign Policy [M]. Westport, Connecticut: Westport Greenwood Press, 1976.

⑦ Wyszomirski M. Christopher Burgess and Catherine Peila, International Cultural Relations: A Multi-Country Comparison, Center for Art and Culture [M]. Washington D. C. : Johns Hopkins University Press, 2003.

⑧ 如果不是从现代意义上的民族国家概念讲，而是更为宽泛地理解国家的范畴，中国古代的各诸侯国之间就有了对外文化交往活动，可以看成文化外交的雏形。

⑨ 余慧芬. 文化外交：理论、实践与比较 [D]. 广州：暨南大学，2009：11.

近代以来，中华文明的式微与国家的落后挨打局面相关联。故而，有识之士纷纷前往"西天取经"，遂成"西学东渐"。文化有国别，文化影响力却无国界。自新中国成立以来，我国逐渐形成了具有中国特色、中国风格、中国气派的社会主义文化价值体系及对外文化活动。这方面的研究成果也日渐丰富。

1. 涉及文化外交的概论性书籍

这类书籍有张骥、刘中民等的《文化与当代国际政治》①，潘一禾的《文化与国际关系》②，金正昆的《现代外交学概论》③，鲁毅、黄金祺等的《外交学概论》④，李景治与罗天虹的《国际战略学》⑤，宋新宁、陈岳的《国际政治学概论》⑥，李少军的《国际政治学概论》⑦，俞正梁的《当代国际关系学导论》⑧，俞正梁等的《全球化时代的国际关系》⑨，张季良的《国际关系学概论》⑩，这些书籍的部分章节论述了文化外交的概念、相关理论及文化在外交（国际关系）中的作用等。

2. 专题论著或学位论文

这类著作如王晓德的《美国文化与外交》⑪，董秀丽等的《美国外交的文化阐释》⑫，计秋枫等的《英国文化与外交》⑬ 等都是国内对国别文化外交较早进行深入研究的力作。俞新天的《国际关系中的文化：类型、作用与命运》⑭《强大而无形的力量：文化对当代国际关系的作用》⑮，以及秦亚青组织

---

① 张骥，刘中民. 文化与当代国际政治 [M]. 北京：人民出版社，2003.
② 潘一禾. 文化与国际关系 [M]. 杭州：浙江大学出版社，2005.
③ 金正昆. 现代外交学概论 [M]. 北京：中国人民大学出版社，1999.
④ 鲁毅，黄金祺. 外交学概论 [M]. 北京：世界知识出版社，2004.
⑤ 李景治，罗天虹. 国际战略学 [M]. 北京：中国人民大学出版社，2003.
⑥ 宋新宁，陈岳. 国际政治学概论 [M]. 北京：中国人民大学出版社，2000.
⑦ 李少军. 国际政治学概论 [M]. 上海：上海人民出版社，2002.
⑧ 俞正梁. 当代国际关系学导论 [M]. 上海：复旦大学出版社，1996.
⑨ 俞正梁. 全球化时代的国际关系 [M]. 上海：复旦大学出版社，2000.
⑩ 张季良. 国际关系学概论 [M]. 北京：世界知识出版社，1989.
⑪ 王晓德. 美国文化与外交 [M]. 北京：世界知识出版社，2000.
⑫ 董秀丽. 美国外交的文化阐释 [M]. 北京：知识产权出版社，2007.
⑬ 计秋枫. 英国文化与外交 [M]. 北京：世界知识出版社，2002.
⑭ 俞新天. 国际关系中的文化：类型、作用与命运 [M]. 上海：上海社会科学院出版社，2005.
⑮ 俞新天. 强大而无形的力量：文化对当代国际关系的作用 [M]. 上海：上海人民出版社，2007.

撰写的《文化与国际社会：建构主义国际关系理论研究》① 等，都是深入探讨文化对国际关系影响的佳作。李智从传播学的视角分析撰写的《文化外交——一种传播学的解读》② 与张桂珍等的《中国对外传播》③ 两部力作都"从文化传播学的角度对文化外交的表现形式、手段和作用作了介绍，并认为跨文化传播是文化外交的基础"④。这类著作开启了从交叉学科视角看待文化外交，运用复合方法研究文化外交的先河。韩召颖的《输出美国：美国新闻出版署与美国公众外交》⑤ 挖掘了美国文化外交的本质，把美国政府热心文化外交的实质昭告于天下。胡文涛的《美国文化外交及其在中国的运用》对美国文化外交，特别是就其在中国的多个项目实践做了历时态与共时态的分析⑥。彭新良的《文化外交与中国的软实力：一种全球化的视角》对全球化背景下文化外交的重要性及中国构建软实力中文化的应用做出了分析。⑦ 姜安的《意识形态与外交博弈：兼论中美关系的政治文化逻辑》⑧、王立新的《意识形态与美国外交政策：以 20 世纪美国对华政策为个案的研究》⑨ 及周琪的《意识形态与美国外交》⑩ 等从意识形态的角度，指出外交与文化的重要相关性。缪开金的《中国文化外交研究》对中国文化外交的实践进行了全面的梳理和总结。⑪ 周丽娟在其《对外文化交流与新中国外交》一书中收集了大量的文艺史料，着重分析了新中国成立以来我国的对外文艺交流及其在各个历史时期所起到的独特作用。⑫ 文化部编写的《中国对外文化交流概览：

---

① 秦亚青．文化与国际社会：建构主义国际关系理论研究［M］．北京：世界知识出版社，2006.

② 李智．文化外交：一种传播学的解读［M］．北京：北京大学出版社，2005.

③ 张桂珍．中国对外传播［M］．北京：中国传媒大学出版社，2006.

④ 缪开金．中国文化外交研究［D］．北京：中国政法大学，2006：9.

⑤ 韩召颖．输出美国：美国新闻出版署与美国公众外交［M］．天津：天津人民出版社，1999.

⑥ 胡文涛．美国文化外交及其在华运用［M］．北京：世界知识出版社，2008.

⑦ 彭新良．文化外交与中国的软实力：一种全球化的视角［M］．北京：外语教学与研究出版社，2008.

⑧ 姜安．意识形态与外交博弈：兼论中美关系的政治文化逻辑［M］．北京：中共中央党校出版社，2007.

⑨ 王立新．意识形态与美国外交政策：以 20 世纪美国对华政策为个案的研究［M］．北京：北京大学出版社，2007.

⑩ 周琪．意识形态与美国外交［M］．上海：上海人民出版社，2006.

⑪ 缪开金．中国文化外交研究［D］．北京：中国政法大学，2006.

⑫ 周丽娟．对外文化交流与新中国外交［M］．北京：文化艺术出版社，2010.

1949—1991》反映了新中国某一时段对外文化交流的整体状况。① 葛慎平等的《金桥新篇：新中国对外文化交流 50 年纪事》② 及陈辛仁与孙维学等的《新中国对外文化交流史略》③ 等著作都反映了新中国文化外交的丰硕成果，为文化外交的深入研究提供了大量的可资借鉴的史料。

　　3. 学术论文或论文集

　　21 世纪以来，学术界关于文化外交的研究论文犹如雨后春笋般涌现，如刘永涛的《文化与外交：战后美国对外文化战略透视》④《冷战后美国对外文化战略透析》⑤，俞新天的《中国对外战略的文化思考》⑥，张清敏的《全球化背景下中国文化外交》⑦，李新华的《美国文化外交浅析》⑧，李智的《论文化外交对国家国际威望树立的作用》《试论美国的文化外交：软权力的运用》与《试论文化外交》⑨，关世杰的《国际文化交流与外交》⑩，方立的《美国对外文化交流中的政治因素》（一）⑪（二）⑫（三）⑬，金元浦的《美国政府的文化外交及其特点》⑭，胡文涛的《冷战期间美国文化外交的演变》⑮ 与《美国早期文化外交机制的建构：过程、动因与启示》⑯，杨友孙的《美国文化外交及

　　① 中华人民共和国文化部对外文化联络局. 中国对外文化交流概览：1949—1991 [M]. 北京：光明日报出版社，1993.
　　② 葛慎平，范中汇，龚道全. 金桥新篇：新中国对外文化交流 50 年纪事 [M]. 北京：文化艺术出版社，2000.
　　③ 陈辛仁，孙维学，林地，等. 新中国对外文化交流史略 [M]. 北京：中国友谊出版公司，1999.
　　④ 刘永涛. 文化与外交：战后美国对外文化战略透视 [J]. 复旦学报，2001 (3)：62 - 67.
　　⑤ 刘永涛. 冷战后美国对外文化战略透析 [J]. 现代国际关系，2001 (5)：12 - 15.
　　⑥ 俞新天. 中国对外战略的文化思考 [J]. 现代国际关系，2004 (12) 20 - 26.
　　⑦ 张清敏. 全球化环境下的中国文化外交 [J]. 外交评论（外交学院学报），2006 (1)：36 - 43.
　　⑧ 李新华. 美国文化外交浅析 [J]. 思想理论教育导刊，2004 (11)：38 - 42.
　　⑨ 李智. 试论文化外交 [J]. 外交评论（外交学院学报），2003 (1)：83 - 87.
　　⑩ 关世杰. 国际文化交流与外交 [J]. 国际政治研究，2000 (3)：126 - 136.
　　⑪ 方立. 美国对外文化交流中的政治因素（一）：美国"文化外交"的历史面目 [J]. 中国高校社会科学，1994 (3)：69 - 71.
　　⑫ 方立. 美国对外文化交流中的政治因素（二）：美国对外文化交流在"冷战"中的地位与作用 [J]. 高校理论战线，1994 (4)：63 - 66.
　　⑬ 方立. 美国对外文化交流中的政治因素（三）：美国"文化外交"的主要目标 [J]. 高校理论战线，1994 (5)：61 - 63.
　　⑭ 金元浦. 美国政府的文化外交及其特点 [J]. 国外理论动态，2005 (4)：33 - 36.
　　⑮ 胡文涛. 冷战期间美国文化外交的演变 [J]. 史学集刊，2007 (1)：44 - 49，76.
　　⑯ 胡文涛. 美国早期文化外交机制的构建：过程、动因及启示 [J]. 国际论坛，2005 (4)：65 - 81.

其在波兰的运用》①，丁一凡的《法国文化外交》②，周永生的《冷战后的日本文化外交》③，许先文与叶方兴的《全球化背景下的文化多样性——兼论日本学者青木保的多文化世界思想》④，哈维·朝定与方俊青合作的《从美国人的对华态度看中国的文化外交》⑤，孙艳晓的《文化外交的过程与成效评估——及对中国文化外交战略的思考》⑥，余惠芬与唐翀的《论中国对东南亚的文化外交》⑦，胡文涛等的《英国与英联邦国家间文化外交评析》⑧，梁晓君的《塑造新中国形象——试论周恩来的文化外交》⑨，孟晓驷的《中国：文化外交的魅力》，吴建明的《开展文化外交的几点思考》，唐小松的《中国公共外交的发展及其体系构建》⑩，靳利华的《新世纪中国文化外交战略的构建》⑪，罗建波的《中国崛起的对外文化战略——一种软权力的视角》⑫，曾祥明的《文化外交在当代中葡关系中的作用》⑬。这些论文要么论证了从国际战略的高度制定文化战略的重要性，要么着重剖析美国、日本、法国等积极于文化外交的国家的文化外交的历史、实践特点、目标与本质，以及其可供学习借鉴之处，要么分析中国文化外交的现状及面临的外在文化挑战，提出了加快中国文化外交的战略举措。论文集方面，如《文明与国际政治：中国学者评亨廷顿的文明冲突论》集中表达了中国学者对国际关系和对外政策的政治、经济、军事、科技和文化五个层面中被忽视的文化因素的一次集体思索。这些成果对

---

① 杨友孙. 美国文化外交及其在波兰的运用 [J]. 世界历史, 2006 (4)：51 − 59.

② 丁一凡. 法国的文化外交 [N]. 光明日报, 1995 − 06 − 09 (6).

③ 周永生. 冷战后的日本文化外交 [J]. 日本学刊, 1998 (6)：69 − 83.

④ 许先文, 叶方兴, 全球化背景下的文化多样性——兼论日本学者青木保"多文化世界"思想 [J]. 宁夏社会科学, 2010 (5)：125 − 128.

⑤ 哈维·朝定, 方俊青. 从美国人的对华态度看中国的文化外交 [J]. 当代世界, 2011 (7)：59 − 65.

⑥ 孙艳晓. 文化外交的过程与成效评估——及对中国文化外交战略的思考 [J]. 南方论刊, 2010 (8)：98 − 99.

⑦ 余惠芬, 唐翀. 论中国对东南亚的文化外交 [J]. 暨南学报, 2010 (3)：252 − 257.

⑧ 胡文涛, 招春袖. 英国与英联邦国家间文化外交评析 [J]. 欧洲研究, 2010 (2)：110 − 122.

⑨ 梁晓君. 塑造新中国形象——试论周恩来的文化外交 [J]. 外交评论 (外交学院学报), 2008 (1)：18 − 24.

⑩ 唐小松. 中国公共外交的发展及其体系构建 [J]. 现代国际关系, 2006 (2)：42 − 46.

⑪ 靳利华. 新世纪中国文化外交战略的构建 [J]. 石家庄学院学报, 2008, 10 (4)：31 − 35.

⑫ 罗建波. 中国崛起的对外文化战略——一种软权力的视角 [J]. 中共中央党校学报, 2006 (3)：97 − 100.

⑬ 曾祥明. 文化外交在当代中葡关系中的作用 [J]. 新疆财经大学学报 (社会科学版), 2015 (2)：65 − 70.

我们进一步深化对文化外交的认识和研究中国的文化外交起到了积极的借鉴作用。

从以上著述看，国内外在文化外交研究上的努力是有目共睹的，特别是20世纪90年代以来取得了丰硕的成果。无论是关于文化外交理论的一般性研究，还是大国文化外交的国别研究，或是西方发达国家文化外交的中国研究，或是中国的文化外交研究，都有了长足的发展，但这些研究呈现出以下"四多四少"的特点。

第一，大国、强国间文化外交的研究较多，而中小国家涉及较少。无论从文化外交的执行主体还是交往对象看，当前的文化外交研究都热衷于大国、强国之间。较之于对发达国家文化外交的诸多研究成果，对发展中国家或不发达国家的文化外交研究甚少。我们能轻易找到关联美国、英国、德国、日本、法国等国文化外交研究的成果，如王晓德的《美国文化与外交》、柯文·迈坎的《冷战后的美国文化外交》、弗兰克·宁科维奇的《文化外交——美国对外政策与文化关系（1938—1950）》、丁一凡的《法国文化外交》、周永生的《冷战后的日本文化外交》、计秋枫等的《英国文化与外交》，但是鲜有主题为中国、葡萄牙、安哥拉、莫桑比克、荷兰、新西兰、越南、古巴等国的文化外交研究成果；能轻易找到美国对华文化外交研究、英国对华文化外交研究，如胡文涛的《美国文化外交及其在中国的运用》，但目前为止还没有美国对葡萄牙、中国对葡萄牙文化外交这方面研究。

第二，文化外交的案例分析或历史性描述较多，而理论研究与定量分析较少。从研究方法和切入视角而言，西方学者更多地用历史学的分析方法来研究各个国家的文化外交，而鲜用传播学、社会学、心理学等学科方法对文化外交的特性和本质进行分析。如葛慎平等的《金桥新篇：新中国对外文化交流50年纪事》、陈辛仁、孙维学等的《新中国对外文化交流史略》，以及中国文化部的《中国对外文化交流概览：1949—1991》，这些研究主要重在叙述。此外，案例分析多，理论探讨少。如理查德·阿德特等的《富布赖特计划的分歧：1948—1992》，重点在于案例分析；胡文涛的《美国文化外交及其在中国的运用》是国内近年来研究文化外交的得力作品，但正如胡文涛本人所言，"该书研究美国对华文化外交时，以美国非政府组织参与对华文化外交的典型代表福特基金会中国项目和美国官方对华文化外交中最大的项目富布莱特项目为个案"①。李智的《文化外交：一种传播学的解读》② 用大量篇幅分析了德国、俄罗斯、加拿大、英国、法国、美国等西方文化外交大国的文化外交活动的可鉴经验。就目前作者查阅到的资料来看，用复合学科方法来探讨的仅有为数不多的几篇论文，如刘乃京的《文化外交——国家意志的柔性传播》与李智的《文化外交：一种传播学的解读》是外交研究与传播学研究的结合，哈维·朝定、方俊青的《从美国人的对华态度看中国的文化外交》③ 与孙艳晓的《文化外交的过程与成效评估——及对中国文化外交战略的思考》④ 两文运用了定量分析的方法。

　　第三，关于西方大国文化外交的国别研究较多，而区域性的文化外交研究较少。从文化外交的研究客体而言，目前主要是对西方某一个发达国家文化外交的政策做出分析，如美国学者查尔斯·弗兰克尔的《对外事务中被忽略的一面：美国对外教育、文化政策》、理查德·阿德特的《王者首选：20 世纪美国的文化外交》、柯文·迈坎的《冷战后的美国文化外交》、德国学者弗兰德里克·拜弘的《苏联的文化攻势：文化外交在苏联外交政策中的运用》。而对区域性的文化外交的解读较少，仅有余惠芬、唐翀的《论中国对东南亚的文化外交》⑤、胡文涛等的《英国与英联邦国家间文化外交评析》⑥、闵捷等的《中国对阿拉伯世界人文外交的历史回顾及现实挑战》⑦ 等少量文章。

　　第四，以中国为客体的研究较多，而以中国为主体的研究较少。仅就目前可查资料而言，无论是中国学者，还是西方学者，大多都是研究某西方发达国家对华文化外交研究，而较少直接从中国的主体性来研究其文化外交。中国学者一般是分析某西方发达国家的文化外交，然后探讨其能为中国开展文化外交所提供的经验与教训，如王晓德的《美国文化与外交》、胡文涛的《美国文化外交及其在中国的运用》。比较而言，针对中国文化外交研究的著

① 胡文涛.美国文化外交及其在中国的运用［M］.北京：世界知识出版社，2008.
② 李智.文化外交：一种传播学的解读［M］.北京：北京大学出版社，2005.
③ 哈维·朝定，方俊青.从美国人的对华态度看中国的文化外交［J］.当代世界，2011（7）：59－65.
④ 孙艳晓.文化外交的过程与成效评估——及对中国文化外交战略的思考［J］.南方论刊，2010（8）：98－99.
⑤ 余惠芬，唐翀.论中国对东南亚的文化外交［J］.暨南学报，2010（3）：252－257.
⑥ 胡文涛，招春袖.英国与英联邦国家间文化外交评析［J］.欧洲研究，2010(2)：110－122.
⑦ 闵捷，马云蔚.中国对阿拉伯世界人文外交的历史回顾及现实挑战［J］.阿拉伯世界研究，2011（6）：53－59.

作不多。仅有的相关研究大多是分析中国总体上的文化外交政策，开展文化外交的优势与劣势，可以借鉴的经验，发展文化外交的意义，鲜有对中国及中国针对某一国文化外交的研究，这跟当前我国较少有针对性地对某国开展文化外交有关，这是我国文化外交国别实践及国别研究落后的表现。

第三节　研究方法与逻辑结构

一、研究方法

文化外交是一个涉及学科领域很广的研究范畴，综合性的研究方法和逻辑论证对文化外交研究的推进是不可或缺的。本书的研究在辩证唯物主义和历史唯物主义的思维指导下，立足于收集到的材料和已有的研究成果，运用层次分析、文献研究和实证研究方式，具体通过历史分析法、比较分析法、定量分析法、规范研究与案例分析相结合的分析路径，在研究过程中分别融合了国际关系学、政治学、历史学、社会学、制度经济学、现代传播学等学科知识和自由主义理论、理想主义理论、建构主义理论、制度学派理论、结构功能主义、符号互动理论、相互依存理论等社会科学研究范式，从中国稳定与发展的战略出发，探讨内含国家利益与价值理念变量因素的文化外交、中国文化外交的历时态与共时态影响，力求得出科学的结论，为中华民族的伟大复兴与和平崛起提供有益的探索。

其一，历史分析法。英国政治家兼政治学家詹姆斯·布莱斯在其《国际关系》中说："当事实保持不变时，历史是理解事实最好的，事实上也是唯一的向导。"黄仁宇在其《万历十五年》中讲到"大历史观"时，认为应该"将整个中华民族史放到一个历史长河中去理解中国的过去、现在与将来"[①]。任何一个国家都活在自己的历史之中，其背后都具有历史的影子。任何一个国家、民族的现代化都是基于自身传统的现代化。因而，本书首先从历史的角度审视了文化外交的产生、发展与未来；其次，分析了中华人民共和国成立以来我国的文化外交轨迹。本书理性、客观地审视中国文化外交的历史与现实，既可以知往鉴来，又可以察今思昔，通过历史的总结和现实的观照分析，

---

① 黄仁宇. 万历十五年：增订本 [M]. 北京：生活·读书·新知三联书店，1997：270.

无疑对开创中国文化外交新气象具有重要的现实指导意义。

其二，层次分析法。面对大量的资料，国际关系研究需要对其进行筛选，并按一定的逻辑层次进行重新架构。自柯尔梅斯·N.华尔兹（Kelmeth N. Waltz）在其探讨战争原因的著作《人、国家与战争》中提出"个人、国家、国际社会三层次分析方法"① 以来，层次分析法又被许多学者加以完善，如詹姆斯·N.罗西诺（James N. Rosenau）提出"个人、角色、政府、社会、国际系统的五层次法"②。秦亚青在《层次分析法与国际关系研究》中说："层次分析法的目的是帮助研究人员辨明变量，并在两个或多个变量之间建立起可供验证的关系假设。"③ 按照这种理解，本书隐含着不同的分析层次：一方面，在分析一国的外交行为中，要考察政治、经济、军事、文化等多层因素，尤其是文化这种潜层因素对外交的影响；另一方面，从国别合作到区域一体化，再从区域一体化到国际一体化等不断扩大与深化的交流面。

其三，定量分析法。与定性分析注重辨明事物的质所不同的是，定量分析更加注重用数据和图表说话。它"不但可以帮助我们了解事物的发展方向，还可以帮助我们认识事物的变化程度，帮助提高预测准确率"④。文化外交既是一个学理问题，更是一个实践问题。因此，本书在借鉴以往偏重定性研究的基础上，从国家统计年鉴、相关新闻报道、世界银行和国际货币基金组织报告等资料中收集有关数据，做到定性与定量相结合，用数据生动形象地展示出中国文化发展及文化产业、文化贸易等的现状及其发展态势。

二、逻辑结构

有学者指出，国际关系中国化研究的重点是探讨"中国问题、中国价值取向、中国情感甚或部分的'中国话语'……尤其是对中国有重大意义的问题"⑤。当前中国在面对自己"发展中的社会主义东方大国"的多元身份时，如何开展积极外交，营造一个对己更加有利的国际发展环境，已成为一个重

① Waltz K N. Man，the State and War：A Theoretical Analysis [M]. New York：Columbia University Press，2000：159－223.
② James Rosenan. The Scientific Study of Foreign Policy [M]. London：Frances Printer，1980：115－169.
③ 秦亚青. 层次分析法与国际关系研究 [J]. 欧洲研究，1998（3）：4－10.
④ 秦亚青，阎学通，张文木，等. 国际关系研究方法论笔谈 [J]. 中国社会科学，2004（1）：78－82.
⑤ 时殷弘. 国际关系理论研究与评判的若干问题 [J]. 中国社会科学，2004（1）：14－15.

大课题。古人云："不谋万世者，不足谋一时；不谋全局者，不足谋一域。"在国际竞争日趋激烈、全球经济陷入低迷、国内改革更需深入与社会稳定发展任务更加繁重的情况下，我们需要增强忧患意识，取法其上，实行全方位的主动外交，化解内外困境，以塑造有利于我国经济社会又快又好发展的国际环境，助力中华民族伟大复兴中国梦的早日实现。在该旨趣下，本书论述了新中国成立以来我国的文化外交，试图探讨以下问题：

（1）在复杂而严峻的国内、周边及世界形势下，在中国国内资源难以满足广大人民生活水平的持续提高的情况下，我国应如何营造良好的国际局面以面对和平发展、伟大复兴进程中所遇到的各项难题？

（2）如何借重文化外交以助推我国实现伟大复兴？从长远看，文化外交以其特有的软力量会有助于彼此的沟通、理解与信任，提升国家形象，提高国家的国际地位，进而，有利于减少外交成本，提高外交效率，助力我国国家战略利益的实现。那么，我们应如何借重文化外交？

（3）在分析我国文化外交思想渊源、发展历程、当前状况、体现方式、主要特点、面临困境及积极效应等的基础上，本书论述中国特色文化外交是外交助力中国梦的必由之路，并探讨了助力的相关路径。

为实现以上目标，本书将按照以下路线开展研究（图1-1）。

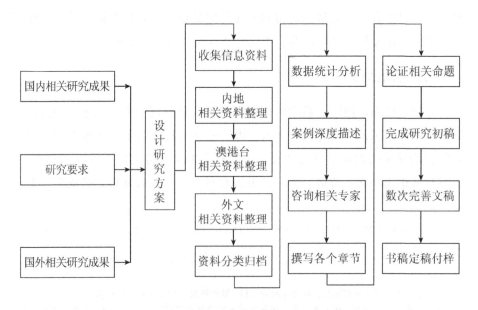

图 1-1　研究路线

本书以绪论提出问题开篇，用路径分析展望未来落笔，正文用八章内容来统筹思考行文。全书首先研究了当前我国文化外交的思想渊源、基本现状、主要特点、发展历程、内外影响、面临难题与战略思考，在此基础上，还进一步研究了文化软实力视域下中国特色文化外交是外交助力中国梦的必由之路及其建设路径。具体而言，本书分述如下：

第一章即绪论部分，主要说明了本书的选题缘由及其研究意义，总结了前人的相关研究，并交代了本书的研究目标、方法与思路等。

第二章致力于文化外交的学理分析。本章主要以学术界已经出现的相关提法和范畴为比照，在辨析文化外交与对外宣传、公众外交、人文外交等区别的基础之上，厘清文化外交的本质、内涵与理论渊源，并解析了文化外交成为一种新型外交机制的必然所在。

第三章剖析中国文化外交的思想渊源与现实依据。本章分析认为，中华优秀传统文化和中国特色的社会主义外交理论是当前我国文化外交的主要思想渊源，这些思想深深地影响着我国是否开展文化外交及如何开展文化外交；分析了我国文化外交的现实背景，认为中国文化外交既是我国应对国际形势的需要，也是我国综合国力发展的必然。

第四章论述中国文化外交的目标、主体及其方式。第一节指出了我国当前文化外交的目的主要是提升我国的国际影响力，增进中外文明相互理解，获取更优质的国家利益等多个层面。总而言之，即服务于中华民族的伟大复兴。第二节说明了当前我国开展文化外交的主体有政党组织、政府部门、社会团体、跨国公司等多种成分。第三节告诉读者当前我国的文化外交存在多边文化外交、双边文化外交和官方文化外交等多样方式。这些方式既体现了文化外交的主体性，也体现了其具体实施的灵活性与层次性。

第五章讲述中国文化外交的发展历程与积极效应。这一章分为两节，第一节回顾了中华人民共和国自成立以来的文化外交历程，梳理了毛泽东时期、邓小平时期、世纪之交时期及新世纪以来的文化外交内容与特点；第二节分析了中国文化外交对我国国际形象、国际地位和经济发展等涉及我国国家利益领域的积极影响。

第六章阐述当前中国文化外交的现实困境与战略思考。改革开放以来，特别是近十几年来，鉴于世界残酷的文化较量和一些国家对中国国家形象的刻意歪曲和丑化，中国政府立足于国内文化发展与走向世界的辩证统一，以高度的文化自觉，在对内大力推动社会主义文化大发展、大繁荣的同时，还借助国际政治舞台，积极、主动地开展文化外交活动，通过采用各种交流渠道，运用各种灵活多变的文化交流形式，不遗余力地向世界传播中华优秀文化，介绍客观、真实的中国。这些努力取得了卓越的成效，增进了中国与世界各国人民之间的相互了解和沟通，提高了我国的文化软实力，为中国的和平发展提供了有利的国际舆论环境。但毕竟由于我国的文化外交才起步不久，缺乏足够的经验，加之国际形势日益复杂多变，因此，我们还有很多的文化外交问题需要去克服和解决。比如，文化资源的开发与保护不力，文化外交的形式和手段落后，文化外交的官方色彩较浓，等等。针对这些，本章提出了进一步发展文化外交的建设性原则。

第七章分析中国特色文化外交是外交助力中国梦的必由之路。本章分三节分别阐析了文化外交是中华民族伟大复兴的必然要求，文化外交是中华文化大放光芒的必然举措，文化外交是中国外交自身发展的必然选择。本章通过这三个方面的阐析论证了中国特色文化外交是外交助力实现中华民族伟大复兴中国梦的必由之路。

第八章讨论了文化外交助力中国梦的路径。本章从中国文化外交的道路选择、统筹机制、法治建设、文化内核、现代技术与民间力量的借用、文化的"内推外引"等几个方面进行分析，认为今后我国在文化外交上只要正确处理好这些问题，就必将在中华民族的伟大复兴之路上发挥重要作用，必将助推中国人民拥抱"中国梦"、世界人民分享"中国梦"。

第四节　研究的难点与创新

总体而言，目前国内学界对文化外交研究投入的精力有限，研究的力度还有待进一步加强。本书选取中国文化外交作为分析对象，在对文化外交进行一般性分析后，着重分析了中国的文化外交及其对实现中国梦的深远影响，这在全球化特别是文化全球化日益全面深入的今天，对中国的外交决策和中国国际关系学的学科建设都具有积极的意义。

本书研究的重要性也预示着研究的难度。一是研究对象的难以捉摸性。文化外交是文化与外交的有机结合。关于什么是文化，可谓仁者见仁、智者见智，文化的柔性也使得其难以定量测量。二是当前国内外学界关于中国文化外交的研究资料较少，这方面的学术积累缺乏，使得在资料的查找和借鉴方面略显不足。三是研究的跨学科性与方法上的复合性。文化外交是 20 世纪 90 年代以来逐渐在我国兴起的一门跨学科研究，本书研究的领域涉及国际关系学、外交学、社会学和心理学等学科中的概念和理论，对写作者的知识储备、学识广度要求较高；同时，本书在研究中试图整合多种研究方法，如何娴熟地使用这些方法对写作者的要求很高。若掌握不佳，有关研究的信度和效度都会不可避免地受到质疑。

尽管存在这些困难，本书仍然尝试做到如下创新：第一，在中国特色社会主义理论体系指导下，借助多学科的方法和视角来实现研究方法上的创新。探索出一条融会国际关系学、外交学、政治学、社会学、现代传播学等的知识与方法解决有关国际关系研究课题的学术路径，以多学科融通的科学方法解读中国特色文化外交。第二，指出中国特色文化外交及其对他国的开展是一个系统性工程，既要从战略上重视，就相关制度设计、思想理念、发展战略做出详尽的宏观规划，也要从微观策略入手，有的放矢。本书提出了多元化文化外交主体，对象化文化外交内容，法治化文化外交建设，创新文化外交机制，丰富了文化外交策略的中国特色文化外交发展模式。第三，本书认真地考察了中国梦与中国文化外交之间的辩证关系。就作者当前视界所及，置于中国梦的视角来分析中国文化外交尚属前沿。

然而，由于作者学识、经验、时间等所限，本书的内容完整性、论点精确性、论据充分性、逻辑严密性、行文规范性都有进一步提升的空间，特别是对中国特色文化外交助力中华民族复兴中国梦的路径分析有待更加深化的思考，将在后续研究中进一步努力。恳请各位专家学者和读者朋友批评指正。

第二章　文化外交的学理分析

　　任何一个国家都有其特定的外交文化，但并非每一个国家都有其独立的文化外交。从历史唯物主义的角度看，"文化外交是国家和民族的文化交流发展到一定阶段的政治化产物，是外交活动迈向成熟的标志"①，是一切外交的基础和内核。这个不断进化的过程大致经历了三个阶段，即文化背景论→文化工具论→文化利益论，中间实现从物本主义到人本主义的两次飞跃后才发展成为现代意义上的文化外交。文化利益论意味着"国家文化礼仪的界定、国家文化安全保障的觉悟、国家对外文化战略的提出与文化外交政策的确立"②。只有实现了完全意义上的文化外交，才谈得上文化外交的真正独立。从这个意义上来审视文化外交，夯实文化外交的理论基础，做到大国战略下的文化自觉，对于深化文化外交的研究与实践，进而提升国家的文化软实力以维护国家的文化安全及全面实现国家利益，都具有深远的意义。

第一节　文化外交的概念释义

一、概念阐析

（一）文化

　　明晰何为文化，是本书研究的首要问题。古今中外关于文化之概念解读纷繁复杂。据不完全统计，自 1871 年英国文化人类学家泰勒在其《原始文

---

　　① 胡文涛. 解读文化外交：一种学理分析 [J]. 外交评论（外交学院学报），2007（6）：53.
　　② 彭新良. 外交学研究中的一个新领域：关于文化外交的几点思考 [J]. 宁波大学学报（人文科学版），2006（7）：62.

化》中首次以现代的视角解读"文化"概念至今，广泛存在于社会科学中的文化定义已有 300 余种。[①]因此，要讲清楚"什么是文化"实属不易。正如英国著名学者罗威勒面临谈谈"什么是文化"时，不无感慨地说："这个世界上没有别的东西比文化更难捉摸。我们很难分析它，因为它的成分无穷无尽；很难描述它，因为它没有固定的形状。要用文字来界定它，如同想把空气抓在手里。当我们去寻找文化时，除了不在我们手中，它无所不在。"[②]鉴于此，以下仅从本书的研究角度对其梳理一二，为后面的"文化外交"做出基本概念框定。

在中国，"文"和"化"两词古已有之。西汉以降，渐有"文"与"化"的合成词"文化"。据查，"文化"一词最早记载于刘向的《说苑·指武》一文，文中曰："圣人之治天下，先文德而后武力。凡武之兴，谓不服也；文化不改，然后加诛。"这里的"文化"意指"以文化之""化人"，是"文治、教化"之意。后来，南朝齐代文学家王融在《三月三日曲水诗序》中说："设神理以景俗，敷文化以柔远。"南朝梁代文学家萧统曰："文化内辑，武功外悠。"从这两个用法上看，"文化"已经成了一个名词，意指文治、教化、礼仪风俗、典章制度。接着，"文化"有了"人化""文明"之意，词义与"自然""野蛮"相对，侧重于精神世界。从精神化的层面谈文化遂成中国古人沿袭的基本思路和趋向。[③]但中国传统汉文字里的"文化"概念与我们今天在普遍意义上所使用的"文化"一词存在很大的差异。我们今天所用的"文化"一词更是受到西方的影响。

可以说，现在我们常讲的文化概念是一个舶来品，是日本学者借用古代汉语"文化"一词对英文"culture"一词的译介，后经中国留日学生引入中国。"culture"一词源于拉丁文"cultra"，本意是指对植物的栽培和对土地的耕耘，蕴含着人类的农业生产活动，后引申为对人的培养，有化育人类心灵、智慧、情操、风尚之义。发展到 19 世纪下半叶，英国人类学家泰勒下了一个颇具代表性的定义："所谓文化或文明乃是包括知识、信仰、艺术、道德、法律、习俗及包括作为社会成员的个人而获得的其他任何能力、习惯在内的一

---

① 特瑞·伊格尔顿. 文化的观念 [M]. 方杰，译. 南京：南京大学出版社，2003：11.

② 栗尚正. 世纪文化难题与我们的文化使命：学习十六大报告关于文化建设的论述 [J]. 中共桂林市委党校学报，2003（1）：9.

③ 张冉. 文化自觉论 [D]. 武汉：华中科技大学，2010：19.

种综合体。"① 与西方相对照，中国古代的文化概念自一开始就有精神和人文的指向，其具体含义与西方的概念引申到精神领域后的"化育人类心灵、智慧、情操、风尚"之义非常接近，借由这一共通之处，近代以来译介到中国后，逐渐形成了我们今天所说的"文化"概念。这些解读经历了"一个从混沌到澄明，从古典到现代，从含义偏狭到内涵与外延不断深入、广度不断扩大的漫长发展和反复锤炼的过程"②。

但迄今为止，关于文化的概念，仍"未能达成一个为各方面普遍接受的界定"③，可谓是仁者见仁、智者见智。但总括各方对文化的定义，不外乎广义、狭义两种观点。

广义的文化，是指人类社会区别于动物界的特有的掌握世界的生存方式，是物质文化和精神文化的统一体。前面所述英国学者泰勒关于文化的定义就属于这种广义层面。1982 年联合国教科文组织成员国在墨西哥城举行的第二届世界文化大会也从广义的角度把文化定义为："今天，应该认为文化是有特色的各种特征的集合物，无论是精神的还是物质的，理念的还是情感的，它们表现一个社会或社会集团。除了艺术和文字，文化还包括生活方式、人权、价值体系、传统和信仰。"

狭义的文化，是指人类在改变自然、获取生存和发展、享受所必需的物质生活资料的过程中所获得的精神文化产品，主要包括政治、法律、军事、艺术、科学，以及在此过程中所形成的理想信仰、伦理道德和风俗习惯等。如美国学者克利福德·格尔茨认为，"文化是从历史上留传下来的存在于符号之中的意义模式，是以符号形式表达的前后相袭的观念系统，借此，人们交流、保存和发展对生活的知识和态度"④。在马克思主义唯物史观中，也是从狭义的角度来定义文化概念的，文化同经济、政治、社会一道被看成构成复杂社会有机体的基本要素之一。马克思、恩格斯认为，"观念的东西不外是移入人的头脑并在人脑中改造过的物质的东西而已"⑤。而毛泽东更是将文化这个要素表述为"观念形态的文化"，并强调"一定的文化是一定社会的政治和

① 爱德华·泰勒. 原始文化 [M]. 连树声，译. 桂林：广西师范大学出版社，2005：1.
② 徐宗华. 现代化的政治文化维度 [M]. 北京：人民出版社，2007：92.
③ 刘伟胜. 文化霸权概论 [M]. 石家庄：河北人民出版社，2002(11)：2.
④ 克利福德·格尔茨. 文化的解释[M].韩莉，译. 南京：译林出版社，1999：109.
⑤ 马克思恩格斯选集：第 1 卷 [M]. 北京：人民出版社，1995：82.

经济的反映"①。辞海中是这么解释的，"文化，即精神生产能力和精神产品，包括一切社会意识形式：自然科学、技术科学、社会意识形态。有时又专指教育、科学、文学、艺术、卫生、体育等方面的知识和设施"②。

在梳理了以上几种比较权威的界定后，本书以辩证唯物主义和历史唯物主义为指导，强调文化是过程与结果的有机统一，即文化是人类在一定的自然和历史环境下改造自然、社会和人类自身活动中所形成的，能够被习得、传承、发展并指导社会实践的以价值观系统为核心的人类所创造的一系列思想道德、科学技术、文学艺术、社会风俗、宗教信仰、政治体系及规章典范等的总和。

（二）文化对国际关系的影响

人类步入全球化和知识经济时代，文化不仅是一种经济资源，也是一种政治资源。特别是 20 世纪 90 年代以来，"政治及军事方面的对抗性减弱，不同民族文化之间的交流、碰撞、磨合的步伐不断加快，国际社会中人们所处的世界和生活越来越'文化化'，文化意识空前高涨"③。世界政治进入新阶段，文化将成为全球政治的一个核心要素。美国学者入江昭认为："国家本来就是一个文化性的组织。因为这种国家之间的关系是外交关系，其中理所应当地含有文化的成分。也可以说，文化上的联系是外交的根本和基础。"④ 文化深深地影响着国际关系。要理解一国的对外政策需将其放置于该国的文化背景中去。塞缪尔·亨廷顿在思考"文明冲突论"时指出："冲突的基本根源不再首要的是政治或经济上的，人类的最大分歧和冲突的主导性根源将是文化上的。"⑤ "不同族群之间最根本的区分不在于政治或经济，而在于文化，全球政治正沿着文化分界线进行重组，具有相似文明的人民和国家正在聚合，具有不同文化的人民和国家正在分离。"⑥ 显然，亨氏把文化看作影响国际关系的关键变量。知识和文化领域成为国家行为体之间为维护本国主权而开辟的一个新的较量场，其激烈程度与日俱增。所以，美国学者麦哲坦言："文

---

① 毛泽东选集：第 2 卷 [M]. 北京：人民出版社，1991：663 – 664.
② 辞海编辑委员会. 辞海 [Z]. 上海：上海辞书出版社，2000：1731.
③ 迟殿凤. 冷战后美国对华文化外交研究 [D]. 广州：暨南大学，2008.
④ 入江昭. 文化与外交 [J]. 外交论坛，2000（4）：28 – 31.
⑤ Samuel Huntington. The Clash of Civilizations? [J]. Foreign Affairs，1993（2）：126 – 133.
⑥ Samuel Huntington. The Clash of Civilizations and the Remaking of World Order [M]. Simon and Schuster，1996：298.

化，将成为当前研究有关国际关系、国际安全和世界经济等问题的著作中最时髦的概念。"① 日本学者平野健一郎也直呼："忽略文化因素的国际关系理论从根本上说是不完整的。"② "文化改变人类命运"在当前国际关系中正得到最丰富而生动的体现。在当代国际关系中，文化因素是国际事务中国家行为的最重要的基础和根据。

知识经济时代的到来，使得国家的经济实力和军事实力不再主要依赖于自然和人类资源，而更多地取决于知识和信息；国际政治上的争夺不再表现为掠人抢物、攻城略地，而逐渐变为"攻心为上"的文化思想较量。国家安全威胁的主要来源不仅是外界的军事力量，还是国外的政治认同和意识形态的同化；实现国家安全不再完全依赖于军事和经济力量，而是更多地通过合法化的政治文化及其认同来确保。文化是一个相对便捷而有效的权力资源，是国家间展开权力和利益争夺的利器，体现为对外界具有感召和吸引的文化力。

人们在看待世界政治和处理国际事务时，会无意识地受到其自身文化背景和所处人文环境的影响。缪开金在其博士学位论文中提到美国学者洛佛尔（John P. Lovell）的一段话："人是在文化氛围中长大的，受到其中的基本价值观、风俗习惯和信仰的熏陶……在每个国家，统治本身和外交政策的制定都是在某种文化背景下发生的。"③ 这种"集体无意识"无时无刻不在影响着一国的民众。阿拉斯泰尔·伊恩·约翰斯顿（Alastair Iain Johnston）也说："我们不应该忽视外交政策选择背后的历史和文化因素，因为根植于历史和文化的观念而不是系统结构影响了行为者的战略偏好。"④ 一国的民族文化、政治文化、国民性和国民士气都会影响其对外政策的倾向性。文化"不是以立即的、直接的方式，而是通过渲染人们对自己的国家及其在世界上的特殊地位的看法来影响国内政治和政策制定过程"⑤。文化中的价值观更是直接影响国家在确立对外战略时对国家利益的定位。因而，文化（尤其是政治文化）"不仅在确定和调整国家对外政策目标中起着重要作用，而且对国外政策实施

① 麦哲. 文化与国际关系：基本理论评述 [J]. 现代外国哲学社会科学文献，1997(4)：65－69.
② 李廷江. 探索国际关系的新视角——平野健一郎和他的国际文化理论 [J]. 国外社会科学，1997 (2)：18－23.
③ 缪开金. 中国文化外交研究 [D]. 北京：中共中央党校，2006.
④ Alastair Iain Johnston. Cultural realism: strategic culture and grand strategy in Chinese history [J]. Princeton：Princeton University Press，1995：28.
⑤ 杰里尔·罗塞蒂. 美国对外政策的政治学 [M]. 北京：世界知识出版社，1997：372.

中的手段、方式和风格也有巨大的影响"①。不同的国家有不同的政治文化价值观，因而会有不同的国家利益选择。美国学者杰里尔·罗塞蒂认为："政治文化不仅决定了各国的对外政策存在其特有的'民族风格'或'民族特色'，而且政治文化中所蕴含的民族主义信念的力量深刻地影响其对外的日常交往（尤其是在危机和战争时期表现得尤为明显和强大）。"接着，他坦率地指出："无论在大众群体，还是精英群体中，大多数人都有某种种族中心主义世界观，从而影响到对外政策的制定。"②

在国家的对外政策过程中，政治文化"不仅具有世界观定位和价值观定向功能，而且具有规范功能和认同功能，它限定了国家对外政策可选择的范围。只有符合或至少不悖于国家核心的政治文化价值观的对外政策才能获得民众的认同"③。文化，尤其是政治文化，对外交的影响是深层次、潜在的，它首先是"通过外交决策者的信仰、认识、价值观、兴趣、愿望、态度、习惯和个性等构成的'棱镜'起作用的"④。正如尹恩·约翰斯顿所言，"不同的国家有着不同的战略重点，而战略重点来自该国早期的或业已形成的文化经验，并在某种程度上受其国家或精英们的哲学、政治、文化和认识特性的影响"。文化是人们认识外在事物的"过滤器"，决策者看问题、作决定总是通过不同的文化"过滤"进行的。文化观念强烈地影响乃至支配着对外决策者的决策行为；同时，决策者也会有意识或无意识地以本国的文化观念和取向作为选择的坐标。美国外交史学家弗兰克·宁科维奇（Frank Ninkovich）曾明确指出："见识深远的政治家总是承认外交同样需要考虑文化价值观……文化在他们的对外决策中起着明显的常常是决定性的作用。"⑤ 可见，文化因素的这种内化和外显作用，给各国的对外关系都打上了明显而深刻的本民族文化特征的烙印。

我们知道，地缘政治会主导一个国家的理智和行为。但植根于历史和公众意识的文化分析则解释了人民的价值观、态度、偏好和假设。在短期内，地缘政治可以影响国家之间的行为关系，但从长远来看，人民的价值观更为

---

① 彭新良. 外交学研究中的一个新领域：关于文化外交的几点思考 [J]. 宁波大学学报（人文科学版），2006（4）：59—64.

② 杰里尔·罗塞蒂. 美国对外政策的政治学 [M]. 北京：世界知识出版社，1997：372.

③ 邢悦. 文化功能在对外政策中的表现 [J]. 太平洋学报，2002（3）：85.

④ 李智. 文化外交：一种传播学的解读 [M]. 北京：北京大学出版社，2005：2.

⑤ Frank Ninkovich. Culture in U. S. Foreign Policy Since 1900，in Jongsuk Chay，ed.，Culture and International Relations [M]. New York：Cambridge University Press，1990：103.

重要。最终，每个国家都是以自身的历史、价值观和心态来看待这个世界，并寻求以自己的经验和看法来塑造世界。"不同文化体系的个体和群体在文化交往中必然自觉或不自觉地以自己的文化定势和价值尺度来衡量、理解和评价其他文化，并将自己的思想、情感和愿望作为一种文化定势而倾注到对象之中。"① 可以说，文化是每个国家在国际关系的海洋中航行的"罗盘"，规范着其外交决策的方向和可供选择的范围，强化民众对其外交政策的认同感，从而对解决国际关系问题具有决定性的作用。故此，美国学者爱德蒙·詹姆斯（Edmond James）在为美国政府利用向中国退还部分"庚子赔款"以资助中国学生赴美留学的举措作辩护时说："这（对中国年轻人的美式教育）是最合意和最巧妙的方法——通过智育和精神上控制它的领袖人物来控制中国的发展。"② 文化已经成为国际政治中一国政府为达到其外交目的而运用的一种特殊政策工具。日本政府采用简化入学手续、增加奖学金、减免学费、归国跟踪服务等措施大力吸引赴日留学生，以其作为日本文化向世界传播的桥梁。留日学生是实现日本文化走向世界较为便捷而有效的中介。因为回国后的留日学生作为各国当前或今后各个领域的精英，其态度不仅会影响其国家的广大民众，也会直接或间接地影响其政府的对日政策。正如法国学者路易·多洛所言："文化关系能在接触甚少或毫无接触的国家之间创建智力联系和精神联系。"③ 继而，使得国与国之间的所有关系更为紧密。这就是文化对国际关系影响的威力所在。

文化全球化丰富了各国的文化，并形成某种程度上的"文化趋同"，但是，文化全球化也刺激了各国的文化民族主义，再加上文化因素反映出一个社会群体价值体系和活动方式的独特性，一国的对外关系中"蕴藏着文化因素"④。因此，在各国的外交实践中，文化要素正逐渐从幕后走向前台，成为国家对外活动的重要组成部分。此外，文化效应下的国家认同感和民族凝聚力是国家经济社会可持续发展和国家动员能力的重要保障。2009年，美国知名咨询机构"佩尤研究中心"在25个国家做的关于"给国家打分"的大规模舆论调查显示，"2009年中国人对自身国家的好感度为95%，高于所调查的

---

① 杨玲. 文化交往论 [D]. 武汉：华中科技大学，2010：36.

② Arthur Smith. China and America Today [M]. Edinburgh：Oliplant，Anderson & Ferrier，1907：213.

③ 路易·多洛. 国际文化关系 [M]. 上海：上海人民出版社，1987：3.

④ 李智. 文化外交：一种传播学的解读 [M]. 北京：北京大学出版社，2005：24.

其他国家人民的国家好感度，名列第一"①。公民对自身国家的好感度会直接影响国家的感召力、民族的凝聚力和公民为之努力的战斗力，最终影响到该国在世界国家之林的综合国力较量。

因而，各国对文化因素在国际关系中的作用不再是"漠不关心"，而是"主动为之操心"。② 基于文化在国际关系中的地位和作用，以文化为出发点和立足点的文化外交"将成为与政治外交、经济外交、军事外交并重的外交的第四个方面"③；而且，"在一定程度上，它包含传统的政治、经济、军事外交，成为国家外交中最核心的内涵"④。可以预期，文化外交将向外交舞台的前沿中心迈进。

（三）文化外交

宽泛地讲，三千多年前就有了文化外交。从有文字记载来看，"铜器时代文化外交已成为人类要求文明进步的一种规则"⑤。进入现代国际关系体系后，文化外交逐步同经济外交、政治外交、军事外交交相辉映。虽然还有"少量学者并不倡导'文化外交'的提法"⑥，但已难以掩盖"文化外交俨然成为外交的基本维度或政治、经济、军事之外的第四个方面的新态势"⑦。尽管如此，目前学界对于何是"文化外交"并未达成共识。⑧ 以下，将剖析文化外交的含义、特性及其类型。

1. 文化外交的含义

文化外交，顾名思义，是文化与外交的"联姻"（图2-1）。前面已对"文化"做了解读，这里将先行阐述"什么是外交"。关于"外交"的说法各有千秋，如果以"外交"的英文单词"diplomacy"一词溯源，该词源自希腊语"diploma"，意指"君主派出使节时用以证明身份的证书"。现代所讲的"外交"概念起于1796年爱德蒙·伯克用"diplomacy"一词来表达"处理国际

① 花建. 从提升中国文化软实力的高度抵制"三俗"[N]. 文汇报，2010－09－14（12）.
② 李智. 文化外交：一种传播学的解读 [M]. 北京：北京大学出版社，2005：24.
③ 姜秀敏. 全球化时代的国际文化关系研究 [D]. 长春：吉林大学，2006.
④ 李智. 文化外交：一种传播学的解读 [M]. 北京：北京大学出版社，2005：17.
⑤ 胡文涛. 美国文化外交及其在中国的应用 [M]. 北京：世界知识出版社，2008：26.
⑥ 鲁毅. 外交学概论 [M]. 北京：世界知识出版社，1997.
⑦ Philip H. Coombs. the Fourth Dimension of Foreign Policy：Educational and Cultural Affairs [M]. New York：Harperand Row，1964.
⑧ 简涛洁. 冷战后美国文化外交及其对中美关系的影响 [D]. 上海：复旦大学，2010.

交往和谈判的技巧与谈吐"①。在中国，"外交"一词的使用比西方早很多，但其意义与今之外交完全不同。古语"外交"是指为人臣者私见诸侯。《国语·晋语》曰："乃厚其外交而勉之，以报其德。"《礼记》云："为人臣者，无外交，不敢贰君也。"《史记·邓通传》言："邓通'不好外交'。"② 可见，正如英国外交家尼科松所说："如果把外交看作处理一群人与另一群人关系的正常行为，那么，它早在人类有历史记载以前就存在了。其后发展成为任何主权国家为主体，通过和平方式，对国家间关系和国际事务的处理以维护其国家利益的手段。"③ 但对传统中国而言，外交只是个人对外的交往活动而已，以国家的概念来从事处理涉外事务的"外交"，是近代以来民族国家成立之后的事。之后，中国才有了现代意义上的外交行为和外交研究。

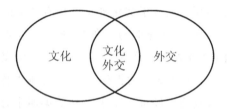

图 2-1　文化、外交与文化外交三者关系

据鲁毅归纳，目前为国内学界普遍认可的关于外交的定义是："外交是以主权国家为主体，通过和平的方式，对国际事务和国家间关系的处理。"④ 因此，文化外交应是在这一基础上的自然引申和细化发展。追溯起来，1934 年的《牛津英语大词典》首次使用文化外交（Cultural Diplomacy）一词。⑤ 20世纪 40 年代后，经美国外交史学家拉尔夫·特纳（Larf Turner）倡导及弗兰克·宁科维奇（Frank A. Ninkovich）系统阐述，成为现代意义上的文化外交。⑥之后，不断有学者对其进行阐述，以下节选了其中的部分。

（1）美国学者 Frank A. Ninkovich 认为文化外交是"在国际政治中运用

①　王福春，张学斌．西方外交思想史概论［EB/OL］．（2013－02－11）［2014－08－31］．ht-tp：//www. tecn. cn/data/detail. php？id＝78.

②　同①.

③　同①.

④　鲁毅．外交学概论［M］．北京：世界知识出版社，1997：5.

⑤　缪开金．中国文化外交研究［D］．北京：中国政法大学，2006.

⑥　李智．文化外交：一种传播学的解读［M］．北京：北京大学出版社，2005：1.

文化影响的一种特殊政策工具"①。

（2）美国学者 Kevin V. Mulcahy 认为文化外交是"主权国家利用文化手段达到特定政治目标或对外战略意图的一种外交活动，是主权国家重要的外交形式之一"②。

（3）美国学者 Robert Rossow 认为文化外交是指"不同国家之间相互学习和传播彼此文化以推进人们之间相互理解的活动"③。

（4）美国学者 Akira Iriye 认为文化外交是"通过包括记忆、意识形态、感情、生活方式、学术和艺术作品和其他符号的思想和人员的交流、合作或其他达到国家间相互理解的努力，来承担国与国、人民与人民互相联系的各种任务"④。

（5）美国学者 Milton C. Cummings 认为文化外交指"国家及其人民之间的观念、信息、艺术及文化的其他方面的交流，以加强相互之间的理解"⑤。

（6）英国学者 J. M. Mitchell 认为文化外交为"文化在国际协议中的介入，是文化运用于国家政治外交和经济外交的直接支持"⑥。

（7）李智认为文化外交是"以文化传播、交流与沟通为内容所展开的外交，是主权国家利用文化手段达到特定政治目的或对外战略意图的一种外交活动。它以维护本国文化利益及实现国家对外文化战略目标为目的，在一定的对外文化政策指导下，借助文化手段来进行的外交活动"⑦。

（8）胡文涛认为，文化外交是"政府或非政府组织通过教育文化项目交流、人员往来、艺术表演与展示及文化产品贸易等手段为促进国家与国家之间、人民与人民之间相互理解与信任，构建和提升本国国际形象与软实力的一种有效的外交形式，是外交领域中继政治、经济之后的第三支柱"⑧。

---

① 邓显超．新时期中国文化外交兴起的必然［J］．攀登，2006（15）104－107.

② Mulcahy K V. Cultural Diplomacy and the Exchange Programs：1938—1978［J］．The Journal of Arts Management，Laws，and Society，1999（1）：8.

③ Robert Rossow. the Professionalization of the New Diplomacy［J］．Word Politics，1962（14）：565.

④ Iriye A. Cultural Internationalism and World Order［M］．Washington，D. C.：The Jonhs Hopkins University Press，1997：3.

⑤ Cummings M C. Cultural Diplomacy and United States Government：A survey，Center for Art and Culture［M］．Washington D. C.：The Jonhs Hopkins University Press，2003：1.

⑥ Mitchell J M. International Cultural Relations［M］．London：Allen & Unwin Publishers Ltd.，1986：81.

⑦ 李智．文化外交：一种传播学的解读［M］．北京：北京大学出版社，2005：25.

⑧ 胡文涛．美国文化外交及其在中国的运用［M］．北京：世界知识出版社，2008：32.

（9）缪开金认为，文化外交是"一个国家的政府致力于通过本国文化的传播，以建立、发展和维持与外国关系的外交领域，在这个过程中，一个国家的机制、价值体系和独特的文化魅力在双边和多边关系中得到发扬"①。

（10）彭新良认为，文化外交是指"主权国家以维护本国文化利益及实现国家对外文化战略目标为目的，在一定的对外文化政策指导下，借助包括文化手段在内的一切和平手段所开展的外交活动"②。

综观这些定义，其界定的视角要么从文化服务于政治的意义上把握文化外交，要么从政治服务于文化的意义上认识文化外交，要么从实施主体的一元、二元或多元出发，要么从从业者的素质来看，要么从文化不同的表现形式来理解……从中不难发现，文化外交的最佳界定应该包括外交的主体与客体、目标与意义，以及手段与途径等，为此，本书作者认为，文化外交是政府、非政府组织和公众等行为体通过教育交流、人员往来、文艺表演及文化产品等途径向国际社会传播本国的思想道德文化、科学技术文化、文学艺术文化和社会风俗文化的，旨在促进国家与国家之间、人民与人民之间的相互理解与信任，构建和提升本国文化软实力与国家形象及实现包括国家文化利益在内的一切国家利益的一种有效的日趋成熟的与政治外交、经济外交、军事外交并重的外交新形式。

2. 文化外交的特性

文化外交作为一种日趋成熟的外交形式，与传统的政治、经济、军事外交相辅相成，目的都在于维护国家利益。但比较而言，文化外交更富于和平性、开放性、诚实性、长期性及依附性等特性。

（1）目标实现的和平性。和平与发展是当今及今后的时代主题。从根本上讲，任何动乱与战争都会给人类造成不可避免的损失。因而，当前的绝大多数国家和人民都期待和平，反对战争。文化外交的宗旨是通过建立和维持国家间的良好关系、人类的相互理解与世界的稳定繁荣来促成国家利益的实现。在具体实施上，文化外交主要是通过开展文化交流项目、签订文化协议、缔结文化条约、互派人员访问等和平手段来达到本国的外交目标。其表现形式比较柔和且丰富多彩，易于为别人所接受，能在满足人们精神享受的同时

---

① 缪开金．中国文化外交研究［D］．北京：中共中央党校，2006.

② 彭新良．文化外交与中国的软实力——一种全球化的视角［M］．北京：外语教学与研究出版社，2008：76.

起到潜移默化、"润物细无声"的效果。因而，文化外交最能体现"使用交涉、谈判及其他和平方式对外行使主权的外交特点，使文化外交成为'外交中的外交'"①。故此，相比于政治、经济、军事等外交形式，文化外交中的和平性体现得更为突出和明显。

（2）项目流动的开放性。文化外交"犹如一条双向车道，通过思想观念和人与人之间的交流，通过学术合作，或者其他努力，来促进各个国家和民族之间的相互理解"②。因而，外交双方注重交往双方的你来我往、互相合作，期望能够相互了解与信任，而不是单边或单向性。如中国到法国、俄罗斯等国举办"中国文化年"，法国、俄罗斯也分别到中国举办"法国文化年"和"俄罗斯文化年"。而且，"文化外交的使者肩负双重任务，既要以自己在教育、社会、文化等方面的身份到海外执行外交任务，也要不失时机地向国内公众介绍别国的情况"③。这样，大多数直接或间接参与文化外交的人就会或多或少地用更加多元、客观的视角去审视自己和自己的国家。对此，富布赖特学者罗诺德·约翰逊曾说："回国后的富布赖特学者常常更加客观地看待美国的文化、重新思考美国社会的实质部分……把美国的故事讲给世界听，同时也将世界的故事讲给美国听。"④ 这是开放性的第一层意思，即文化外交遵循跨文化传播法则，以双向沟通为基础，注重在交流与互换彼此意向中达成共识。⑤ 开放性的第二层意思是指"文化外交的范围和领域广泛"⑥，其"外交的所指、对象或受体，不只限于国家政府，还包括非政府组织、民间团体或个人，甚至直接面向他国公众和国际社会"⑦。文化外交的这种开放性推动着"政府间的相互理解"⑧。

（3）活动内容的诚实性。诚实性是文化外交的本质属性。美国学者罗伯特·塞尔在一次关于文化外交的演讲时强调："文化外交是通过与某国人民的

---

① 胡文涛. 美国文化外交及其在中国的运用 [M]. 北京：世界知识出版社，2008：297－299.

② 同①.

③ 胡文涛. 解读文化外交：一种学理分析 [J]. 外交评论（外交学院学报），2007（6）：50－58.

④ Juliet Antunes Sablosky. Reinvention，Reorganization，Retreat：American Cultural Diplomacy at Century' End，1978—1998 [J]. The Journal of Arts Management，Laws，and Society，1999（29）：32.

⑤ 李智. 文化外交：一种传播学的解读 [M]. 北京：北京大学出版社，2005：68.

⑥ 罗玉颜. 从《交流》杂志看美国对华文化外交的价值取向 [D]. 广州：暨南大学，2008.

⑦ 李智. 文化外交：一种传播学的解读 [M]. 北京：北京大学出版社，2005：69.

⑧ Robert Thayer. Cultural Diplomacy：Seeing is Believing [J]. Vital Speeches of the Day，1959（25）：740.

直接、成功的交流从而达到对此国家人民生活和文化的理解，强调文化外交依据的是直接交流而不是道听途说。"① 文化外交是一个国家的文化特性在该国外交理论与外交实践中的体现或反映，其目的是通过文化外交活动增进互信，减少误解和冲突，达到相互理解。而诚实是信任的基础②，尽管诚实性是文化外交的本质属性和客观需要，但在文化外交实践中，往往缺乏文化外交的诚实性。为了国家利益或外交官个人的政绩等，现实中的诸多外交活动存在着短视或欺骗行为。这里所讲的诚实性，是"对文化外交属性的一种历史反思与理想追求。政府主导的文化外交项目常常伴有明显的政治性和现实目的性，因此不可避免会带有不诚实的一面"③。但从文化外交的长远发展来看，诚实性无疑会是未来文化外交的长期追求。

（4）政策实施的长期性。文化外交的使命就是以推动人民与人民之间、国家与国家之间、国家与人民之间的长期信任来维护国家的长远利益。开展教育与文化交流活动就是达成这一使命的最为有效的方式。对外交流的开支是对未来的投资，可以用较少的投入获得巨大的、长期的回报。鉴于文化外交产生效果的相对缓慢与无形，要获得这种长期的回报，需要文化外交使者对本国与对象国有着深刻的认识及全面的了解，而要做到这一点，需要文化外交使者花大量的时间不断地学习、观察和总结，需要文化交流项目的持续进行。以美国富布赖特中国项目而言，自 1947 年美国驻中国大使司徒雷登与当时的"中华民国"政府外交部部长王世杰签订《中美教育交流项目筹资协议》起，已有 60 多年，并将继续下去。④ 长期的坚持带来了"对于加强中美两国学者之间的学术交流、发展中美关系做出了贡献"⑤ 的积极效应。此外，文化外交活动的核心是文化的融合与互相的理解，一项文化外交活动的开展不可能取得立竿见影的效果，它需要长期经常性的互动，需要各国政府之间或非政府组织之间达成协议使之具体化、制度化，进而确认双方的权利与义

---

① Robert Thayer. Cultural Diplomacy：Seeing is Believing [J]. Vital Speeches of the Day，1959 (25)：740.

② 徐小明. 全球化背景下的中国文化外交 [D]. 贵阳：贵州师范大学，2009.

③ 胡文涛. 解读文化外交：一种学理分析 [J]. 外交评论（外交学院学报），2007(6)：50－58.

④ 中华人民共和国成立后，该项目虽然在中国内地停止了，但在中国台湾仍在继续。1979 年中美建立外交关系后，中国政府重新启动了该项目。该项目虽然在特定的时期被歪曲利用了，却被长期坚持做了下来。

⑤ 韩召颖. 输出美国：美国新闻署与美国公众外交 [M]. 天津：天津人民出版社，2000：273.

务、合作的深度和广度、目的、经费来源等。例如，中美两国政府 1979 年建立外交关系后，邓小平与美国时任总统卡特签订的《中美文化协定》，至今仍是中美官方文化外交活动的法律基础。

（5）实施方式的依附性。文化外交是一种"通过文化和意识形态的魅力吸引对方"[1] 以达到自身目标的外交形式。因而，其目标的实现表现出一定的依附性。一是文化外交这种软实力能否有效实现，很大程度上依附于实施国的经济、政治、军事等硬实力是否能够为其提供支撑。文化外交作为一种新型的外交方式，它依靠先进的文化、制度所促成的更为先进的经济、军事水平的吸引力来"说服别人认同和信奉某些行为准则、价值观和政治制度"[2]，以促成他们产生设想的效果。文化所依附的国家实力，是文化产生对外影响力的坚实物质基础，它对文化具有自不待言的外在证明功能。[3] 二是文化外交中文化弱国对文化强国的依附。"基于世界文化的等差格局及其非均衡的乃至单向的流动态势，世界各国虽然都在不同程度上开展自己的文化外交，谋求实现自身的国际战略目标，但是，不同国家的文化外交水平千差万别。经济水平高、综合国力强的国家，处于文化传播强势，其文化外交的水平就高，成功的概率就大，更容易实现自身的对外战略目标，因而，在国际文化外交的总格局中居于主导地位。"[4] 强势文化通常是信息传播的主体，它掌握着信息流向的主导权。文化形态不同，其位势也就不同。其中处于较强态势的文化"一般总是取得支配权，不断对外输出自己的信息和影响，在文化冲突中居于有利地位，控制着其他文化"[5]。

3. 文化外交的类型

按照不同的标准，文化外交可以划分为不同的类型，从表现形式的角度划分，可以分为文化制裁与文化合作；从行为主体的角度划分，可以分为官方文化外交与非官方文化外交；从价值取向的角度划分，可以分为理想主义文化外交与多元主义文化外交；从战略态势上划分，可划分为进攻性文化外

① Josephs Nye. Redefining the National Interest [J]. Foreign Affairs, 1999 (8)：88-94.
② 迟殿凤.冷战后美国对华文化外交研究 [D].广州：暨南大学，2008.
③ 种海峰.简论跨文化传播与冲突的四个规律 [J].深圳大学学报（人文社会科学版），2010 (6)：149.
④ 李智.文化外交：一种传播学的解读 [M].北京：北京大学出版社，2005：17.
⑤ 种海峰.简论跨文化传播与冲突的四个规律 [J].深圳大学学报（人文社会科学版），2010 (6)：150.

交与防御性文化外交。

（1）按照当事国运用文化外交于他国的表现形式，文化外交可以分为文化制裁与文化合作。

文化制裁是指文化外交实施国运用其强势文化资源向对象国施加压力，采用封锁消息、禁止教育技术转让、撤销文教卫生合作项目等方式，蓄意制造这些国家在文化发展上的困难，以强迫其接受实施国目的的一种表现形式。文化制裁就是宣传战、心理战，这必然导致国家间的对立乃至仇视情绪的滋长。文化制裁包括以文化为手段的制裁和以文化利益为目标的各种制裁。[①] 如美国在积极推行强权政治的同时，也努力发掘其文化资源，以其自我标榜的"民主、自由、人权"等人道主义价值观为旗号，向发展中国家开展文化输出，胁迫其接受美国式价值，进行"和平演变"。

文化合作是指文化外交的正向实施，表现为当事国之间积极开展文化资源上的共享，互通有无，取长补短，相互借鉴，并在此基础上达成某种共识。这种文化亲近、亲密接触的关系或者建立在无条件、无偿交换的基础上，或者建立在对等条件、对等交换的基础上。它可以传播友谊，增进相互了解，进行善意引导，加强双方的交流与沟通。[②] 文化合作包括文化方面的合作和缘于文化认同基础上的外交合作，如中法之间的文化合作是建立在面临共同文化威胁、共同主张国际文化多样性的基础上的合作；美英两国的文化合作则更多是基于共同的语言、共同的文化特性及共同的价值观基础上的合作。

（2）以运用文化外交的主体划分，文化外交可以分为官方文化外交和非官方文化外交。

官方文化外交是政府主导下，通过文艺交流、教育交流、语言推广、体育活动、留学生培养等多种形式，为达到其外交目的而进行的一种双边或多边文化交流。其中文学、艺术的交流是对外文化交流的核心内容，也是目前国际文化交流中最活跃和最吸引人的交流形式。这些交流方式客观上促进了各国人民之间的相互了解和友谊，但主观上却是各国政府出于本国外交战略考虑，绝不是单纯地为"艺术而艺术"，可以说是"文化搭台，外交唱戏"。各国政府通过制定明确的对外文化战略，通过对所开展的文化交流活动进行

---

① 彭新良．文化外交与中国的软实力：一种全球化的视角［M］．北京：外语教学与研究出版社，2008：78—79．

② 李智．文化外交：一种传播学的解读［M］．北京：北京大学出版社，2005：27．

直接或间接管理、指导和调控，从而达到最终为本国政治、经济、文化利益服务的目的。如 2006 年法国外交部与文化部联合成立了"法国文化署"，每年投入 3 000 万欧元，以促进对外文化交流，增加法国文化在国际社会的"知名度"和"可读性"。① 自 2004 年起，中国为世界上每所孔子学院出资 50 万美元，每个孔子课堂资助 6 万美元以开展汉语教学和推广中国文化。据国家汉语国际推广领导小组办公室相关资料显示，截至 2014 年 12 月 7 日，全球共有 126 个国家（地区）建立了 475 所孔子学院和 851 个孔子课堂。孔子学院设在 120 国（地区）共 475 所，其中，亚洲 32 国（地区）103 所，非洲 29 国 42 所，欧洲 39 国 159 所，美洲 17 国 154 所，大洋洲 3 国 17 所。孔子课堂设在 65 国共 851 个（科摩罗、缅甸、马里、突尼斯、塞舌尔、瓦努阿图只有课堂，没有学院），其中，亚洲 17 国 79 个，非洲 13 国 18 个，欧洲 25 国 211 个，美洲 7 国 478 个，大洋洲 3 国 65 个。② 孔子学院和孔子课堂的总数比 2013 年增加了 240 个，增幅为 22.1%。这些交流极大地促进了中国语言文化在世界的推广，扩大了中国的国际声誉。

文化外交的主体是国家政府，但随着文化外交的开放发展，受到政府鼓励或默许的非政府组织或国际公民也将日益活跃于文化外交舞台。因此，上述政府主导以外的文化外交，都可以称为非官方文化外交或公众文化外交。

（3）以运用文化外交时关于文化关系的认识态度划分，文化外交可划分为文化理想主义外交和文化多元主义外交。

多元文化主义认为，如同大自然的生物多样性一样，文化的多样性也是人类社会的客观现实。一个消除了多样性的世界是停滞的、没有前途和希望的世界，所以，在世界文化交流中，以追求多元民族文化民主、平等共存为目标，承认和鼓励民族文化多样性，主张以对话而非对抗，"和而不同"而不是"同而不和"的精神理念处理不同文化之间的交流和彼此间发生的文化冲突。换言之，在国际社会的文化交流过程中，多元文化主义正视各种文明多元共存的现实，主张每一种文化及其主体的存在，必须以尊重和维护其他文化及其主体的存在为首要前提，尊重异类、宽容异己、兼容并包，并以对话、学习的方式表达对其他文明及其文明主体的尊重和友善态度，反对任何形式

① 严明．法国推出新"文化外交"策略［EB/OL］．新浪新闻．（2006－05－15）［2014－08－16］．http：//news. sina. com. cn/w/2006-05-15/22178931877s. shtml.

② 关于孔子学院/孔子课堂［EB/OL］．国家汉办网站．（2015－01－29）［2015－02－03］．http：//www. hanban. edu. cn/confuciousinstitutes/node_10961. htm.

的文化一元论思想和文化单边主义行为。世界是各个文化主体互为条件、共同繁荣发展的主体间的世界,"真正的文化对话中,一方必须尊重他方的独立存在,尊重他方的智识和文化特性,只有持有这样的态度,对话才能成为和平、安全和公正的序幕"。

而文化理想主义则认为,"世界文化尽管是多元的,但文化则是有高下、优劣之分的。落后文化的存在不但对先进文化构成威胁,同时也不利于世界的和平与发展"①,因此,它们无视多元文化的客观存在,完全依照一种"唯我至上"主义的文化逻辑去处理全球化问题,把不断输出、扩大它们的文化理念、道德和政治思想,强迫落后文化一方无条件地认同、接受其民主、自由市场、人权等价值观念,作为自己对外文化的战略目标,甚至为实现它们对世界的文化改造,不惜采用武力。文化理想主义是文化中心主义的当代表现,它的文化内涵中充满了文化优越论和民族优越感。所谓民族中心主义乃是一种信念,即一个人认为自己所属的文化群体优先于所有其他文化群体。它表现为一种民族优越感,即从本民族文化价值出发判断其他文化的价值,并认为其他民族文化的价值比本民族文化价值低。典型的思维是:大多数文化比我的文化落后,我的文化应该成为其他文化的典范,不必尊重其他文化的价值与习俗,生活在我的文化中的人拥有最好的生活方式,等等。②也就是说,理想主义是以非黑即白,非此即彼的"零和"思维方式来看待世界的文化存在的。任何与自己不相一致的文化都被看作文化"异类"而被打压。③

(4)从开展文化外交的战略态势上讲,文化外交可划分为进攻性文化外交与防御性文化外交。

现实主义在国际文化关系领域表现为两种倾向:一种是文化的进攻性与外向性,另一种是文化的防御性与内敛性。进攻性现实主义在国际文化关系领域,最早表现在早期西方资本主义的对外殖民扩张过程中,对殖民地文化的疯狂掠夺和无情绞杀上;而到了近代,则主要体现在美苏之间的文化冷战中;冷战结束后,这种文化进攻主义战略则主要体现在美国文化的对外扩张上。随着文化软实力在当今国际关系中作用的不断提升,美国

---

① 张殿军. 和平发展论域中的中国文化外交研究[M]. 北京:中国社会科学出版社,2013:80.
② 林慧祥. 文化人类学 [M]. 北京:商务印书馆,1991:54.
③ 谌取荣. 文明对话的国际关系意含 [J]. 现代国际关系,2001(10):30.

统治者愈发重视文化外交在实现国家安全战略利益结构中的重要性和必要性，所以文化外交的进攻性不减反增，一方面炮制出诸如"民主和平论""善意霸权论"和"单级稳定论"等许多美化美国自身的国际政治理论，为其海外扩张寻求国内舆论支持和国际道义性与合法性；另一方面，在广泛借助图书、杂志、电影、电视、互联网等文化载体，进行文化渗透的基础上，还利用经济贸易、人员交流、各种各样的文化作品展览及科学文化、教育交流等现实主义手段，向他国传播、输出自己的文化价值观和政治理念，对他国进行"文化帝国主义"侵略，妄图以此巩固、深化和扩大美国独一无二的"世界超级大国"地位。

在美国文化外交攻势下，世界其他国家被迫实现文化防御，保卫和强化本国的文化独立性和文化安全，有的甚至以结盟来应对来自美国的文化外交攻势。如欧盟面对美国发起的强大文化攻势，在加强自身文化认同的同时，不仅与联合国教科文组织合作来扩大文化影响，而且加强与第三世界的合作与资助，通过组织并参与"亚欧文化节"、扩大欧洲三大电影节的影响等手段，让世界更多地了解欧洲人的理念，以此反击美国的文化霸权主义。①

需要说明的是，以上对文化外交类型的划分是相对的，而非绝对的；是动态的，而不是静止。换言之，不同的文化外交分类彼此常常是交融在一起的，绝对意义上的分类是不存在的。②

二、相关辨析

国家之间的交往由来已久。在文化外交兴起之前，广泛存在着文化交流、对外宣传、公共外交等涉及科学文化教育卫生事业的对外交往形态，而且它们也将继续广泛地存在于当前及以后的国家关系领域，因而，有必要对此做一番辨析。它们之间存在着共同性，如本质上都是最终追求本国的国家利益，使国家利益最大化，但也有着自身的特性，彼此的侧重点是有区别的（表2-1），分述如下。

---

① 车薇. 论欧洲一体化中的欧洲文化政策 [J]. 中国社会科学院研究生院学报，2001（6）：36.

② 张殿军. 和平发展论域中的中国文化外交研究 [M]. 北京：中国社会科学出版社，2013：80－83.

表 2-1　文化外交与文化交流、对外宣传、公共外交的异同

形态	主体	客体	途径	目　的	特　性	地　位	与文化外交的重合性
文化外交	政府为主，非政府组织为辅	对方政府为主，对方精英阶层和民众为辅	文化软实力手段	促进互相理解与信任，以提升本国国际形象与软实力来实现国家的文化利益	目标实现的和平性、项目流动的相互性、活动内容的诚实性、政策实施的长期性、实施方式的依附性	与政治、经济、军事等传统外交形态并重的外交的第四个方面	
文化交流	民间，政府	外国民众和国际公众	文化手段	促进彼此了解与理解，加强双方的互动与友谊	注重交流的相互性和开放性，但往往文化强国的对外交流要远远多于文化弱国的对外文化交流	对外交往的有效补充	文化外交源于文化关系，但同时又高于文化关系。文化外交更加突出政府行为主体在对外文化关系中所起的作用
对外宣传	政府为主，民间参与	外国民众和国际公众	文化手段为主，辅之以经济、政治、军事手段	追求对他国民众全方位、彻底的心理和思想上的控制	单向自我表达，向他国输出信息，强调进行价值取向的灌输	对外交往的有效补充	政府主导下的对外文化宣传与文化外交重叠
公共外交	政府为主，民间参与	以外国民众和国际公众为主	文化、经济、政治、军事多管齐下	向外国民众和国际公众报道、提供消息，或与之开诚布公地进行对话交流，让彼此互相了解，引导国际公众舆论，进而左右目标公众所在国政府对该国的对外政策的制定，最终让对方国家采取有利于本国利益的态度和行为	重点是向别国公众解释本国政府的政策以实现政府的短期目标，功利性明显，可能使用宣传手段和必要的"欺骗"辞令，也具有相当的公开性和开放性	对外交往的有效补充	面向公众性的文化外交与文化上的公众外交重合

（一）文化交流

自古以来，国家之间都不乏文化交流活动，特别是 15 世纪后，地理大发现、新航道和资本主义世界体系的建立，使得整个世界日益紧密，交流日益频繁。我国最早开展的对外文化交流可以追溯到西汉张骞出使西域。[①] 陆上丝绸之路与海上丝绸之路的开辟与繁荣更是伟大的历史见证。文化交流与学习从未停歇。"不同文化之间的交流过去已被多次证明是人类文明发展的里程碑。希腊学习埃及，罗马借鉴希腊，阿拉伯世界参照罗马帝国，中世纪的欧洲又模仿阿拉伯，文艺复兴时期的欧洲则仿效拜占庭帝国。"[②] 文化交流活动频频发生于两个或者多个具有显著的文化源差异的国家或族群之间。

国家间的文化交流早于文化外交，没有文化外交关系的国家之间可能会有文化关系，文化关系的内涵更加丰富，形式更加多样。文化外交源于文化关系，又高于文化关系。[③] 文化外交客观上要求组织者、实施者从国家战略角度和国家整体利益的高度，制定外交政策、实施项目和评估活动效果。文化外交注重政治导向、政府的决策地位及其他非政府组织参与者对政府的服从和协助。两者的本质区别在于"文化外交更加突出政府行为主体在对外文化关系中所起的作用"。[④]

（二）对外宣传

对外宣传是指一国政府针对其他国家开展的政策宣传活动。对外宣传"侧重于向国外公众介绍本国的国情、社会制度、当前政策等，以增进他国公众对本国的了解"[⑤]。而文化外交"不仅包括对本国国情的宣传活动，也包括各种各样的文化交流活动，依照本国利益的需要，塑造有利于本国的国际形象，以某种文化特性和价值取向影响他国政府和民众的意志"[⑥]。由此可见，文化外交所涉及的范围要宽于人们通常所说的政府对外宣传。而且，对外宣传更多地服从和服务于武力炫耀、经济制裁与政治胁迫，并没有获得完全的

① 李宝俊. 当代中国外交概论 [M]. 北京：中国人民大学出版社，1999：5.
② 刘海平. 世纪之交的中国与美国 [M]. 上海：上海外语教育出版社，2000：44.
③ 此处主要参考了胡文涛在其《美国文化外交及其在中国的运用》中的观点。这里的"高"是从政治学的角度理解，即"高政治"与"低政治"。文化外交相对文化关系而言，更加远离民众，趋于政治化。
④ 张燕. 从"上海周"看对外文化交流的作用 [D]. 上海：复旦大学，2009.
⑤ 迟殿凤. 冷战后美国对华文化外交研究 [D]. 广州：暨南大学，2008：40.
⑥ 同⑤.

独立。而文化外交是"传统的政治外交、经济外交、军事外交之后的第四个核心方面"①，但对外宣传与文化外交之间的关系也是复杂模糊的。如冷战时期，基于特定的国际环境和现实需要，文化外交"被利用充当贯彻政府对外政策的工具"②，与对外宣传兼而用之了。

（三）公共外交

公共外交是外交的一种补充形态，旨在处理公众态度对政府外交政策的形成和实施所产生的影响，是"超越传统外交范围以外的国际关系领域的一个层面，它包括一国政府对其他国家舆论的开发和培植，一国的利益集团与另一国的利益集团在政府体制外的互动，以通讯报道为职业的人如外交使节与国外记者之间的沟通、联络"③，其核心是"告知、接触并影响"外国公众。在外交实践中，公共外交与文化外交既相互联系，又相互区别。一方面，公共外交和文化外交的实施主体都是一国的政府，但"文化外交的实施对象要比公共外交宽泛，它既包括他国的公众，也包括他国的政府，而公共外交的实施对象主要为他国公众"④；另一方面，公共外交的方式涉及政治、经济、科教、文化等多个领域。可见，公共外交与文化外交之间"存在着相互交叉重叠的关系，面向公众的文化外交与文化领域的公共外交就是两者的交集"⑤。随着"国际政治的日益文化化，公共外交将不断趋同于文化外交"，同时随着"国际大众传媒的发展和公众的外交参与度的提高，文化外交将不断趋同于公共外交"⑥，这两者的融合趋势越来越明显。

第二节　文化外交的理论探源

文化外交作为外交的第四个支柱，要探究其理论渊源，自然离不开从其学科的母体"国际关系"中寻找。国际关系作为一门诞生于第一次世界大战

① Mitchell J M. International Cultural Relations [M]. London：Allen & Unwin Publishers Ltd.，1986：1.
② 胡文涛. 美国文化外交及其在中国的运用 [M]. 北京：世界知识出版社，2008：126.
③ 张燕. 从"上海周"看对外文化交流的作用 [D]. 上海：复旦大学，2009.
④ 迟殿凤. 冷战后美国对华文化外交研究 [D]. 广州：暨南大学，2008.
⑤ 李智. 文化外交：一种传播学的解读 [M]. 北京：北京大学出版社，2005：35.
⑥ 韩召颖. 输出美国：美国新闻署与美国公众外交 [M]. 天津：天津人民出版社，2000：22.

前后，发展于二战期间，繁荣于冷战后的学科，其核心的研究对象是国家及国际社会，核心的研究内容是考察战争与和平的机制。现实主义、理想主义、自由主义、建构主义作为解读国际关系学自诞生以来的诸多纷繁复杂的现象的基础理论，同样诠释着文化外交。

一、文化力与文化软实力理论

20 世纪 80 年代，邓小平高屋建瓴地指出："世界新科技革命蓬勃发展，科技在世界竞争中的地位日益突出，无论是美国、苏联、其他发达国家和发展中国家都不能不认真对待。"① 21 世纪以来，包含科技在内的文化力更是受到各国的青睐。所谓"文化力"，即"以价值观念、宗教信仰为核心的文化，不同于自然资源、军事力量、经济等以实物为特征的有形力量，而是一种以思想、意识、精神为特征的、无形的集体认同力和感召力，这种认同力和感召力往往通过思维、语言、道德信仰及人格魅力等方式表现出来"②。随着各民族自我意识的不断觉醒，相对于政治、军事与经济实力，凝结为一国自我认同力和凝聚力，从而为国家集体行为提供精神动力的文化国力在综合国力中的比重将不断增加。文化力的强弱在很大程度上决定着国家在当前及未来国际竞争中的胜负。

"软实力"概念最先由美国政治学家约瑟夫·奈提出。他认为，由"文化、政治价值观和外交政策"所构成的软实力是一国权力的重要组成部分。③它不同于基于威慑力量的硬实力，它是"通过劝导他人或追随者认同我方的价值规范（norm）和制度安排（institution），进而产生我方所意想的行为"④来实现"设置别人政治议程的能力"，以促使他国理解并支持自己的价值观和机制来达到自己所预期的行为。在信息化时代，"软实力正变得比以往更为突出"⑤。作为思想意识的升华、民族精神的凝聚、综合国力的体现，文化在其认同过程中表现为一种软实力。⑥ 软实力的较量如同一个没有硝烟的战场，

---

① 邓小平文选：第 3 卷 [M]. 北京：人民出版社，1993：127.

② 缪开金. 中国文化外交研究 [D]. 北京：中共中央党校，2006.

③ Joseph Nye. Soft Power [J]. Foreign Policy，1990（Fall）：153－171.

④ Robert keohane and Joseph S. Nye. Power and Interdependence in the Information Age [J]. Foreign Affairs，1998（9）：110.

⑤ 约瑟夫·奈. 美国定能领导世界吗 [M]. 何小东，盖玉云，译. 北京：军事译文出版社，1992：235.

⑥ 张亚伟. 文化软实力的价值解读 [N]. 光明日报，2012－03－27(11).

善于发掘和充分利用国家软实力，将有助于本国国际形象的提升、国际影响力的扩大，以及更大的国家利益的获得。

当前，软实力理论已经深入人心，通过文化上的接触继而影响他国的对外政策已经得到了共识。利用本国文化开展外交活动，就是对这种软实力的运用和实施。作为文化吸引力的软实力，是一个国家综合国力的有机构成内容。"文化软权力作为国际政治中的一种不同于以往的政治、经济和军事等硬权力的国家力量，被众多的国家视为一种新的国家权力资源而在外交领域加以广泛而充分的运用。"① 作为软实力运用的文化外交"既是对国家软实力资源的发掘和利用，又是各国实现其国际战略目标的主要手段和策略"②。在当前世界各国的外交实践中，各国（尤其是大国）十分注重文化外交的资源——文化软实力的开发和利用，展示自己的文化理念和价值观，以赢得他国公众的理解、同情和支持。这种通过文化吸引力（同化力/感召力）而非强制力达到自身的外交战略目标，就是文化外交不同于政治、经济与军事等外交形式的内在机理。

二、跨文化传播与文明对话理论

文化既有民族性、国别性和地域性的特征，也可以习得、传授、继承、传播和交流。不同文化之间存在独特的个性和同享的共性。异质的个性决定了各民族国家跨文化传播、沟通的必要性，同质的共性决定了各民族国家跨文化传播、沟通的可能性。它们在交流中竞争，在竞争中交流，以实现互鉴式发展，一方面保护和捍卫着自我，另一方面又对异质文化产生不同程度上的认同和吸纳。只要存在着文化势能，跨文化传播与文明对话就时刻存在。德国著名人文地理学家拉采尔（Ratzel，Friedrich）提出了文化位移论，认为造成各民族文化间差异的主要原因是各民族所处地理环境的差异，差异会引发不同文化之间的位移。后人将其发展为文化传播论。美国研究跨文化传播的权威学者拉里·A. 萨默瓦（Larry A. Samovar）认为跨文化传播指的是拥有不同文化感知和符号系统的人们之间进行的传播，这种不同足以改变传播事件。③ 这种不同文化之间的推拉性作用引起了处于不同文化圈中，拥有

① 王沪宁. 作为国家实力的文化：软权力 [J]. 复旦学报（社会科学报），1993（3）：91—75.
② 缪开金. 中国文化外交研究 [D]. 北京：中共中央党校，2006.
③ 齐美尔. 社会是如何可能的：齐美尔社会学文选 [M]. 林荣远，译. 桂林：广西师范大学出版社，2002：12.

不同文化背景的个人、组织甚至国家之间意识形态、制度、文化方面的沟通
与交流。从人类社会历史和不同文化发展的进程来看，文化的生成与发展总
是随人类社会发展而不断进行着自身的分化与整合。文化的分化致使不同地
区的文化差异发展，并形成各异的文化圈。而文化的整合使得人们在不同的
文化传播中相互学习与相互理解，既保持自我文化，又改变文化自我。

伴随着经济全球化、文化全球化与文化本土化的相应出现，国际文化多
样性亘古不变，这就意味着"不管你的语言的力量有多大，科技的力量有多
大，要想在 21 世纪，乃至 22 世纪一枝独秀，从这个趋势看，出现的机会不
大，一定是各种不同的文明相互和平共处"①。塞缪尔·亨廷顿在其《文明的
冲突》的第二版序言中特别说明："我强调冲突的危险，正是要为文明对话创
造条件，说明加强文明对话的重要性。"汉学家杜维明认为文明对话要遵循两
个基本原则：第一个是"己所不欲，勿施于人（恕道）"，第二个是"己欲立
而立人，己欲达而达人（仁道）"。这两个原则也是中华文化的精华。② 费孝
通认为，"任何一个文明都是各美其美"，但为了人类的长远发展，各文明之
间要"美人之美，美美与共"。也如美国学者雅思贝尔斯所言："面向 21 世
纪，塑造人类文明、人类生活环境和意识形态的那些主要的精神文明的影响
会越来越大，基督教、伊斯兰教、印度教、佛教、儒家、道家、犹太教等的
影响会越来越大。为了突破狭隘的富强观念和人类中心主义，需要探讨现代
性中的传统问题。"③ 如果"要在全球化的过程中使各种不同的民族文化能够
逐渐地在和而不同的背景下生存，就需要通过对话，逐渐发展出生命共同体
的意愿；通过对话，大家都具有和平共处的根源意识"④。日本学者池田大作
也认为："文化交流，可以变不信任为信任，变反目为理解……达到真正持久
的和平。"对话不仅是拆除地区与文明藩篱的手段，并且能拓展人的世界观与
人类观；通过对话，可以找出彼此的共识，以及分享共识。"对话不仅能孕育
生活在同一个地球上的世界市民的创造性文明，更能开启光辉灿烂的 21
世纪。"⑤

① 杜维明. 全球化和文明对话 [J]. 开放时代，2002 (1): 126.
② 同①，131.
③ 杜维明. 文明对话的发展及其世界意义 [J]. 南京大学学报（哲学·人文科学·社会科学），
2003 (1): 34.
④ 同③.
⑤ 李自豪. 浅谈池田大作的和谐世界思想 [J]. 改革与开放，2011 (1): 110.

而外交就其运作而言，归根结底是通过具体的人员的人际交往来实现国家意愿的政府间的国际交往行为。这些具体的人员本身就处于不同的文化圈中，并向外传播自身文化或习得他者文化。因而，一定意义上，外交是通过某些获得外交授权的人士，代表国家（政府）进行跨文化的人际交往。文化与外交的结合就逐渐衍生出了文化外交。文化外交的内容、手段、目标都是文化。故而，文化外交的集中点在于以文化的传播与对话来获得国家的利益诉求。一方面，文化外交的开展离不开跨文化传播与文明对话的力量，传播力的强弱往往决定着文化外交的广度与深度；另一方面，国家自身的文化及其价值观本身所具有的影响力与吸引力是文化外交开展的前提和基础。

三、理想主义与文化国际主义

第一次世界大战的巨大破坏力促使人类反思战争。其中，以罗曼·罗兰、罗素、克罗齐等为代表的英法的著名知识分子认识到，"在战争中，欧洲的艺术家和知识分子在民族主义的影响下沦为国家的爪牙，其文化活动和精神生活都处于扭曲的状态"。这期间，知识分子一度成为战争发动者的帮凶。为了避免再犯同样的错误，他们联合英、德、法、意等国的学者及艺术家签名发表了《知识独立宣言》。该宣言认为，"超越国界的知识分子之间的相互协作与合作行动是十分必要的，并且想通过鼓励精神的自由来构筑和平文化的沟通，从而有效地防止战争的发生。各国间开展文化和学术合作的文化国际主义是促进和平的一个有效途径，认为文化的沟通、理解与合作是实现和平与秩序的基本前提"[1]。这类理想主义者认为，一旦人类的教育程度提高了，再也不是感情思维而是理性思维，再也不是使用武力去解决问题，而是用协商的办法，那么人类的战争就可以最终消除。[2] 他们"相信进步人士的和平努力和启蒙工作能够奏效，坚信国际关系学者的职责是消除愚昧和偏见，揭示通往和平安宁之路"[3]。

理想主义的外交逻辑强调道德原则、意识形态和宗教信仰等精神文化因素，认为决定国家外交政策的首要因素是文化价值观，而不是物质利益。因此，主张运用道德力量、舆论力量和价值观念的力量去克服国际社会的无政

---

① 孔华润. 剑桥美国对外关系史 [M]. 王琛，译. 北京：新华出版社，2004：99.
② 倪世雄. 当代西方国际关系理论 [M]. 上海：复旦大学出版社，2001：34.
③ 王逸舟. 西方国际政治学：历史与理论 [M]. 上海：上海人民出版社，1998：56.

府状态和安全困境，以实现世界的法度、有序与和平。这就产生了原初的文化国际主义。文化国际主义者本着理想主义的精神，重申教育对人性的改造及对战争的遏制作用，积极将自己塑造成具有国际意识的捍卫世界和平事业的"文化人"（Cultural Person）。"文化人"的构建是文化组织的创建和国际教育文化交流的内在动力。文化组织的应运而生推动了文化的国际合作。

文化国际主义者努力将艺术家、宗教领袖及其他知识分子聚集在一起，培养教育能改造人的共识，并致力于实践。第二次世界大战后，面对两次世界大战对人类文明的摧毁，国际主义者更加坚信应该建立一个国际组织来推动国家间的互相理解，促进以教育来培养和平的理念。联合国教科文组织等国际文化教育组织正是在这种背景下产生的。许多国家先后加入这类组织，并陆续成立文化部或国际文化教育局等负责本国对外文化教育交流的（半）官方机构。如德国的歌德学院、法国的法语联盟、日本的国际交流基金会、英国的文化委员会、美国的富布赖特基金会、葡萄牙的卡蒙斯学会、中国的国家汉办及孔子学院（总部）等。文化国际主义者同意"和平的关键在于跨国理解"①，相信文化理解与和平运动会在国际秩序中加重文化、知识和心理支撑力量。这种理想主义思维下的文化国际主义思想成为推动文化外交发展的强大动力。这种推动作用主要表现在两个方面：教育对人的改造功能和文化对世界秩序的建构作用。国际社会心存"改造功能"和"建构作用"的信念是文化外交产生和发展的思想基础。②

第三节　文化外交的发展机理

文化外交是在全球化时代背景下，文化因素逐渐渗入到国际关系领域并发挥着日益重要的作用而形成和发展起来的一种新型的外交机制，是国家和民族的文化交流发展到一定阶段的政治化产物，是文化与外交逐渐走向结合的一种外交新形态或文化交流新业态。依托于文化软实力的作用，文化外交日益受到国际社会的倚重，是当前各国外交活动中的新亮点。深入分析文化

---

① Akira Iriye. Cultural Internationalism and Word Order［M］. Washington，D. C. ：The Johns Hopkins University Press，2000：21.

② 胡文涛．美国文化外交及其在中国的运用［M］.北京：世界知识出版社，2008：43.

外交的发展机理，对于我们进一步认识文化外交及开展相关工作具有重要的意义。

一、文化多元发展奠定文化外交的历史必然性基础

由于各国的文化是一定的民族在一定时空下的社会实践活动的产物，因此，遍布在世界各地的文化都异于其他地方的文化，有其自身的特性。这就决定了文化之间具有相互了解、相互交流的基础。

（一）实践性、时空性和民族性特征使得文化多元并存发展

世界各地的文化多元并存发展是由以下几方面决定的。第一，文化是社会实践的产物，并且基于人类的生存和发展需要所产生的社会实践及实践能力的提升是文化发展的根本动力和直接源泉。为了生存和发展，人类必须有目的地持续地认识和改造着自然界，改造着人类社会，通过各种文化活动去创造条件，实现人类自身的世代延续和种族繁衍，推动实现人类社会的持续发展。这种社会实践的进步与人类自身的发展相辅相成，互为促进。随着人类物质生产实践活动的深入和生产力水平的不断提高，人类的生理需求会逐渐得到满足，并开始超越这种需要。之后，人们就会有意愿并且可以腾出更多的自由时间去从事物质活动之外的精神文化创造、创新活动，以满足自身多方面、多层次的需要，逐渐实现"仓廪实而知礼节"的局面。反过来，不断提高的人类素质也会推动人类的社会实践水平。伴随人类社会实践能力的提升，人们又会进一步变得有条件挖掘出更多的非物质生产时间。有了不断腾出的日益增多的非物质生产时间，就能更好地去创造更加丰富的文化活动。这表明，任何文化内容都是在特定的历史条件下产生的，都是建立在一定的生产力水平之上的，都要反映和体现该历史条件下特定的物质生产方式、交往方式和思维方式。第二，建立在特定社会实践基础上的文化创造及其产物具有一定的立体的时空性。这就是说，文化是一定的时间和空间下的人们的社会实践的产物，具有明显的时空性，是时间和空间构建的一个立体想象。离开了一定的时空，就难以谈论特定的具体的文化，或者说，不在具体的时空语境下，去谈论特定的文化就失去了必要的意义，这种特定的具体的文化超越不了产生这种文化的特定的时空性。第三，基于特定的社会实践性和特定的立体时空性，文化具有了特定的民族性。这种民族性往往只存在于某个民族中，为某个民族所独有，并以此能够轻易地区别于其他的民族。也就是

说，每个民族都是在一定时空情境下通过自我实践内生并外化出自己特有的文化形态和个性气质，具有这个民族区别于其他民族的为这个民族所独有的民族性。①

（二）文化多元并存使得文化交流互鉴具有历史必然性

任何一种文化都是具体的，而非宽泛的。这一方面会导致世界上出现多彩缤纷的各类民族文化，呈现出文化的多元化发展；另一方面，每一种文化都异于其他民族文化，是独一无二的自我呈现。这是人类社会的客观事实和基本特征。文化的多元性使得文化具有内在价值的平等性和功能上的互补性，而同时文化的独特性使得文化具有内在价值的自由性和功能上的差异性，这就决定了不同文化之间存在进行文化交流互鉴的可能性与不可避免性，文化之间开放包容的学习与借鉴是不可缺少的。纵观人类文明发展的漫长历史，我们可以清楚地看到，任何一种文明都是在与"他者"文化不间断的交往、融通中，获得自身的繁荣与进步。一言以蔽之，正是因为世界各地存在的文化的多样性、差异性、互补性、可对话性、共通性，为异质文化之间的世界性交流提供了必要性和可能性，让不同文化之间需要交流和能够互鉴，推动了世界文化的多元发展和繁荣进步，成就了世界不同文化发展的辩证统一性。

二、全球化时代开创文化外交新常态

工业革命以来，经济和贸易的全球化使得世界逐渐连成一体，逐渐从一个相对孤立的状态走向一个互相依赖的命运共同体。"地球村"中各种联系的加强促进了全球各地的民族文化之间或主动或被动的相互接触，并呈现日益文化全球化的趋势。这种趋势促使各国都不能忽视文化交流与合作的积极价值。

（一）经济全球化伴生文化全球化

世界文化的差异性和多样性为不同文化之间的交流和融合创造了必要性和可能性。全球化让这种必要性和可能性成为事实。马克思主义认为，生产力的状况决定着生产关系的状况，生产力的性质决定着生产关系的性质。生产力发展的不同水平决定着人们交往的不同范围、形式和内容等，影响着人

---

① 张殿军．和平发展论域中的中国文化外交研究［M］．北京：中国社会科学出版社，2013：64－68．

们是否相互联系及彼此依存的程度。生产力的迅猛发展与资本的全球扩张创造了一个当今时代的最重要特征——全球化。全球化冲破了世界地理的疆域和国家界线的束缚，让全球之间的联系变得更加频繁和紧密，深刻地影响到了全球任何一个地域上的人们的生活。全球化既是目前国际社会的一个基本现实，也是一个愈演愈烈的发展趋势。全球化让世界各民族的民族历史最终演变为世界历史。特别是经济全球化乃至由之决定的文化全球化新常态的到来提供了文化交往的外部条件，经济全球化的进程必然导致文化全球化发展。文化全球化的进行必然带来世界各地不同文化之间频繁地交流互动。"作为'实际生活'的反映和回声，人们的思想、观念、意识的生产是直接与人们的物质交往联系在一起的，人的精神、思想交往并没有完全独立的客观实在性"，它们依赖于一定的社会物质情况。建立在特定物质及其生产基础上的文化交往，必然要接受这种物质交往的规定和制约。世界市场的形成及各民族间相互往来、相互依赖的增强，随之而来的便是精神文化交往、交流的世界性发展。① 历史由民族历史向世界历史发展，文化由单一民族的文化向世界多元文化融合发展，文化全球化孕育而生。

（二）文化全球化推动文化交流

世界市场的形成和国际分工的发展冲破了不同民族和国家的自然地理限制，将各个民族、各个国家都推向了不可分割的人类命运共同体之中，使之都纳入人类的整体联系和交往网络之中，形成了一个全球一体化的生态。而且不同文化之间的交流与融合将随着单一民族历史向世界历史转变的纵深发展而在全球范围内向广度和深度不断拓展。② 经济全球化的发展，使得"历史由单个的民族历史向世界性历史的迈进，不断地推动着各种民族文化走向更为广阔的地理空间。各种特定性文化也日益向世界性文化转变。当不同文化及文化符号自由地在全球游动、融合之时，文化的全球化就成为不以人的意志为转移的客观事实"③。由此，文化全球化和全球性文化同时出现。不断向纵深推进的文化全球化，反过来又加速了世界不同文化之间的交流与融合，推动着世界文化的多元化繁荣发展。全球化不仅为文化交流提供了丰富的物

---

① 张殿军. 和平发展论域中的中国文化外交研究 [M]. 北京：中国社会科学出版社，2013：70－72.

② 同①.

③ 同①.

质基础，而且使得"人类社会的文化交流达到了前所未有的规模和程度，加速了文化与外交的结合，促成了文化外交的兴起和发展"①。文化全球化是世界联系更加频繁和紧密的结果，同时又反过来推动文化交流的进一步发展。应该说，文化全球化的到来，使得世界各地不同文化之间的交流达到了一种前所未有的崭新境界。

三、文化软实力的政治化强化文化外交的特殊价值

文化因素在国际关系中地位上升的过程也是文化逐渐从纯粹的文化性演变成身份更加复杂，带有一定的政治性的过程。文化软实力逐渐受到政治的影响，并成为一种独特的文化政治或形成一定的政治文化，进而，让文化具有了权力的内涵。掌握一定的文化话语权，或文化输出权，或占据文化传输的制高点，都能够让持有这种文化的人或国家获得大量无形或有形的收益。因此，应推动持有这种文化的人或国家大力去营销其自身的文化，让其变得更具影响力。

（一）文化政治化激发文化外交

全球化时代的到来及互联网等新兴技术的迅猛发展无疑为世界各地异质文化之间的广泛交流奠定了强大的物质技术基础，这为文化外交提供了积极的物质准备。政治是特定历史文化的写照，政治权力的运作也离不开特定文化，政治领导和政治统治必须以文化为基础，反映出特定的文化形态，也符合特定的文化统治。从历史的维度来看，文化外交是国家和民族文化交流发展到一定阶段的政治化产物。这也就是说，文化政治化、政治文化化是社会发展的一种必然要求，也是必然结果。一个统治力量得以长期存在并被统治者信服的真正所在并不是统治阶级的暴力统治和武力镇压，而是要靠被统治者对于统治者文化价值观的自觉接受和内心认同。② 只有通过文化符号共识来建构国家政治权力的合法性，才是一个国家的统治阶级维护其合法统治的最佳手段和长久方式。也就是说，让被统治者跟着统治者的思维走，按照统治者所希望的行为模式办事。国家权力越来越是通过合法化的政治文化及其认同来确保，文化统治是阶级统治的本能和关键。文化不仅能够为经济政治制度的建立和运行提供广泛的社会文化心理基础，而且还能够通过不断的文

① 简涛洁. 冷战后美国文化外交及其对中葡关系的影响 [D]. 上海：复旦大学，2010.
② 张殿军. 和平发展论域中的中国文化外交研究 [M]. 北京：中国社会科学出版社，2013：74.

化教化和意识形态教育，为国家的经济发展、社会秩序、政治稳定提供源源不断的精神资源和智力支持。离开了文化统治，阶级统治就会大打折扣，甚至是被颠覆，如当前一些国家和地区在境外势力的干涉下而出现的"颜色革命"。人类文明发展的历史也告诉我们，还没有一个国家能够仅凭自身的物质力量就可以实现稳固的统治。文化建设是当今世界各国实现国内治理与参与国际社会的客观需要和发力所在。

（二）文化权力化强化文化外交

在一个竞争性的国际体系中，获得超越他国的权力，是国际社会中任何一个国家开展国际政治活动的天然使命和根本目的。自1648年威斯特伐利亚国际关系体系建立以来，国际政治的核心就是竞获国际权力。运用外交的手段获取国家在国际社会的最大化权力或追逐最大化的国家利益是国际政治永恒的主题。在权力政治的运行逻辑支配下，霸权性的"物质主义虽然通过采用硬权力控制、奴役、掠夺等暴力手段征服了他国人民"，并为本国赢得了更多的国家利益、国际地位和国际发展空间，"但这种为了自身国家利益，不顾他国感受而不断疯狂追求硬实力增长的举措，也为本国的国家安全带来了难以预料的严重后果"或是埋下了潜在的危险因素。这就是，"国家间相互硬实力的政治博弈，不但可能没有实现维护国家利益和政治安全的战略目的，换来的反而是双方安全交互递减为显著特征的'安全两难'窘境，而且这种穷兵黩武、依靠暴力，凭借军事战争手段得来的常常只是一种肉体征服，而不是心服。"在这种口服心不服的局面下，只要时机一旦成熟，被征服国家的人民就很容易动员起来凝聚成强大的民族力量，奋起斗争，甚至通过武力去反抗压迫。这个时候，以往的征服者为了应付危机而不得不付出的代价是难以想象的。这对于征服者、被征服者，对国际社会来说，都消耗着国际社会或本国国内的和平稳定与财富资源，最糟糕的结局是迫使国际社会和该国国内发展的倒退。这样一来，传统的通过政治、军事等硬实力争夺权力的手段已不足以完全解决国际政治中出现的两难困境。因此，必然寻求新的权力分配方式，以应对传统国际政治中的"双败"而实现"共赢"的局面。① 冷战结束后，国际格局重组，国际秩序变动，国际社会发生了翻天覆地的重大变化。文化在国际关系中发挥着越来越重要的作用，是传统的经济、政治、军事等

---

① 张殿军. 和平发展论域中的中国文化外交研究［M］. 北京：中国社会科学出版社，2013：76－78.

手段之外的实现国家利益的重要方式。文化软实力弱小不仅难以获得国家利益，甚至会引发国家发生重大变故。如约瑟夫·奈就认为苏联解体并不是因为它的军事力量不强大，而主要是因为其软实力不行所导致的。"就是因为它的文化软实力大厦坍塌了，意识形态防线崩溃了。意识形态崩溃意味着失去人心，所以，苏联解体的时候整个舆论没有人维护它。"① 可见，苏联得以建立起来的强大思想的消逝葬送了曾经权极一时的庞大帝国。所以，政治离不开文化，政治的运作一定要有文化作为依托，文化是政治发展的软环境。国际社会的发展态势也表明，政治与文化之间的关系日益密切，逐渐出现了文化政治化、政治文化化的新局面。文化外交是文化软实力政治化的时代产物，并进一步被文化权力化所强化。

第四节　文化外交的新型价值

文化外交是兴起于传统政治外交、经济外交、军事外交之后的一种新型外交方式。其由于"以柔克刚""刚柔相济"的独门绝技，能够为实现国家利益服务，深受各国的普遍欢迎和认同，俨然成为一种新型的外交机制，是当前外交体系的"第四个支柱"。

一、外交形态的新维度

人类之间的相互交往由来已久，早期主要是自发的民间经贸往来。自民族国家形成后，政治、经济与军事外交渐成外交的主要形态。文化仍然是自发或附带的交流形式，并没有上升到独立的外交层次。两次世界大战的巨大破坏力、经济全球化的迅猛发展及第三次科技革命的广泛影响力，逐渐凸显出文化的重要性。第二次世界大战后，对战争与和平的反思引发了人们对文化交流与文明对话的重视。"众多的政治家、外交家和学者认识到文化交往活动在维护国家长远利益与世界和平发展中所起的积极作用。许多国家已经把发展文化关系作为自己制定对外政策的一个重要方面，甚至直接称文化关系为国际关系的第四个方面（The Fourth Dimension）。"② 如美国前参议员富布

---

① 张国祚. 意识形态防线彻底崩溃与苏共亡党 [N]. 中国社会科学报，2011－03－22 (7).
② 缪开金. 中国文化外交研究 [D]. 北京：中共中央党校，2006：51.

赖特说："在当今世界不能仅靠军事势力和外交活动。一代人之后，我们与其他人进行社会价值观念交流的好坏要比我们军事、外交优势对世界格局的影响更大。"① 广东外语外贸大学的胡文涛认为："文化外交不仅是政治外交、经济外交、军事外交等传统外交形式的有益的辅助或补充，而且是一种可以独立的、不可或缺的外交形式。"② 联邦德国外交部部长维利·勃兰特（Willy Brandt）曾称："文化关系是对外政策的第三支柱（The Third Pillar of Foreign Policy）。"③ 美国前助理国务卿菲利普·库姆斯（Philip Combs）在其所撰写的《对外政策的第四个方面》一书中认为，"教育文化活动已经成为美国对外政策的新的强有力的一个方面。教育和文化事务是——除了政治、经济和军事问题之外——现代国家外交政策的第四个，也是最人道的组成部分"④。故此，世界各国的政府和驻外使节都看好并扶持本国的对外文化活动。他们一致认为，从长远来看，文化外交对于双边或多边关系会产生积极的效果，它开辟了政治、经济、军事外交之外的一种新的外交形式。

二、经贸往来的润滑剂

当今世界正处于大发展、大变革、大调整时期，文化的重要性前所未有地凸显。文化与经济相互交融，并日益成为经济社会发展的重要战略资源。⑤ 经济文化化、文化经济化、经济文化一体化，已经成为当今时代的显著特征。联合国开发计划署 2004 年人类发展报告《当今多样性世界中的文化自由》宣布："文化是人类最为持久的产品。人类在地球上的繁荣主要是通过文化实现的。"特别是 21 世纪以来，文化就是一种非常重要的生产资料，同时也是一种生产力，为经济发展注入强大活力。如图 2-2 所示，2001 年以来，中国文化产品的出口额一直呈增长态势（2009 年受全球经济危机的影响有所下跌），从 2001 年的 123.2 亿美元增长至 2013 年 251.3 亿美元。有学者分析认为其中的原因之一就是"中国逐步加大了对外文化交流，扩大了中国文化在国外

---

① Coombs P H. the Fourth Dimension of Foreign Policy：Educational and Cultural Affairs ［M］. New York：Harper and Row，1964：X－XI.

② 胡文涛. 美国文化外交及其在中国的运用 ［M］. 北京：世界知识出版社，2008：26.

③ Mitchell J M. International Cultural Relations ［M］. London：Allen & Unwin Ltd. ，1986：1－2.

④ Coombs P H. the Fourth Dimension of Foreign Policy：Educational and Cultural Affairs ［M］. New York：Harper and Row，1964：1－2.

⑤ 孙伟平. 文化自觉与中国特色社会主义文化建设 ［N］. 光明日报，2010－10－19（9）.

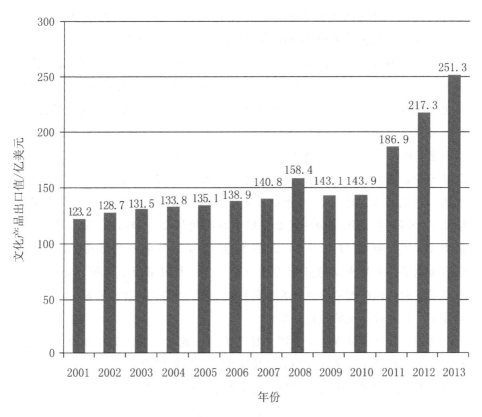

图 2-2　2001—2013 年中国文化产品出口值

资料来源：中国海关统计资料。

的影响力和吸引力"①。

　　书籍、绘画、电影、电视、音乐、广播、艺术品、软件等文化产品的直接出口，体现了文化关系与贸易关系的密切联系。同时，文化关系的发展可以促进其他产业的合作，加强国家间各种贸易的往来。英国安东尼·帕伦斯（Anthony Parons）爵士在论述文化与贸易的关系时，简单形象地说道："如果你十分熟悉别国的语言、文学，如果你了解和喜爱其国家、城市、艺术、人民，在其他因素相同或接近相同的情况下，你会本能地买它生产的产品，而不是买你不了解、不喜欢的国家的产品；当认为它做得对时，你会积极地支持它；当它犯错误时，你会赞成尽量避免给予它过重的

---

① 黄孝容．我国文化产品出口态势利好，国际认知度有待提升［EB/OL］．中央政府门户网站．（2012－01－11）［2014－08－03］．http：//www.gov.cn/gzdt/2012-01/11/content _ 2041903.htm.

处罚。"① 美国通过大力向外国推销民主、自由、人权、个人英雄主义等美国价值观念，促进世界对美国的认同与向往，让世界消费美国文化。"美国文化—好莱坞电影—美国梦"结合得近乎天衣无缝，好莱坞已经成为世界影视生产中心，以好莱坞、硅谷等为代表的美国文化产品占据了当今世界文化市场的43%。② 2010年上海世博会达到了历届世博会参观人数之最，其经济效益十分可观。据举办方估计，2010年世博会有效拉动"上海生产总值增长的5%，长三角地区投资的50%"，"世博会门票、餐饮、旅游纪念品等的直接销售收入将接近110亿元人民币。交通、住宿等间接旅游收入达800亿元人民币"③。以葡萄牙文化为纽带设立的"中葡论坛"有效地推动了中国与葡语国家间的经贸发展，贸易额从2003年论坛设立时的100亿美元，增长到2011年的1172.34亿美元④，8年间整整增长了近10倍。旅游业也是一个与人文息息相关的产业。对一个国家历史传统、文化风俗、自然景观的认识程度能够成为左右外国游客是否前往的重要因素。在此，文化成了一种"看不见的出口产品"。

如纪录片《少林寺》将中国少林文化宣扬到了全世界的很多地方，大大地推动了少林景区人流量及相关武侠文化产品销售量的上升。《少林雄风》作为博大精深的中华武术与现代舞台艺术融于一体的演艺精品，自2000年首次演出以来，至今已经连续10余年远赴美国、加拿大、澳大利亚、英国等地巡回演出，足迹遍布200余个城市，观众达70余万人，深受海外观众的喜爱。截至2009年，《少林雄风》创造了中国演出"走出去"的多个记录，成为海外市场生命力最强的出口自主演艺产品。在《少林雄风》连年驰骋海外市场获得巨大成功的基础上，由中国对外文化集团公司加大投入、升级换代的《武林时空》于2009年4月登陆英伦三岛，在英国历史名城利物浦最具盛名、古色古香的帝国剧院上演，流光溢彩。《武林时空》五度赴北美巡回演出，还连续多次赴大洋洲、欧洲、亚洲等国家和地区巡演，遍布华盛顿、纽约、洛杉矶、旧金山、多伦多、墨尔本、悉尼、奥克兰、惠灵顿、曼彻斯特等200

---

① Mitchell J M. International Cultural Relations [M]. London：Allen & Unwin Ltd.，1986.

② 张璐晶. 文化"零头"何时变"巨头"[J]. 中国经济周刊，2011（42）：708.

③ 富子梅. 上海世博会：推动全球经济走出低谷的新契机[N]. 人民日报，2009－05－02（4）.

④ 刘冬杰. 2011年中国与葡语国家进出口贸易同比增长28%[EB/OL]. 新华网.（2012－02－02）[2015－03－15]. http：//news. xinhuanet. com/.

多个主要城市，吸引观众 70 余万人，演出已累计超过了 700 场。① 据称，全球目前估计有 5 000 万人不同程度地学习过少林武术，每年到登封习武的外国友人在 2 000 人次以上。150 多个国家和地区建立了数以千计的太极拳组织，习练者超过 1 亿人。②

再如，2008 年北京奥运会这一文化体育盛事，明显增强了北京对外资、跨国公司、金融机构等的吸引力。有关数据显示，2007 年北京利用外商投资 50.7 亿美元，是 2001 年的 4.7 倍，地区进出口规模从 2001 年的 515.4 亿美元扩大到 2007 年的 1 929.5 亿美元，年入境旅游者比 2001 年增加了 100 多万人。③ 从近年来华入境旅游人数的变化也可以看出文化体育活动对旅游经济的促进。如 2008 年北京奥运会、2010 年上海世界博览会和 2012 年广州亚运会等盛会的举办明显影响着举办当年及其前后年的来华入境旅游情况（图2-3）。

从宏观和长远的角度来看，经济上的合作越来越依赖于文化上的合作。经济区域化的显著发展也证实了文化对于经济的重要性。美国著名政治学家塞缪尔·亨廷顿在证明文明之间会有冲突时，却也反证了"经济合作的根源在于文化的共性"④，并列举了相关贸易关系进行佐证。如自 1992 年起，"中华文化圈（中国、韩国、朝鲜、越南等）对圈内的出口超过了其对美国的出口，也超过了其对日本和对欧洲共同体出口的总和"，得出"商人更愿意与他们了解和信任的人做生意"；欧洲一体化的进程也反映出"国家更愿意把主权交给由他们所了解、信任的看法相同的国家组成的国际组织"⑤。在这之后，这类商贸趋势更加明显，如今，中国已经成为越南、韩国、日本等众多中华文化圈国家和地区的第一大贸易伙伴。⑥ 在正在形成的世界贸易秩序中，文化已成为促进贸易的润滑剂，并将发挥更大的作用。

① 展玉成.《少林雄风》升级《武林时空》，"中华风韵"传英伦 [N]. 中国文化报，2009－09－03（3）.

② 罗盘，杨广现. 河南太极拳洋弟子遍天下 [N]. 环球时报，2008－03－28（6）.

③ 段霞. 奥运加快北京城市国际化进程 [EB/OL]. 中国城市发展网.（2008－09－24）[2014－10－15]. http://www.chinacity.org.cn/csfz/cscx/39158.html.

④ 塞缪尔·亨廷顿. 文明的冲突与世界秩序的重建 [M]. 周琪，刘菲，译. 北京：新华出版社，2002：68.

⑤ 同④，69－70.

⑥ 张璐晶. 我国已连 10 年成越南第一大贸易伙伴 [EB/OL]. 人民网.（2014－05－27）[2014－08－25]. http://finance.people.com.cn/n/2014/0527/c1004-25067538.html.

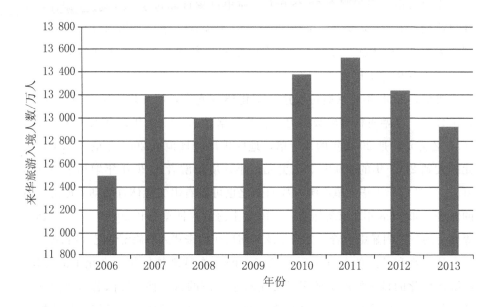

图 2-3 2006—2013 年来华入境旅游人数情况

资料来源：作者根据中国国家旅游局公布的相关数据绘制。

三、世界和平的助推器

自不同的民族国家产生以来，国际冲突就成为人类社会发展的一种常态。各种或大或小的冲突不时发生着，引发冲突的根本原因在于不同国家和各类政治集团围绕利益问题而展开的政治争夺。马克思曾尖锐地指出："人们奋斗所争取的一切，都同他们的利益有关。"① 国家利益是国际冲突的导火索与核心所在。国家利益除了受客观因素决定外，也是主观建构而成的。一定的历史文化传统、价值观念体系影响着一个国家的决策者的立场、观点和原则，同时也决定着其对国家利益边界的界定。因此，在对国家利益的判断、认定过程中，不同国家会有意无意地将本国的价值观和意识形态融入国家利益里，甚至用它们来阐释本国的国家利益。如美国政治家杰里尔·A. 罗塞蒂所指："国家利益显然是一个主观的概念，不同的人对国家利益有不同的界定。因此，国家利益是随着时间的推移而有所变化的，其特性在任何一点上都取决

---

① 马克思恩格斯全集：第 1 卷 [M]. 北京：人民出版社，1979：82.

于社会和政府中普遍持有的意识形态和对外政策观点。"① 国家利益的这种主观属性，表明国家利益的冲突实际上是一种文化冲突与对立，是文化的差异与对立诱发了国家间的矛盾和冲突。正如美国学者欧文·拉兹洛所说："在我们这个时代，文化是一种决定性的力量。许多表面看来是政治性冲突，实际上反映了文化上的深刻分歧。"②

因而，由于对异质文化缺乏全面深入的了解，人们往往更加信任"自己人"，而排斥异质文化中的"他者"，进而，要么导致文化中心主义，要么出现文化自卑感。前者会导致盲目排外情绪和文化霸权主义，后者则会形成自己事事不如别人的阴影。我国封建社会时期的"天朝上国"思想和近代历史上出现的"全盘西化"主张，就是这两种心理的各自写照。要消除对异质文化的成见，有效的办法就是进行必要的文化交流，以深入全面的文化互动来加强不同文化之间的了解和认识。这样有助于客观真实地了解和认识对方的文化，也有利于以他者的思维客观全面地认识自己的文化。

建构主义强调文化的认同即文化通过构建共有观念或知识来塑造国家这一国际社会行为体身份归属的重要性。国家的身份意识依赖于特定民族（族群）特定的历史、文化和社会背景。建构主义的集大成者亚历山大·温特认为，"权力的分配时常影响国家的政策分析，但很大程度依赖于相互之间的主观了解和期望，依赖于构建自身和对方观念的知识分配"。共有知识和文化会促使行为体在一个特定环境中具有共同的理解和期望，构建行为体的身份和利益。如果主体之间互相猜疑，军备竞赛升级，结果会形成安全困境；如果主体之间互相信任，共同合作，结果会形成安全共同体。例如，美国对新中国的身份定位先后经历了"红色中国、共产党中国和中华人民共和国"的界定，与中国的关系也就分别经历了"围堵、制裁和重建美中外交关系"。当理查德·米尔豪斯·尼克松称中国为中华人民共和国时，就说明中国与美国之间已经形成了共有观念，不再深刻敌视对方。建构主义从文化和观念入手，对于深刻理解文化外交，具有较大的启发性。受建构主义影响，发轫于理想主义与文化国际主义的文化外交通过有序地发展国际文化关系，促进不同国家之间的对话与沟通，在一定程度上消除彼此之间的隔阂，消解国际社会交

---

① 杰里尔·A. 罗塞蒂. 美国对外政策的政治学 [M]. 周启明，傅耀祖，译. 北京：世界知识出版社，1997：315.

② 欧文·拉兹洛. 多种文化的星球：联合国教科文组织国际专家小组的报告 [M]. 戴侃，辛未，译. 北京：社会科学文献出版社，2001：21.

往中存在的文化"误解",增进互信,建构集体认同,在世界范围内塑造一种有利于和平的国际气氛。

四、国家战略的撬动杆

文化,即以文化人。文化的征服是人心的征服,潜移默化地逐步熏陶之下常有"忽如一夜春风来,千树万树梨花开"之妙境。孙子也推崇"不战而屈人之兵"。在谈论西方在华传教的目的时,美国传教士明恩溥(Arthur Smith)这样说道:"我认为,从长远的观点看,英语国家的人民所从事的传教事业,所带给他们的效果必定是和平地征服世界——不是政治上的支配——而是在商业和制造业,在文学、科学、哲学、艺术、教化、道德、宗教上的支配,并在未来的世代里将在这一切生活的领域里取回收益,其发展将比目前的估计更为远大。"[1] 普鲁士文化部部长贝克一针见血地指出了文化外交的战略作用,"文化政策是有意识地投入一笔精神财富,对内用于团结人民、巩固国家,对外则用于分化他国人民。文化外交也可以帮助实现国家的战略目标"[2]。拿破仑在帝国幻影破灭后,突然领悟到文化征服的价值。法国政府后来的继任者遵从了拿破仑的领悟,着力推广法国文化在世界的影响力。这使得法国在军事实力弱于欧洲其他大国的情况下,仍成为19世纪末帝国主义世界中的第二大殖民国家,甚至超越了当时的第一大国——英国。有一位美国教授在比较了英法在埃及的所作所为后,不无所思地指出:"英国在埃及驻有军队,而法国在埃及则具有思想。英国实施教育控制,而法国则具有明确的教育思想。由于法国具有英国所不具备的深思熟虑的教育思想,法国的笔墨要比英国的刀剑更具威力。"拿破仑说:"一支笔杆子胜过两千条毛瑟枪。"美国前总统艾森豪威尔宣称:"宣传上花1美元等于国防上花5美元。"毛泽东也曾说:"枪杆子要抓,笔杆子也要抓,结合起来,事情就好办了。"[3] 的确,文化是一种征服和控制人们思想的武器。

另外,文化外交也可以用来分化对手,是实现和平演变的有效手段。如以美国为首的北约持续地对社会主义国家的公众开展全面的"心理战"和"真理运动"以从内部瓦解共产主义。美国前国务卿杜勒斯说:"我们希望鼓

---

① 顾长声. 传教士与近代中国 [M]. 上海:上海人民出版社,1981:113.
② 缪开金. 中国文化外交研究 [D]. 北京:中共中央党校,2006.
③ 赵启正. 向世界说明中国——赵启正演讲谈话录续篇 [M]. 北京:新华出版社,2006:57.

励苏联帝国内部的演变,从而使它不再对世界上的自由构成威胁。"① 肯尼迪认为:"共产主义铁幕已不是无法渗透的磐石,并主张要与社会主义国家逐步地、慎重地、和平地促进关系,培养自由的种子。"② 尼克松则积极地用人员交流、书籍交换、电视播放等手段来动摇社会主义国家人民的共产主义信念。他们相信在社会主义国家播下西方文化的"种子","这些种子有朝一日将结出和平演变之果"③。这种持久地传播自由精神的和平演变侵蚀了社会主义的基础,确实成为苏联解体的一个外在促因。④

中共十六大报告指出:"当今世界,文化与经济和政治相互交融,在综合国力竞争中的地位和作用越来越突出。文化的力量,深深熔铸在民族的生命力、创造力和凝聚力之中。"中共十七大报告进一步指出:"当今时代,文化越来越成为民族凝聚力和创造力的重要源泉、越来越成为综合国力竞争的重要因素。"中共十八大报告再次深刻指出,要以"高度的文化自觉和文化自信"来"推动社会主义文化大发展大繁荣",建成社会主义文化强国,开创"中华文化国际影响力不断增强的新局面"。这些重要报告都从国家发展的高度,强调了文化建设是提高国家文化软实力、增强国家综合竞争力的战略举措。⑤ 文化外交既是对国家软实力资源的发掘和利用,又是实现国家战略的"杠杆"。用好这根杠杆,可以有效地撬动国家战略利益的实现。

---

① 柳静. 西方对外战略策略资料:第一辑 [M]. 北京:当代中国出版社,1992:13.

② 辛灿. 西方政界要人谈和平演变 [M]. 北京:新华出版社,1989:15.

③ 同①,32.

④ 李兴耕. 前车之鉴:俄罗斯关于苏联剧变问题的各种观点综述 [M]. 北京:人民出版社 2003:110-111.

⑤ 马正跃. 努力推动社会主义文化大发展大繁荣 [J]. 中州学刊,2008 (1):1-2.

第三章　中国文化外交的思想渊源与现实依据

　　文化外交日益成为我国外交的重要组成部分，影响着我国国家利益的实现。文化外交在我国的日益凸显，除了当下的时代背景使然，也有着深厚的传统渊源，它是孕育在中华文化传统基础上的时代呼唤，有着深刻的思想基础和实践惯性。我国文化外交的思想基础，可以从主导我国数千年的儒家传统和近现代以来指导中国革命与建设事业的马克思主义思潮中寻找，也可以从基于此而立足于中国具体社会主义建设的理论升华——中国特色社会主义理论体系中探寻。为此，本章将重点从思想维度和时代背景两个方面来诠释中国文化外交的基本内涵。

第一节　中国文化外交的思想渊源

　　中国文化外交思想深深地根植于中国的历史和文化，是中华传统文化结出的时代之花，是马克思主义理论指导下中国具体国情与外交实践有机结合的产物。科学分析中国文化外交的理论渊源是更好地开展中国特色文化外交的逻辑起点与理论思路。从根本上讲，文化外交作为一种柔性外交，是以深化沟通、增信释疑达成互相理解与支持，进而维护国家利益，促进人类的和平与发展的。区别于传统的政治、经济、军事等硬实力外交，文化外交凸显文化性，展示的是一种诚意。面对日益复杂的国际社会，仅凭政治、经济或军事手段，往往力不从心或难以服众，需要借助文化软实力。因此，本部分将从以下方面来重点分析中国文化外交的思想渊源。

一、中国传统文化理念

中国是一个拥有五千多年文明的国度。数千年的文明塑造出了中华民族特有的价值理念和世界认同体系，具有明显的"中国气质、中国气派、中国风范"。它直接或间接地影响着一代又一代中国人的思维模式和行为方式。正如胡锦涛同志所言："一个民族的文化，往往凝聚着这个民族对世界和生命的历史认知和现实感受，也往往积淀着这个民族最深层的精神追求和行为准则。中华民族在漫长历史发展中形成的独具特色的文化传统，深深影响了古代中国，也深深影响着当代中国。"① 习近平同志强调："中华文化积淀着中华民族最深沉的精神追求，包含着中华民族最根本的精神基因，代表着中华民族独特的精神标识，是中华民族生生不息、发展壮大的丰富滋养。"美国新制度经济学的代表人物道格拉斯·诺思曾说："我们的社会演化到今天，我们的文化传统，我们的信仰体系，这一切都是根本性制约因素，我们必须考虑这些因素。"② 中华传统文化是我们民族的"根"和"魂"，对中国的发展和历史演进轨迹有着深刻的影响，其中也包括对外交思想和国际战略的影响。秦亚青等指出："向着中国传统文化的精华回归，是中国特色外交理论的一个重要传统。"③ 中国古人很早就有了关于"天下"的认识，许多思想家都对天下与世界秩序进行了思考，并做了深刻的论述。

（一）儒家思想

孔子曰："礼之用，和为贵。"主张治国处世要以"和"为价值取向。孔子又曰："君子和而不同。"认为君子可以做到求同存异，非同而和，和而不同。这种辩证思维使得中国更易于尊重文明的多样性、世界的多样化。孟子曰："天时不如地利，地利不如人和。""老吾老以及人之老，幼吾幼以及人之幼。"言辞之中充分地表达了和合、仁爱的价值及对其的追求。荀子曰："天地合而万物生。"又曰："力不若牛，走不若马，而牛马为用，何也？曰：人能群，彼不能群也。人何以能群？曰：分。分何以能行？曰：义。故义以分则和，和则一，一则多力，多力则强，强则胜物……故人生不能无群，群而

---

①　胡锦涛在美国耶鲁大学的演讲［EB/OL］. 人民网.（2006－04－22）［2014－05－18］. http://news. xinhuanet. com/newscenter/2006-04/22/content_4460879. htm.

②　卢现祥. 西方制度经济学［M］. 北京：中国发展出版社，1996：119.

③　秦亚青. 国际体系与中国外交［M］. 北京：世界知识出版社，2009：167.

无则争，争则乱，乱则离散，离则弱，弱则不能胜物。"这些都表达了人"和"的重要性。《大学》开篇曰："大学之道，在明明德，在亲民，在止于至善。"并特意指出"明明德"的范围在于"天下"，"古之欲明明德于天下者，先治其国；欲治其国者，先齐其家；欲齐其家者，先修其身；欲修其身者，先正其心；欲正其心者，先诚其意；欲诚其意者，先致其知；致知在格物。物格而后知至；知至而后意诚；意诚而后心正；心正而后身修；身修而后家齐；家齐而后国治；国治而后天下平"。字里行间散发出号召人们都要努力修身养性，追求"平天下"的最高境界。汉代董仲舒在其《春秋繁露·深察名号》一文中说："天人之际，合而为一。"第一次旗帜鲜明地提出"天人合一"的思想。《晋书·挚虞传》记载："夫任一人则专，任数人则相倚，政专则和谐，相倚则违戾。"北宋朱熹则主张"天理"，认为"天理只是仁义礼智之总名，仁义礼智便是天理之件数"。明末顾炎武认为："异姓改号，谓之亡国。仁义充塞而至于率兽食人，人将相食，谓之亡天下……知保天下然后知保国，保国者，其君其臣，肉食者谋之。保天下者，匹夫之贱与有责焉。"在此，"天下"在道义或价值层面更为根本。志向所及，不是一家一国，而是全天下。儒家盛赞"仁政无敌"，"得道者多助，失道者寡助。寡助之至，亲戚畔之；多助之至，天下顺之"。力主协商和谈，奉行大德大仁，以德利天下、以仁政服人，让天下归心。这体现着中华民族互谅互让，对内与民以宽，注重休养生息，对外以德服人、以理服人、以文服人，不崇尚以武力征服异族。可见，儒家"天人合一"的观点已明确超出了现实的大自然的天，"天人合一"的关系，是要探讨整个自然体系与人间现实发展之间的紧密关系，认为人类发展要符合自然之规律，因为这样才能促成一个和谐的环境，从而有利于政治清明，国泰民安，社会发展。这些儒家经典思想对数千年来中国人在处理人与人、国与国的关系时产生了深远的影响。

（二）道家思想

道家先祖老子曰："道生一，一生二，二生三，三生万物。万物负阴而抱阳，冲气以为和。"老子认为"道"蕴含着阴阳两极，万物都包含着阴阳，阴阳二气的冲击相搏就会形成"和"。这与儒家"天人合一"思想不谋而合，强调世界融洽和谐是可能的。因此，老子把"小国寡民"这样一个无差别、无贵贱、无是非、无善恶的理想社会作为一生的追求。老子还曰："人法地，地法天，天法道，道法自然。"因为"道"超越空间，永恒存在，具有生化天地万物的无穷力量，无为而无不为。所以，"道"不可违逆，顺之者昌，逆之者亡，是必须遵从的"绝对意志"。故而，要"清静无为"以"修道积德"，做到"圣人抱一为天下式"，"侯王得一为天下贞"，这样才能心平气和，做天下人的榜样，树立良好的（国家）外在形象。庄子则曰："不尚贤，不使能；上如标枝，民如野鹿，端正而不知以为义，相爱而不知以为仁，实而不知以为忠，当而不知以为信，蠢动而使，不以为赐。"认为这是修养人格、保持人际和谐的先决条件。进而，"汝游心于澹，合气于漠，顺物自然而无容私焉，而天下治矣"。这样人人追求高尚的社会，就会百姓无争、社会昌平、政治清明、经济繁荣、文化丰富、世界和平。

（三）墨家思想

墨家的地位没有儒、道显赫，但其思想也深刻地影响着中国人的思维方式和国家的对外政策取向。墨子认为"强之劫弱，众之暴寡，诈之谋愚，贵之傲贱"是一切祸害之首。因而，墨子倡导"若使天下兼相爱，爱人若爱其身……视人之家若其家，谁乱？视人之国若其国，谁攻？若使天下兼相爱，国与国不相攻，家与家不相乱，盗贼无有，君臣父子皆能孝慈，若此则天下治。故圣人以治天下为事者，恶得不禁恶而劝爱？"这是墨家"兼相爱，交相利"的和平思想，认为如果人人平等并无差别地爱别人，那么，天下就会"饥者得食，寒者得衣，劳者得息"。而要实现"兼相爱"，就要"有力者疾以助人，有财者勉以分人，有道者劝以教人"。而与人方便，终会与己方便，"爱人者，人必从而爱之；利人者，人必从而利之"。墨家的另外一个思想是"非攻"，就是不进行非正义的挑衅或侵略战争。"非攻"是"兼爱"的逻辑发展。国与国"不相攻"就能"天下治"。此外，墨子将"和合"视为处理家庭、社会、国家间各种关系的基本原则，故有"内者父子兄弟作怨恶，离散不能和合。天下百姓，皆以水火毒药相亏害"。墨家的"兼爱""非攻"思想鼓励中国人宽仁待人，维护世界和平，具有重要的时代价值。

以儒、道、墨为基础的中华文明，是中国文化外交理念的本源。"孔子的仁爱儒学，孟子的王道思想和非霸权主义思想，墨子的'非攻'政治思想，仁爱、忠孝、信义、和平的中华道德和中庸哲学构成中国传统意识形态的主流体系，这个意识形态体系就是古代中国外交政策的灵魂，规定了中国……

外交政策的方向和性质。"① 这些传统思想蕴含了丰富的哲学和伦理智慧，至今依然是我国对外交往、处理国际关系、维护世界和平与发展的独特智力资源和价值取向。这些具有"中国特色、中国风格、中国气派"的中华优秀思想，也具有普世价值，构成了中华民族外交思想的人文底蕴和内在基石。

二、中国特色社会主义外交思想

改革开放让中国焕发了新生命，走出了一条促进中国崛起、推动世界发展、维护世界和平的中国道路。在改革开放的道路上，中国共产党和中国人民付出了极大的心血。聊以慰藉的是，已经探索出了一条符合中国实际发展需要的路径。心血的凝聚中，升华出了一系列指导并运用于中国建设的特色社会主义理论。中共十七大报告指出："中国特色社会主义理论体系，就是包括邓小平理论、'三个代表'重要思想、科学发展观等重大战略思想在内的科学理论体系。这个理论体系，坚持和发展了马克思列宁主义、毛泽东思想，凝结了几代中国共产党人带领全国各族人民不懈探索实践的智慧和心血，是马克思主义中国化的最新成果，是党最宝贵的政治和精神财富，是全国各族人民团结奋斗的共同思想基础。中国特色社会主义理论体系是不断发展的开放的理论体系。"中国特色社会主义外交理论是中国特色社会主义理论体系的子系统，成长于中国改革开放的时代环境。以邓小平为核心的第二代领导集体提出建立国际政治经济新秩序；以江泽民为核心的第三代领导集体提出建立互信、互利、平等和协作的新安全观；以胡锦涛为核心的第四代中央领导集体把社会主义和谐社会建设融入现代化建设之中，创造性地倡导建设和谐世界；习近平同志更是首次提出了实现中华民族伟大复兴的"中国梦"，其中蕴含提升国家文化软实力的深刻思想。

（一）邓小平外交思想

邓小平以历史的眼光，高瞻远瞩地思考了战争与和平这两大战略问题，指出"和平与发展将是时代的主题"，据此，结合国内情形定下了中国"对内改革，对外开放"的基本国策。改革开放政策打开了中国与世界联系的窗子，缩小了中国与外界的距离，为中国的发展争取了宝贵的时间与机遇。基于不断变化的世界形势和我国改革开放的实践，邓小平主张"以和平促发展，以

---

① 陈洁华. 21 世纪中国外交战略 [M]. 北京：时事出版社，2000：64.

发展保和平，实现世界共同发展"，创立了"有中国特色的社会主义外交思想"①。它"洋溢着鲜明的时代气息和民族精神，是新时期我们制定外交政策和指导外交实践的指南"②。

邓小平在分析当前国际总体形势时，明确指出："当今世界是多极化的世界，多极化格局正在形成。这种多极世界的基础是不同社会制度的国家将长期共存几十年，甚至上百年。"③ 在这个前提下，邓小平主张超越社会制度和意识形态的异同，"从国家自身的战略利益出发，同时也尊重对方的利益，而不去计较历史的恩怨，不去计较社会制度和意识形态的差别，并且国家不分大小强弱都互相尊重，平等相待，这样，什么问题都可以妥善解决"④。1989年11月邓小平在会见美国前国务卿基辛格时说："中美合作的基础是有的，那种按社会制度决定国与国关系的时代过去了，不同社会制度的国家完全可以和平共处，发展友谊，找到共同的利益，中美之间肯定能够找到共同利益。"⑤ 并创造性地提出了统一中国的"一国两制"政策，让两种制度在中国和平共处、让两种文明在中国互相借鉴，为一国内部和平解决历史遗留问题提供了新思路。

同时，邓小平又指出，要"从全球化的角度来看待中国的改革开放事业和现代化事业"⑥。邓小平高度重视发展问题，并将此提高到全人类的高度来看待。在全球化的背景下，发展中国家与发达国家互为依存，两者的发展相辅相成，是一个协同发展的概念。邓小平这样阐述道："发展中国家的发展一定程度上依赖于发达国家的资金、技术和管理，发达国家的发展也以发展中国家的资源、市场和稳定为前提。发展问题是发达国家和发展中国家共同面临的重要问题。"⑦ 为此，邓小平倡导以和平共处五项原则为基础建立国际新秩序，共谋发展。邓小平在谈南北问题时指出："南方得不到适当发展，北方的资金和商品的出路就有限得很，如果南方继续贫困下去，北方就可能没有

---

① 钱其琛.1995年12月12日在外交部邓小平外交思想研讨会开幕式上的讲话 [M] // 邓小平外交思想学习纲要.北京：世界知识出版社，2000：7.

② 同①.

③ 傅耀祖.中国外交思想的又一次历史性飞跃——再学邓小平外交思想 [J].外交评论（外交学院学报），2004（3）：25－30.

④ 邓小平文选：第3卷 [M].北京：人民出版社，1993：330.

⑤ 中共中央文献研究室.邓小平思想年谱 [M].北京：中央文献出版社，1998：442.

⑥ 阮宗泽.维护世界和平，促进共同发展——邓小平外交思想的形成及其丰富内涵 [J].国际问题研究，2004（11）：7－12.

⑦ 同⑥.

出路。"① 现在的世界是开放的世界，任何国家的发展都离不开对外开放。在总结中国长期落后的教训时，邓小平指出："中国在西方产业革命以后变得落后了，一个重要原因就是闭关自守。"② "关起门来搞建设是不能成功的，中国的发展离不开世界。"③ "对外开放具有重要意义，任何国家要发展，孤立起来，闭关自守是不可能的，不加强国际交往，不引进发达国家的先进经验、先进科学技术和资金是不可能的。"④ 在邓小平看来，中国的现代化事业必须融入全球化潮流，在自力更生的前提下，以高水平、全方位、深层次的对外开放，实现对国际、国内两种资源和两个市场的利用。邓小平反复强调"社会主义要赢得与资本主义相比较的优势，就必须大胆吸收和借鉴人类社会创造的一切文明成果，吸收和借鉴当今世界各国包括资本主义发达国家的一切反映现代社会化生产规律的先进经营方式、管理方法"⑤。因此，对中国而言，实行逐步的对外开放，逐步加强对外经济技术交流与合作是一个战略问题。

此外，邓小平强调，"各个国家和民族都有自己的长处，都为人类文明的发展做出了自己的贡献。文明的多样性是人类社会的基本特征，各国之间、各民族之间，无论社会制度、价值观念、发展道路还是历史传统、宗教信仰和文化背景，都存在着差异"⑥。因此，不同的历史、文化、经济及社会制度不应成为相互疏远、仇视、冲突的理由，而应成为相互补充和相互完善的动力。不同文明之间要彼此尊重，和睦相处，求同存异，互相促进，共同创造一个不同文明和谐共处、多姿多彩的世界。当今世界有220多个国家和地区，各国都有自己独特的文化传统和发展模式，"人类已经进入了一个不同文明必须学会在和平交往中共同生活的时代，不仅要避免误解、紧张和冲突，而且要在共处中达到共荣，否则只能给人类带来灾难。中国关于维护世界多样性的观点，即现代文明观，反映了这一历史的客观要求"⑦。为此，邓小平大力倡导对外文化交流，强调文化对外开放的重要性，认为文化交流可以促进和

---

① 邓小平文选：第3卷 [M]．北京：人民出版社，1993：282.
② 同①，64.
③ 同①，78.
④ 同①，373.
⑤ 同①.
⑥ 同①.
⑦ 裴远颖．邓小平外交思想是新时期中国外交理论基础和实践指南 [J]．和平与发展季刊，2004 (3)：2－3.

繁荣我国的文化教育事业，要求我们的教育科技"面向现代化、面向世界、面向未来"。故此，一方面，他大力支持派遣科技人员和留学生出国学习考察，积极吸引境外科技人才和专家学者来华工作；另一方面，为了保持我国传统文化的延续和社会主义文化的自主性，他也积极抓好国内物质文明和精神文明的建设，认为可以"用加强社会主义精神文明的办法和'两手抓'来抵制其消极方面的影响，而不能以此拒绝文化交流和'向资产阶级学习'"。

（二）江泽民外交思想

20 世纪 80 年代末 90 年代初，国际政治形势风云变幻，东欧剧变，两德统一，苏联解体，世界两极格局结束。西方国家再次联合对华经济制裁和政治遏制，企图和平演变中国，改革开放也进入深化推进期。面对国内外的严峻形势，以江泽民为核心的第三代领导集体临危受命，审时度势，高瞻远瞩。在准确判断国际形势、把握时代主题、正确认识中国外交战略地位的基础上，江泽民以政治家、战略家和外交家的宏伟气魄、敏锐眼光和卓越才智，在继承和发扬毛泽东、邓小平外交思想的基础上，形成了江泽民外交思想。

其一，继续坚持独立自主的和平外交政策，深化建立国际新秩序。江泽民认为，"追求和平与发展是世界各国人民的共同愿望，也是我们整个时代的主题"。在做出这些判断后，江泽民从世界相互依存和世界多样性的认识出发，采取灵活多样的外交手段，坚持独立自主的外交立场，并反复强调，正常的国家关系只能建立在和平共处五项原则的基础上，中国人民恪守不干涉别国内政的原则，也绝不能允许别人侵犯自己所选择的社会制度。江泽民所阐述的中国政府关于建立国际政治经济新秩序的主张及思想反映了广大发展中国家的需求，得到绝大多数国家的支持。

其二，顺应经济全球化，推进改革开放，加强与世界的联系。在逐渐打破西方的制裁后，江泽民主张在"坚持独立自主和平外交方针的前提下，积极开展多极化和全方位的多边外交战略，为我国现代化建设和改革开放创造良好的国际和平环境"[①]，认为"谁也不能孤立于国际社会之外，不能脱离世界科技进步的总进程和在世界大市场上互通有无"[②]，因而，我国只有积极主动地开展对外交往。首先，积极开展大国外交。中国陆续同一些大国建立了

①　迟爱萍. 第三代中央领导集体国际战略初探 [J]. 当代中国史研究，2000 (6)：92－103.
②　李阳华. 江泽民外交思想研究 [D]. 杭州：浙江大学，2002.

面向 21 世纪的双边伙伴关系。其次，积极开展周边外交。同周边国家发展睦邻友好合作关系。再次，积极开展多边外交。在联合国、亚太经合组织、亚欧会议、中国—东盟首脑会议、东亚领导人会议中也发挥了积极的作用。最后，进一步巩固同发展中国家的关系，这是全方位外交工作的立足点。江泽民指出，只有充分发挥同发展中国家互相支持的政治优势，才能"扩大我国在国际上的回旋余地"，使我国的外交工作获得"战略依托"，从而"更好地在多极化的世界中纵横捭阖"①。

其三，促进国际关系民主化，倡导新安全观，推动世界和平。近年来，世界政治格局多极化趋势日益明显。中国作为多极中的一极，积极促进世界多极化发展，反对霸权主义和强权政治，推进国际关系的民主化。随着中国的经济崛起，国际社会出现了"中国威胁论"的恐慌。面对这种虚幻的、不必要的恐慌，江泽民积极重申："一个国家对于世界是否构成威胁，不在于它的国力是否强大，而在于它奉行什么样的内外政策。""中国永远不称霸。""中国始终不渝地奉行独立自主的和平外交政策，坚持在和平共处五项原则的基础上同世界各国建立和发展友好合作关系。"为解决中国所面临的安全问题及解除周边国家对日益强盛的中国的担忧，江泽民创造性地提出了新安全观，即通过"互信、互利、平等、合作"来实现"合作安全、相互安全、普遍安全"。根据新安全观，中国通过与各邻国平等协商，对话谈判，逐步解决了与大多数邻国的领土边界纠纷。中国、俄罗斯、哈萨克斯坦、吉尔吉斯斯坦、塔吉克斯坦五国签订在边境地区相互信任及裁减军事力量的协定，解决了我国北部边境面临的直接入侵问题，大大改善了我国周边的安全环境，维护了世界和平。

其四，主张推动世界共同发展，做负责任大国。在立足国内，搞好内部事务的同时，江泽民主张要有所作为，力争成为一个负责任的大国。这是一个面向 21 世纪的战略性课题。2001 年 7 月访问俄罗斯时，江泽民再次指出："人类已经迈入 21 世纪。新世纪将是一个世界普遍和平，各国共同发展的世纪，还是一个战火冲突不断，贫富差距扩大的世纪？这是世界各国人民和有远见、有责任感的政治家们都应认真思考的一个重大问题。人类社会发展的

---

① 江泽民. 在部分驻非洲国家使节座谈会上的讲话 [N]. 人民日报, 1996 - 03 - 27 (1).

决定权，掌握在世界各国人民手中。"①　在倡议之外，江泽民更是"以和平共处五项原则为准则，积极发展同世界各国的友好合作，与各国人民一道，坚持不懈地为世界的和平、稳定、发展而奋斗"②。中国随着国际地位的提高，所承担的国际责任必将越来越大。世界很多问题，尤其是亚太地区的问题，没有中国的参与，根本无法解决。"中国经济的发展离不开世界和亚太经济的发展，世界和亚太经济的发展也得益于中国经济的发展与繁荣。""一个稳定、繁荣的中国，是维护世界和平和亚太地区稳定的坚定力量。"③

其五，坚持爱国主义和无产阶级国际主义原则相统一。"当今世界是一个由主权国家所组成的国际体系，每个国家都有自身的根本利益。因此，在对外交往中，外交政策要切切实实地维护我国的根本利益。"④　江泽民指出："外交工作要坚定不移地维护我们国家和民族的最高利益。"⑤　要求在考虑国际事务时，"始终从中国人民和世界人民的根本利益出发"⑥。正如江泽民所指出："我们在同非洲国家的交往中，要始终体现大小国家一律平等的原则、任何时候都不能搞大国主义，不能看不起小国。""我们不仅要同情非洲，而且要诚心诚意帮助和支持非洲。"⑦　表达了爱国主义和无产阶级国际主义有机结合的精神。

其六，尊重世界文明多样性，积极开展文化交流。纷繁复杂的世界的发展活力在于世界多样性的共存。各国应该互相尊重、平等互利、竞争共处，以求共同发展进步。中国要在国际舞台上纵横捭阖，掌握世界的外交规律是重要前提，而要"掌握世界外交的规律，关键是要学习和研究世界上优秀的外交文化和外交思想"⑧。江泽民指出："我们主张在和平共处五项原则的基础上……每个国家的人民都应享有选择自己认为合适的社会制度、发展道路

①　江泽民. 共创中俄关系的美好未来——在莫斯科大学发表的演讲[EB/OL]. 人民网.（2001 - 07 - 17）[2015 - 02 - 26]. http://www.people.com.cn/GB/shizheng/16/20010717/514015.html.

②　李阳华. 江泽民外交思想研究［D］. 杭州：浙江大学，2002.

③　江泽民. 对亚太经济合作的原则建议［EB/OL］. 中国共产党新闻网，http://cpc.people.com.cn/GB/64184/64185/180137/10818717.html 江泽民. 江泽民外交文选［G］. 北京：中央文献出版社，1994.

④　郑矿文. 论江泽民的外交思想［D］. 长沙：湖南师范大学，2004.

⑤　江泽民. 江泽民论有中国特色社会主义（专题摘编）［G］. 北京：中央文献出版社，2002：29.

⑥　江泽民. 江泽民在俄罗斯国际关系学院的演讲［N］. 人民日报，1994 - 09 - 04（6）.

⑦　江泽民. 江泽民论有中国特色社会主义（专题摘编）［G］. 北京：中央文献出版社，2002：551.

⑧　肖刚. "三个代表"重要思想与中国外交战略的定位［J］. 广东外语外贸大学学报，2003（1）：46.

和思想道德的自由。社会制度、意识形态或其他方面的不同，不应当成为国与国之间发展友好关系和进行经济文化往来的障碍。"① 20 世纪 90 年代，中国外交面临着"如何打破西方的对华封锁、堵压"及"如何拉近世界同中国的距离"的双重任务。文化及文化交流提供了解决的切入点。江泽民在出访过程中着重突出中国外交的文化内涵，通过寻觅中国文化与其他国家文化的相通之处，来弥合不同文明之间的差异，利用中国五千年文明的无穷魅力，拉近中国同世界的距离。此外，文化外交主张积极寻找中国文化与别国文化的相通之处，从而弥合中华文明与其他文明的差异，大大增加了中国外交的亲和力，拉近了中国与世界的距离。② 中华民族五千年的文明具有很强的扩展性，完全可以从自身五千年的文明中寻求到与其他文明的共通之处。此外，世界上热爱和潜在热爱中国文化的人日渐增多，寻找东西方文化的联系，也是所有关注人类命运的有识之士的夙愿。实践证明，外交活动中真诚的文化互动往往会使我国外交收到奇效，中国的外交形象就能显现出它独有的魅力与风采。中国台湾的一位学者在评论江泽民外交风范时曾说："今日中国之外交，颇有汉唐之风。"③ 这是一种雍容大度之风、海纳百川之风。

（三）"和谐世界"理念

进入 21 世纪，中国的崛起引发了世人的关注，"中国热"随之而起，全世界都在思考"中国问题"。中国作为一个有着五千年文明的古国，一个已经深深融入国际社会之中且迅速崛起的大国，也必须站在历史的高度去思考整个"世界问题"。在这个历史时刻，以胡锦涛为核心的第四代领导集体向世界吹响了构建"和谐世界"的号角。这是在和平与发展依然为时代主题的基础上，面对新时期经济全球化、政治格局多极化、国际关系民主化及文明多样性日益明朗的形势，中国人提出的应对全球性和平问题、发展问题和安全问题的世纪强音。

胡锦涛于 2005 年 9 月在联合国成立 60 周年首脑会议上，发表题为"努力建设持久和平、共同繁荣的和谐世界"的重要讲话，代表中国政府庄严地指出："建设国际和谐社会，符合世界各国人民要和平、谋发展、促合作的共

---

① 中共中央文献研究室. 十三大以来重要文献选编（中）[G]. 北京：人民出版社，1993：632.

② 孔凡河. 江泽民外交思想研究 [D]. 上海：华东师范大学，2007.

③ 秦晓鹰. 中国外交的文化内涵——《为了世界更美好》读后 [J]. 世界知识，2006（20）：52.

同心愿。世界各国应该共同努力，构建一个持久和平、共同繁荣的国际和谐社会。"① 和谐世界理念的内涵包括四个方面：文明上，求同存异，相互借鉴，以包容开放、文明对话来实现人类文明繁荣进步。在人类历史上，各种文明都以自己的方式为人类文明进步做出了积极的贡献。存在差异，各种文明才能相互借鉴、共同提高；强求一律，只会导致人类文明失去动力、僵化衰落。历史文化、社会制度和发展模式的差异不应成为各国交流的障碍，更不应成为相互对抗的理由。因此，我们要做到尊重和包容各国自主选择的社会制度、发展道路的权利，并且互相借鉴、取长补短；以平等开放的精神加强不同文明的对话和交流，求同存异，维护文明的多样性。为此，胡锦涛明确提出："要加强公共外交和人文外交，开展各种形式的对外文化交流活动，扎实传播中华优秀文化。"② 政治上，坚持民主平等，协调合作，共同推进国际关系民主化。经济上，协调合作、优势互补，推动经济全球化向均衡、普惠、共赢方向发展，特别需要解决发展中国家的发展问题。安全上，互信合作，用和平方式解决争端，维护世界和平与稳定。总之，和谐世界应是一个"民主、和睦、公正、包容"的世界，是"持久和平、共同繁荣"的世界，是人类社会的繁荣进步与全球生态环境可持续发展相协调的理想世界。③

　　这个世界发展的活力恰恰在于这种多样性的共存，强求一律，只会导致人类文明失去动力、僵化衰落，对不同文明持包容、尊重态度，不仅代表着人类社会的文明进步，也是维护世界的和平与发展所必需的。但是，文明的多样性并不意味着冷战式的对立。胡锦涛主张"各国应该坚持平等对话和交流，倡导开放和兼容并蓄的文明观，加强彼此之间的对话与交流，努力消除彼此疑虑和隔阂，使人类更加和睦，让世界更加丰富多彩。不同地区的不同文明应该以平和、包容的心态看待彼此的差异。差异不应该成为地区冲突和矛盾的根源，而应该成为不同地区相互借鉴和融合的动力，应当以平等开放的精神，维护文明的多样性，促进国际关系民主化。不能把世界上存在的一些问题和矛盾归因于哪一种文明、哪一个民族或哪一种宗教，而应该努力使世界上

---

　　① 胡锦涛.努力建设持久和平、共同繁荣的和谐世界：在联合国成立 60 周年首脑会议上的讲话［G］//杨洁篪.国际形势年鉴.上海：上海辞书出版社，2008：552－556.

　　② 胡锦涛等中央领导出席第十一次驻外使节会议［EB/OL］.新华网.（2009－07－20）［2014－08－16］.http://news.xinhuanet.com/politics/2009-07-20/content_11740850.htm.

　　③ 胡锦涛主席在联合国成立 60 周年首脑会议上的讲话［G］//杨洁篪.国际形势年鉴.上海：上海辞书出版社，2008：552－556.

所有文明、所有民族携手合作，共同推进人类和平与发展的崇高事业"①。

"和谐世界"理念是"中国传统世界责任意识的复苏，其精髓即在公义不在私利"②。有学者认为，"和谐世界"的构想是新时期中国外交宗旨的升华，它"将中国近年来在国际上所倡导的新秩序观、新安全观、新发展观、新文明观等有机地联系在一起。这种外交理念根植于中国五千年的文化基础，体现了中华民族在对外交往中爱好和平、讲信修睦、协和万邦的文化传统"③。和谐世界思想是中国传统思想精华与世界文明精髓的结晶。它是一种认知上的升华，更是一种行为上的感悟，诠释出知行合一的最高境界。智慧的中国人民面对复杂多变的国际关系，运用东方思维创造性地提出了构建"和谐世界"的前瞻思路。这种设想正在得到越来越多国家和各国公众的理解与赞同，中国外交的文化内涵也将会越来越深厚与丰富。

（四）中国梦蓝图

2012 年 11 月 29 日习近平同志携新任领导班子在中国国家博物馆参观"复兴之路"展览时，首次掷地有声地提出了实现中华民族伟大复兴的"中国梦"，之后，对其作了系统而深刻的阐述。这是新一届国家领导人着眼坚持和发展中国特色社会主义提出的重要战略思想，是激励中华儿女团结奋进、继往开来的一面精神红旗，是党和国家向全世界发出的最响亮的政治宣言，蕴含着提升国家文化软实力的强大力量。

"中国梦"是中国维护世界和平、促进世界发展的庄严宣言，表达了中国和中国人民愿与世界共赢的胸怀与期盼。习近平指出，我们要实现的"中国梦"，不仅造福中国人民，而且造福世界各国人民。中华民族"是伟大的民族，在五千多年的文明发展历程中，为人类的文明进步做出了不可磨灭的贡献"。近代以来，中国的式微不仅使中华民族处于水深火热之中，历经磨难，而且由于中国这支和平力量的减弱让世界人民，特别是亚洲人民处于命运多舛之境，更何谈对人类的贡献。中国人自古秉持"和为贵""和而不同""天下大同"的理念，主张国与国之间、不同文明之间平等交流、相互借鉴、共同进步。爱好和平、追求和谐，融于中华民族的血脉之中。实现中华民族的

---

① 胡锦涛. 在美国耶鲁大学的演讲 [N]. 人民日报，2006－04－22 (1).

② 俞沂暄. 和谐世界与中国的责任 [M]. 北京：世界知识出版社，2008：24.

③ 张毓诗. 全球治理的中国主张：解读党的十七大报告中和谐世界的理念 [J]. 江南社会学院学报，2008 (3)：4－6.

伟大复兴，将使中华民族更加坚强有力地自立于世界民族之林，增添维护世界和平与促进世界发展的力量。

"中国梦"倡导互利共赢、共同发展。中国发展，创造全球发展机遇。"中国梦"不仅是属于中国的，也是属于世界的，"和包括美国梦在内的世界各国人民的美好梦想相通"①。实现"中国梦"是世界的重大利好。对此，不少世界各国的学者都取得共识，乐见"中国梦"的伟大实现。如印度学者贾甘纳特·潘达认为，"中国梦是人民梦、国家梦，也是一个国际梦。在国际梦的意义层面，不仅要在追求中国梦中关注国家利益，毫无疑问也会关注其他国家的利益，将为改善世界做出更大贡献"。美国芝加哥大学教授谭中认为，"中国是一个内向的、重文轻武的国家。中华文明从不逞强，从不好战，主张'和为贵'。13亿人的中国梦里，都会有'计利当计天下利，求名应求万世名'的内容。世界人民可以同享'中国梦'"②。英国牛津大学政治学教授拉纳·米德说，"中国梦不仅是中国人民的梦想，而且面向全世界"③。

"中国梦"是当代中国政治价值及社会发展价值的指向。"中国梦"的提出使世界人民更加了解和认同中国的发展目标、发展道路和发展动力，有助于消解意识形态的偏见和文化的隔阂，使西方重新认识中国，提升"中国道路""中国制度""中国理论"的世界感召力和影响力，从而，重塑当代中国的国家形象，提升中华文化软实力，特别是中国特色社会主义文化的话语权和向心力。如俄罗斯科学院远东研究所研究员罗曼诺夫认为，"中国梦深深地植根于本国的历史和文化传统之中。中国的发展模式也是中国梦的重要资源，可以为一些国家提供参考"。同时，"中国梦"是民族复兴的"文化梦"。"中国梦"是文化中国之梦、文明中国之梦，是对具有普世性的中华文化价值观的通俗化表述，是一种国际化了的、体现中国文化精神的人类共识。"中国梦"作为"中国传统文化精神的一种当代性体现，对中国文化价值观做出了世界性的新诠释，并参与世界文化秩序的重构，寻求在全球发展中做出积极贡献"④。坚定不移地推进"中国梦"的实现，中华文明必将放射出更加灿烂

① 习近平. 中国梦与包括美国梦在内的世界各国人民的美好梦想相通 [N]. 人民日报, 2013 - 06 - 09 (1).

② 中国梦正在发挥巨大感召力: "中国梦的世界对话"国际研讨会发言摘编 [N]. 人民日报, 2013 - 12 - 12 (15).

③ 拉纳·米德. 中国梦与欧洲梦 [N]. 人民日报, 2014 - 01 - 20 (3).

④ 高文兵. 从优秀传统文化中汲取实现中国梦的精神力量 [N]. 人民日报, 2013 - 07 - 22 (7).

的光芒。正如 2014 年 3 月 27 日习近平同志在巴黎联合国教科文组织总部开会时所言，"实现中国梦，是物质文明和精神文明比翼双飞的发展过程。中华文明同世界各国人民创造的丰富多彩的文明一道，为人类提供正确的精神指引和强大的精神动力"①。建立在博大精深的中华文化的基础上的中国文化外交将为中国文化的大发展大繁荣做出贡献，并为中国的发展和世界的共同发展提供文化力。

第二节　中国文化外交的现实依据

20 世纪 90 年代以来，文化外交在外交舞台上日益展现出其独特的魅力。这既是文化外交的特性使然，也是当今时代背景的催化。文化外交日益获得重视，与现如今我国面临的复杂而严峻的国内外局势息息相关。

一、时代发展的必然要求

正处于大发展、大变革、大调整之中的当今世界仍然很不安宁。中共十七大报告指出："霸权主义和强权政治依然存在，局部冲突和热点问题此起彼伏，全球经济失衡加剧，南北差距拉大，传统安全威胁和非传统安全威胁相互交织，世界和平与发展面临诸多难题和挑战。"但不可否认的是，"尽管存在这些种种的不和谐状况，世界大局总体上是和平的。20 世纪 80 年代邓小平提出和平与发展是当今时代的两大战略问题，维护和平、反对战争是国际社会的主流愿望，人心所向。尽管世界上还有核扩散、核竞赛等战争隐患，但核武器的威力及大国核均势却也起到了遏制核战争的作用。尽管局部战争和地区冲突仍然存在，但改变不了世界总体和平的局势"②。国际和平力量的增长也显然超过了战争因素的增长。世界和平的有利环境为文化外交提供了前提条件。试想，若像 20 世纪那样经历了第一次世界大战、第二次世界大战和全面冷战，在对抗的环境下何谈文化外交。中共十七大报告也指出："和平与发展仍然是时代的主题，求和平、谋发展、促合作已经成为不可阻挡的时

①　习近平在联合国教科文组织总部的演讲 [EB/OL]. 新华网 . (2014 － 03 － 28)[2015 － 02 － 21]. http://news. xinhuanet. com/politics/2014-03/28/c_119982831. htm.

②　姜大为. 解读和谐世界 [C] //"当代世界社会主义前沿和热点问题"学术研讨会暨 2007 年当代世界社会主义专业委员会论文集 . 2008.

代潮流。"2013 年 4 月 7 日习近平在博鳌亚洲论坛 2013 年年会开幕式上发表题为"共同创造亚洲和世界的美好未来"的主旨演讲表示，"和平是人民的永恒期望。和平犹如空气和阳光，受益而不觉，失之则难存"。习近平强调指出，"求和平、促发展、谋合作，是世界各国人民的共同心愿，是当今世界的时代主题，也是不可阻挡的历史潮流"①。面对日益复杂多变的世界形势，有的问题仅靠政治、经济、军事手段已无法解决，甚至会增加问题解决的难度，需要用文化的手段增进世界的理解与信任，推动共识。积极有效的文化外交是世界的和平与发展的时代要求。

二、文化安全的重要依托

伴随着资本主义的全球扩张，西方文化也在世界范围内确立了其优势地位。在当今文化全球化的格局中，中西文化呈现出明显的"西强我弱"之窘境。中国自 19 世纪中叶被迫纳入全球化浪潮以来，国人对本土文化所面临的冲突和影响忧虑重重。改革开放后，西方科技设备资金等"有形西方"纷纷进入中国的同时，西方的各种思想文化等"无形西方"也大举侵入，以咄咄逼人之势席卷中华大地，强烈地冲击着老一辈的中国人，并深深地吸引着年轻一代的中国人。可口可乐、麦当劳、好莱坞电影、迪士尼、苹果手机、微软等具有象征意义的美国文化，一方面，改变着我们的生活方式，改变着我们的生活观念；另一方面，也极大地冲击着我国的文化产业，冲击着我们的文化传统。这种无形的文化渗透，其影响力是巨大的。"文化帝国主义"已向我国的传统文化发起了挑战，一场"没有硝烟的战争"正在悄然展开。②

此外，在中西文化贸易中，我国处于严重的"逆差"劣势。研究数据显示，"我国文化产业竞争力指数仅为美国的 24%、英国的 29% 和日本的 38%"③。以至于文化进出口贸易额占我国总贸易额的比重不到 1%（2013 年数据），中国文化贸易在全球文化市场中所占比重不到 4%。对比美国 43% 的份额、欧盟 34% 的份额、日本 10% 的份额（图 3-1），中国差距太大，处于世界较低水平。这与我们国家作为一个文明古国的历史地位和当今世界第二大

---

① 倪洋军. 品读习近平的"和平犹如空气和阳光"［EB/OL］. 人民网 .（2013 - 04 - 08）［2015 - 02 - 13］. http: //opinion. people. com. cn/n/2013-04-08/c1003-21053345. html.

② 董伟. 经济全球化背景下的文化建设［J］. 中国党政干部论坛，2002（1）：2 - 3.

③ 黄孝容. 我国文化产品出口态势利好，国际认知度有待提升［EB/OL］. 搜狐网 .（2012 - 01 - 11）［2014 - 8 - 14］. http: //roll. sohu. com/20120111/n331867288. shtml.

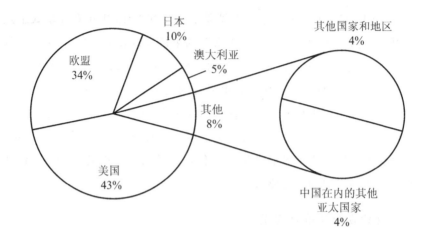

图 3-1 2010 年世界文化产业市场划分数据

资料来源：根据中国文化软实力研究中心等机构联合发布的《文化软实力蓝皮书：中国文化软实力研究报告（2010）》中的数据整理绘制。

经济体的经济规模还很不相称；2013 年我国进出口贸易总额首次超过美国，但是对比美国的文化产品出口情况，中国则相差甚远（图 3-2）。而且，我国目前的文化产品结构相对传统、单一，缺乏自主知识产权、高利润和高附加值的原创文化产品。在传媒领域，我国更处于劣势。据分析，目前西方四大主流通讯社——美联社、合众社、路透社和法新社——每天发出的新闻信息量占据全球发稿量的 80％，西方 50 家媒体公司占领了世界 95％的传媒市场，其中美国主导着世界 75％的电视节目的生产制作及其播放。第三世界国家的电视节目中有 60％—80％的内容来自美国。①

美国是当今世界独一无二的文化超级霸权大国。美国前总统安全顾问布热津斯基曾经坦率地说："当前，美国前所未有的全球霸权没有对手。由于美国主宰全球通信、大众娱乐和大众文化的巨大而又无形的影响，也由于美国技术优势和军事作用潜在的有形影响，以上这一切都得到了加强。文化统治是美国全球性力量的一个没有受到足够重视的方面。不管你对美国大众文化的美学价值有什么看法，美国大众文化具有一种磁铁般的吸引力。尤其是对全世界的青年……美国的电视节目和电影大约占世界的 3/4，美国的音乐也居同样的统治地位。因特网使用的语言是英语，全球电脑点

---

① 麦尚文. 地方媒体在国际传播中的角色转型与路径选择 [J]. 新闻记者，2010(5)：76－80.

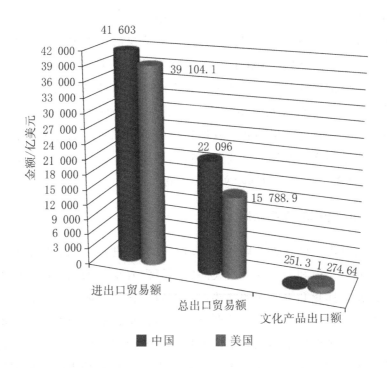

图 3-2　2013 年中美文化产品出口额、总出口贸易额、进出口贸易额对比

击的绝大部分内容出自美国，影响着全球会话内容。"① 约瑟夫·奈指出，就实力强大而言，当今的美国已超越了巅峰时期曾统治地球 1/4 的英国。为了实现自身文化价值的普世化，美国不惜动用各种资源和力量，利用各种文化途径和手段将其文化价值、政治理念渗透和扩张到世界的各个角落，从而形成了一种世界文化版图上的"文化强权"。考虑到我国文化管理机制、创新水平、传媒科技运用等因素，文化传播上的"西强我弱"现象就显得更加严重。中国国情专家胡鞍钢在对世界一些国家的传媒（包括广播、电视、电影、电话、互联网、报纸、图书、邮政局等）做了深入调查和量化分析之后得出结论：中国的国际传播经济实力较弱，只相当于美国的 6.5%，日本的 1/4，印度的 1/3 不到。② 可见，我国新闻媒体对国际舆论

① 布热津斯基．大棋局——美国的首要地位及其地缘战略［M］．上国国际问题研究所，译．上海：上海人民出版社，1998：35－40.

② 胡鞍钢．中国是一个迅速崛起的传媒大国——传媒实力实证分析与国际比较［EB/OL］．新华网．（2004－07－03）［2014－08－18］．http：//news.xinhuanet.com/newmedia/2004-07-03/content_1565018.htm.

的影响力仍然较弱，在国际话语权的争夺中处于弱势地位。为此，不少有识之士疾呼中国作为一个文明古国，应积极重视消除中国在对外文化交流中的文化赤字。① 因此，中国在以开放的态度对待国际文化交流的影响，在汲取、借鉴世界优秀文化的同时，要积极改进和扩展中国悠久历史文化的对外交流，在对外文化交流中发展并壮大自己的文化，形成中华文化"防火墙"。这就注定了中国和平发展过程中必须积极采取开拓进取的文化战略，牢牢掌握文化形象的自我塑造权和话语权，这样，才能为我们实现"中国梦"创造一个有利的国际文化软环境。

三、国际合作的平衡砝码

全球化时代，科技的迅猛发展推动了人类的进步，也加强了人们之间的联系与互动，但和平与发展两大问题不但没有得到彻底解决，世界矛盾反而呈现出多样化和尖锐化的趋势，人类的生存和发展受到足够的潜在威胁。一是世界贫富差距拉大。长期存在的不公正、不合理的国际政治经济秩序严重影响了发展中国家经济的发展，致使南北差距不断扩大。这种对发展中国家长期以来的剥夺使得广大发展中国家面临严重的发展困境。这使得发展中国家及其人民对生活没有信心，对不合理的国际经济秩序悲观失望，引发更加强烈的对抗意识，甚至成为局部战争和地区冲突发生的潜在原因。二是全球环境日益恶化。自然界是人类生存和发展的基础，人与自然的和谐相处是人类文明延续的重要条件。但如今，人类过度开发，向自然界索取各种资源，打破了人与自然之间的和谐。全球生态问题日益严峻，出现了水资源短缺、沙漠面积扩大、森林资源锐减、土壤流失、海洋污染等触目惊心的世界性问题，严重影响人类未来的生存与发展。这种国际性的环境问题，非一国之力能行，只有各国通力合作才能得到有效解决。因此，需要加强文化外交，增进彼此之间的联系与沟通、信任与理解。三是世界安全受到威胁。冷战结束后，美国等西方列强凭借其强大的政治、经济与军事实力，在全球范围推行强权政治，接连发动或参与了海湾战争、科索沃战争、阿富汗战争和伊拉克战争等，并在格鲁吉亚、乌克兰等国家推行"颜色革命"，造成地区局势动荡，民族矛盾激化；而且，这种凭借军事变革所奠定的军事霸权政治"严重威胁到了信息技术弱势国家的安全，

---

① 赵启正. 纠正中美之间的"文化交流逆差"［N］. 文汇报，2007－03－14（6）.

催生了世界各国间军事领域数字鸿沟的出现，造成了发展中国家生存安全的新险情……使得国际政治中军事霸权外溢效应凸显，霸权国家发动战争的门槛降低，国际安全互信机制受到冲击，世界和平面临新的挑战，发展中国家的安全陷于困境"①。而这又反过来致使世界对超级大国使用武力的约束力变弱，世界和平与安全面临着更多的挑战，不对称战争爆发的风险在不断加大。面对这些，催生了落后国家和地区的极端民族主义、原教旨主义对发达国家霸权的极大不满，国际恐怖主义事件频频发生。它集中反映了在经济全球化的背景下国际关系深刻的内在矛盾，是南北关系恶化、发展中国家经济贫穷状态加剧和全球化背景下民族国家的内部分裂，直接原因是国际战略力量对比的严重失衡和强权政治的高压。② 霸权主义和恐怖主义同时对当今世界的和平发展构成了重大威胁。文化外交一方面能够加深相关国家之间的互相沟通与理解；另一方面能促进各国在相互理解基础上的合作以抵御共同的世界性挑战，维护世界的和平与发展。

四、国际认可的积极考量

经过 30 多年的改革开放，中国已经逐步融入世界。中国与世界发生了"中国的发展离不开世界，世界的发展也需要中国"的历史性变化，相互间的依存度明显强化。不断发展经济，提高人民生活水平是中国当前最紧迫、最现实的任务，中国需要和平的国际环境，需要通过广泛深入的国际合作来加快中国的经济发展。但不容忽视的是，在中国依旧迫切需要国际和平环境的今天，世界各国与中国的竞争加剧，摩擦不断。全球经济形势的恶化加剧了我国与相关国家的贸易摩擦。随着中国综合实力的增长，中国的利益向全世界拓展的速度不断加快。因此，中国与发达国家和发展中国家之间的利益冲突都在增长。③ 加上中国坚持走中国特色的社会主义道路，国际社会，特别是西方及与中国存在着重大利益关切的周边国家，对中国的认知存在着明显或潜在的制度化偏见，它们总是把中国视为"他者"④，从 20 世纪 90 年代

---

① 黄凤志. 新军事变革对世界和平的影响［M］∥梁守德，李义虎. 中国与世界：和平发展的理论和实践. 北京：世界知识出版社，2009：381.

② 同①，380.

③ 张宇权. "和谐世界"：21 世纪中国文化外交理念分析［J］. 广东外语外贸大学学报，200（2）：84.

④ 胡键. 当前国际社会的中国观：基于西方民意调查的实证分析［J］. 毛泽东邓小平理论研究，2011（2）：71－77.

起，不断炮制出如"中国威胁论""中国崩溃论""中国风险论"等各种"妖魔化""污名化"中国国家形象的舆论，恶化中国寻求发展的国际安全环境。其中固然有一些国家或组织的别有用心，但也不能排除有因中外文化差异、政治制度差异所导致的文化误解。文化软实力不仅对国家综合国力具有倍增效应，而且也能影响国际关系格局的走向。"如果一个国家的文化和意识形态是有吸引力的，他人就会自动追随。如果一个国家能够建立与它的内部社会相一致的国家规范，它就没有必要改变自己。如果一个国家能够支持一个国际制度，其他国家均愿意通过这个体制来协调他们的活动，它就没有必要使用代价高昂的硬实力。"① 文化软实力跟不上，会在国际交往中增加许多误解，"不能让世界有效接受中国的价值观和了解中国'和谐文化'的精神，这种'声誉资本'的缺失会增大改革的风险，会影响经济的发展"②。习近平强调，一些人对中国有偏见，主要是源于陌生、隔阂和不了解。了解中国，不能只看一个点、一个面，切忌盲人摸象。介绍中国，既要介绍特色的中国，也要介绍全面的中国；既要介绍古老的中国，也要介绍当代的中国；既要介绍中国的经济社会发展，也要介绍中国的人民和文化。中华优秀文化传统已经成为中国文化的基因，根植在中国人内心，潜移默化地影响着中国人的行为方式。我们正在构建社会主义核心价值观，其中一些重要内容就是源于博大精深的中华文化。习近平指出，在中外文化沟通交流中，我们要保持对自身文化的自信、耐力、定力。桃李不言，下自成蹊；大音希声，大象无形；潜移默化，滴水穿石。只要我们加强交流，持之以恒，偏见和误解就会消于无形。③

因此，在日趋严峻的国际政治博弈中，中国的和平发展除了要不断加强"硬实力"以应对复杂形势外，也要面向国际体系和全球公民社会，积极地开展增信释疑的文化外交，争取国际社会对社会主义价值观的认可，获得体系规范和道德构建的参与权，让相关国家从认知上相信中国的发展不会走西方国际关系史上新兴国挑战霸权国的老路，而且相信中国的发展将有助于世界的发展与进步。要尽量消除其他国家对中国和平发展的不信任感，就必须大力提升中国的文化国际认同力，以先进的文化去影响他国对中国的积极认同。

---

① 王辑思. 文明与国际政治认同［M］. 上海：上海人民出版社，1995：356.
② 张玉玲. 打造与经济大国相适应的文化实力［N］. 光明日报，2007－01－24（7）.
③ 习近平：在中外文化交流中要保持对自身文化的自信［EB/OL］. 中国新闻网.（2014－03－29）［2014－08－16］. http://www.chinanews.com/gn/2014-03-29/6008489.shtml.

从某种意义上说，能否提升和强化国际认同力，既关系到中国的和平发展，也关系到中华民族的伟大复兴。也就是说，积极开展文化外交，在文化的对外交流中实现中国的和平发展，应当成为文化全球化背景下中国实现和平发展目标的战略性选择。唯此，才能使中国的和平发展摆脱历史上大国的"崛起困境"，走出"大国政治的悲剧"，实现近代以来中华民族孜孜以求的民族复兴"中国梦"。

第四章　中国文化外交的目标、主体及其方式

文化外交从根本上讲是通过文化软实力的发挥以实现本国的国家利益。在国家整体利益的指引下，各国都明确制定了其文化外交的主要目标及实现这些目标的实施主体与方式。本章将详细介绍新中国成立以来我国文化外交的多层目标、多元主体及其多样方式。

第一节　中国文化外交的多层目标

外交的目的在于"以和平的方式实现国家利益所决定的国家对外战略与对外政策的目标"[①]。我国外交的目的是"在坚决维护我国国际利益的基础上，维护世界和平、推动共同发展"[②]。因而，我国外交的首要目的是维护我国的国家利益。文化外交作为外交日益重要的组成部分，它的核心目标亦是维护国家利益，从属于并服务于以维护和拓展本国的国家根本利益为核心的整体外交战略。简而言之，我国文化外交的根本目的就是以提高中华文化软实力来维护和增进我国的国家利益。在这个根本目的的导向下，由于文化外交的执行主体、形势阶段、文化内涵等各方面的复杂多元，具体而言，我国文化外交的目标有提升国家的国际吸引力，促进不同文明的和谐发展，获取更高的经济收益等多个层次。

---

① 蔡拓. 国际关系学［M］. 天津：南开大学出版社，2011：185.
② 习近平在"世界和平论坛"开幕式上的致辞［EB/OL］. 新华网.（2012 − 07 − 07）［2014 − 08 − 17］. http：//news. xinhuanet. com/politics/2012-07-07/c _ 112383083 _ 2. htm.

一、提升我国的国际影响力

一个国家的国际地位和影响力既取决于该国国土大小、资源多寡、经济实力和军事力量的强弱，也受到该国文化亲和力、国际形象、创新能力及与他国关系的影响。文化外交已成为世界各国在国际舞台发挥影响和开展国际合作的重要手段。[①] 改革开放 30 多年来，我国的综合国力不断增强，国际地位日益提高，向世界展示了一个与时俱进的、现代的、开放的、文明的中国。经济的成功极大地增强了我国文化的国际影响力，世界日益需要了解中国、认知中国。越来越多的国家和地区在更加广泛深入地关注中国、研究中国，想借鉴中国的经验，甚至有人提出"北京共识"[②]。有学者认为在决定国家外交政策和活动的诸多国内因素中，思想因素具有不可忽视的地位，也是决定外交的最为深刻的因素之一。比起政治、经济等因素，文化因素"能在更长的时段中决定一国外交的形成和发展"[③]。在全球化时代，不同国家的思想文化交流和碰撞日益扩大，能够制约一国外交政策的主要思想、舆论、观点，乃至价值观等，受到了诸多国内外因素的影响。"如果一国能够把对己有利的思想传播到他国，并影响接受国的大众和精英的思想和价值观，那么，这无疑会增强传播国在处理国际事务时的影响力"[④]，因为接受它传播的思想和价值观的国家和人们对待问题的立场、思考问题的方式、解决问题的办法，很可能会和传播国相似。我国正好可以充分利用当前国际社会对中国取得成功的模式（道路）的探讨形成中国文化（制度）的影响力。

中华文化博大精深，中国理念对世界各国，尤其是广大的发展中国家，具有一定的吸引力。如在中非交往中，一方面，中国让非洲感受到被重视和拥有自信。中国尊重非洲自己的判断，相信非洲能自主解决自己的问题。温家宝在出席中非合作论坛第四届部长级会议时表示："中国坚信非洲完全有能力以'非洲方式'处理好自己的问题。""对于长期遭受忽视和歧视的非洲人

---

① 毛梦溪. 放眼长远　厚积薄发：从中德法文化交流看中华文化"走出去"［EB/OL］. 新华网.（2010 - 07 - 20）［2015 - 02 - 15］http://news.xinhuanet.com/xhfk/2010-07/20/c_12353044.htm.

② 2004 年 5 月，英国著名思想库伦敦外交政策中心发表乔舒亚·库伯·拉莫的一篇题为《北京共识》的论文，该文对中国 20 多年的经济改革成就做了全面思考和分析。拉莫认为，中国的经济发展模式不仅适合中国，也是追求经济增长和改善人民生活的发展中国家效仿的成功榜样。

③ 王玮、戴超武. 美国外交思想史：1778—2005 年［M］. 北京：人民出版社，2007：22 - 23.

④ 简涛洁. 冷战后美国文化外交及其对中美关系的影响［D］. 上海：复旦大学，2010.

民而言，中国的支持和理解难能可贵。因而，受到非洲人民的普遍欢迎。"①
另一方面，中国在与非洲的交往中不断完善自身的价值观念，增强对非洲的
吸引力。中国政府在处理中非关系时，反复倡导具有中华和合思想的对非理
念，如"和平共处""友好合作""相互尊重""平等相待"等。进入 21 世纪，
中国在中非关系中又融入了"和谐世界"的价值观。胡锦涛在 2006 年中非合
作论坛北京峰会开幕式上呼吁："为实现中非发展，造福中非人民，推动建设
持久和平、共同繁荣的和谐世界而共同努力。"② 中国这种与人为善、和谐共
赢的观念受到了非洲人民的赞扬。再一方面，中国特色的经济发展观也吸引
着非洲国家，这种经济发展观的一大特色就是通过大力投资基础设施建设来
推动经济社会发展，并通过经济发展来推动政治改革，实现在发展中解决问
题，在解决问题中实现提高。这种中国道路对非洲各国具有很强的吸引力，
纷纷要求学习中国经济发展、政治改革、文化发展、社会和谐等众多领域的
发展经验，并希望抓住中国发展所提供的机遇来实现自身发展。南非政治学
家法哈娜·帕鲁克说："中国政府的治理和决策经验对发展中的非洲很有借鉴
作用。"③ 为此，中国积极通过"中非研讨会""开发性金融与中非合作研讨
会""中非联合研究交流计划"等途径来有效提升中国模式的示范作用，帮
助非洲国家探寻适合自身发展的道路。中非合作论坛很好地展示了中国和
中国文化，显示出可以实现共赢的良好例证。正如《中非合作论坛：一次
战略机遇》一书认为的那样，"中非合作论坛是中国平等对待非洲的一个例
证，也展示了中国政府的虚心和诚恳：中国愿意倾听非洲人的诉求，甚至
是误解"④。

　　中国的合作模式对非洲"民众的福祉做出重大贡献"⑤。中国教育部相关
统计显示，2011 年我国（包括香港、澳门、台湾地区）有 600 所高等院校、

　　① 钟婷婷，王学军. 论中国对非洲的软实力外交 [J]. 浙江师范大学学报（社会科学版），2010（4）：66－71.
　　② 胡锦涛主席在中非合作论坛北京峰会开幕式上的讲话 [G] // 俞新天. 国际形势年鉴. 上海：上海辞书出版社，2007：559－562.
　　③ 法哈娜·帕鲁克. 中国平等对待非洲 [EB/OL]. 中国文化传媒网.（2013－06－18）[2014－08－17]. http://www.ccdy.cn/cehua/2012ch/zhongfei/pingshu/201206/t20120618_312121.htm.
　　④ 余瀛波，曾露露. 中国援非政策让彼此"双赢" [N]. 法制日报，2011－12－20（11）.
　　⑤ 赫尔穆特·赖森克里斯蒂娜·沃尔夫. 德报：中国援助模式惠及非洲百姓 [EB/OL]. 中国文化传媒网.（2012－06－18）[2014－08－17]. http://www.ccdy.cn/cehua/2012ch/zhongfei/pingshu/201206/t20120618_312132.htm.

科研院所和其他教学机构共接收 20 744 名非洲来华留学人员①，是亚洲接收非洲留学生最多的国家。北京大学非洲研究中心秘书长刘海方教授表示："非洲学生之所以选择中国，除了受奖学金吸引外，最主要的原因是中国给了他们平等和尊重。"② 而中国也重视通过吸收这些留学生和科研人员来华接受教育和文化熏陶，广泛培养当前及未来的"知华、友华、亲华"非洲人士。"据不完全统计，近年来从中国学成回国的非洲留学生中，有 8 人在本国担任了部长级以上的领导职务，8 人先后担任过驻华大使或参赞，6 人担任总统秘书或总理秘书，3 人担任协会秘书；非洲国家驻华使馆的中、青年外交官大部分在华学习过。"③ 这些新生代的非洲精英们"对中国文化有亲切感，对中国援助亦有切身的感激之情"④，这是中国对非关系中的一股重要的潜在软实力。

二、增进中外文明相互理解

国际关系表面上看是不同国家（政治/民族实体）之间的关系，但由于执行这种关系的代理人是处于不同国家/民族文化中的人，可以说，文化关系潜在地影响着纷繁复杂的国际关系。然而，自古以来，由于地域分隔、自然环境差异等造就了纷繁复杂的多样文明，文明多样性普遍存在。⑤ 联合国教科文组织《多种文化的星球》报告中把全球文化分为中国和东亚文化、欧洲文化、北美洲文化、拉丁美洲文化、阿拉伯文化、非洲文化、俄罗斯文化和东欧文化、印度和南亚文化八种。也有学者把世界文化分为中国文化、印度文化、伊斯兰文化和欧美文化四大系统。再大地分，有学者认为有东方文明（文化）和西方文明（文化）两大类。就东西方文化而言，"两者虽然有差异性，但也存在共通性。差异性给各文明之间的交流带来障碍，从而使国际关系中产生不同文化间的不同理解、误解，甚至是有意曲解。文化理解促进国际共识与合作，误解会造成或加深各国之间的矛盾，文化的有意曲解则可能

---

① 2011 年全国来华留学生数据统计 [EB/OL]. 中华人民共和国教育部网站. （2012 - 02 - 28）[2014 - 08 - 17]. http://www.moe.edu.cn/publicfiles/business/htmlfiles/moe/s5987/201202/131117.html.

② 余瀛波，曾露露. 中国援非政策让彼此"双赢"[N]. 法制日报，2011 - 12 - 20（11）.

③ 陆苗耕. 同心若金：中非友好关系的辉煌历程 [M]. 北京：世界知识出版社，2006：320.

④ 钟婷婷，王学军. 论中国对非洲的软实力外交 [J]. 浙江师范大学学报（社会科学版），2010（4）：69.

⑤ 俞新天. 强大的无形力量：文化对当代国际关系的作用 [M]. 上海：上海人民出版社，2007：155.

挑起国际冲突"①。这就使得开展文化外交有了必要性和重要性。文化差异性是文化多样性的前提，而共通性是文化交流与融合的前提。这就使得开展文化外交有了可能性。共通性使得基于人类不同文化背景的误解和隔阂并非不能消除，它们之间也是存在共识或能达成共识的。国际关系史上的诸多实例表明。通过包括文化外交在内的文化关系的发展来"改进对他者的文化理解"对于建立或深化信任关系至关重要。这种必要性、可能性和重要性促使推进不同文化或国家之间的相互理解成为我国文化外交的重要目标之一。文化的比较、借鉴和交流是每一种民族文化发展的永不枯竭的源泉。中华文明薪火传承五千多年的秘诀在于既留住了"根"又能"海纳百川"②。我国在这方面做了很多努力，如《中华人民共和国政府和巴西联邦共和国政府文化教育合作协定》写明"鼓励和发展两国之间在文化、教育和体育方面的合作"以"使自己的文化能更好地为对方人民所了解"③。《中华人民共和国政府和大不列颠及北爱尔兰联合王国政府文化、教育和科学交流计划》表示"进一步发展两国在文化、教育和科学方面的合作关系，以利于两国人民"④。中苏（苏丹）签订相关协定，中方向苏丹提供文化援助，以促进双方文化交流与合作。⑤

孔子学院是中国文化外交的重点项目，旨在增进世界人民对中国语言和文化的了解，发展中外友好关系，促进世界多元文化发展，为构建和谐世界贡献力量。⑥经过不懈努力，如今法国已至少有132所中等学校教授中文，几乎法国所有的名牌高校都开设了中文课程。⑦塞拉利昂大学孔子学院塞方院长肯纳斯对记者说，一批批中国志愿者来到非洲，不仅将中国文化带到非

---

① 简涛洁. 冷战后美国文化外交及其对中美关系的影响 [D]. 上海：复旦大学，2010.

② 吴兴唐. 文明多样性刍议 [J]. 当代世界，2006（10）：45.

③ 中华人民共和国政府和巴西联邦共和国政府文化教育合作协定 [EB/OL]. 法律图书馆. [2014－08－17]. http：//www.law-lib.com/law/law _ view.asp? id=76380.

④ 中华人民共和国政府和大不列颠及北爱尔兰联合王国政府文化、教育和科学交流计划 [EB/OL].法律图书馆. [2014－08－17]. http：//www.law-lib.com/law/law _ view.asp? id=76488.

⑤ 中国、苏丹文化与教育合作会谈纪要 [EB/OL]. 法律图书馆. [2014－08－17]. http：//www.law-lib.com/law/law _ view.asp? id=76426.

⑥ 孔子学院章程 [EB/OL]. 孔子学院网站. [2014－08－17]. http：//www.chinese.cn/college/article/2011/05/31/content _ 266564.htm.

⑦ 卢苏燕. 中法签署教育交流协议 [EB/OL]. 中国教育和科研计算机网. （2002－03－20）[2014－08－17]. http：//www.edu.cn/zong _ he _ news _ 465/20060323/t20060323 _ 25701.shtml.

洲，也将非洲文化带回中国，这是一个双向学习与交流的机会。① 孔子学院
就像一把通过综合文化交流打开中国的"钥匙"，打开了一个多元化中国，让
外国人"零距离感知"。意大利罗马大学副校长、孔子学院意方院长马西尼认
为，孔子学院的意义在于让外国人更好地了解中国、了解中国的多样性，了
解中国存在各种各样复杂的情况、多种多样的生活方式。"更多的了解，可以
消除误会、避免分歧。"② 只要沟通和交流，不同文明之间就会互有启发，增
进相互理解。

三、获取更优质的经济效益

除增强国家吸引力和增进文明间理解的考量外，我国积极开展文化外交
活动，也为了追求经济利益。只有将文化外交与文化产业发展交织起来，互
相推动，两者才能都得到发展。这也是美国文化外交持续扩大发展的原动力。
我国也借鉴了这个经验。2013 年 12 月 30 日，习近平在中共中央政治局第十
二次集体学习时指出，"提高国家文化软实力，要努力夯实国家文化软实力的
根基。要坚持走中国特色社会主义文化发展道路，深化文化体制改革，深入
开展社会主义核心价值体系学习教育，广泛开展理想信念教育，大力弘扬民
族精神和时代精神，推动文化事业全面繁荣、文化产业快速发展。"2011 年
胡锦涛在中国共产党成立 90 周年庆祝大会上强调，"要加快文化体制改革，
加快构建公共文化服务体系，加快发展文化事业和文化产业；要着眼于推动
中华文化走向世界，形成与中国国际地位相对称的文化软实力，提高中华文
化国际影响力"③。文化事业与文化产业是我国文化外交的重要基础，直接影
响文化外交的发展活力。2009 年，国务院审议通过了《文化产业振兴规划》，
文化产业被确立为战略性产业。2005 年，原文化部部长孙家正在接受人民日
报记者采访时，指出"中国已成为国际贸易大国，但文化贸易仍远远落后于
国家对外贸易的总体增幅，并存在巨大逆差"④。因此，我们正在"完善相关
法规、政策，建立完整、系统的对外文化贸易服务体系，加快中国文化走出

---

① 苑基荣. 非洲掀学中文热潮　汉语已成谋求发展重要手段［EB/OL］. 新华网.（2012 - 09 -
19）［2014 - 06 - 23］. http：//news. xinhuanet. com/world/2012-09/19/c _ 123733668. htm.

② 吴兢. 为不同国家、不同肤色的人们提供交流、互鉴、合作新平台——孔子学院：中国文化
拥抱世界［N］. 人民日报，2012 - 08 - 10（1）.

③ 胡锦涛. 坚定不移发展社会主义先进文化［J］. 党建，2011（11）：1.

④ 刘水明，王小光. 文化部长谈我国对外文化交流：文化外交显魅力［N］. 人民日报，2005 -
12 - 19（7）.

去步伐。"如制定了《中国对外文化贸易发展规划》《关于促进商业演出展览文化产品出口的通知》《国家商业演出展览产品出口目录管理办法》《关于开展国家文化产品出口示范基地认定工作的通知》和《国家文化产品出口示范基地认定管理办法》等法规政策，并通过驻外使领馆对入选《国家商业演出展览产品出国指导目录》的项目进行宣传、推介。[1] 2011 年两会期间，时任文化部副部长赵少华表示，"十二五"期间将坚持公益性文化交流与经营性文化贸易"两条腿走路"，在大力开展公益性对外文化交流的同时，积极发展文化产品和服务的对外贸易，鼓励文化企业通过商业渠道参与国际文化市场竞争，不断提高中华文化的国际竞争力。[2] 在这样的宏观背景下，以"文化中国·四海同春""相约北京"等系列品牌项目为支撑，以文化公司为市场主体，有效地拉动了我国文化产业及文化经贸发展。2004—2010 年，全国文化产业增加值年平均增长速度超过 23%，2010 年全国文化产业的增加值突破了1.1 万亿元，占国内生产总值的比重为 2.78%。[3] 2011 年我国出口文化产品187 亿美元，比上年增长 22.2%。"海关统计显示，在文化产品出口中，视觉艺术品出口占据半壁江山，视听媒介和印刷品出口增长平稳。2011 年，我国出口视觉艺术品 93.3 亿美元，增长 36.4%，占同期我国文化产品出口的49.9%，为我国文化产品最大出口品种。"[4] 据北京日报 2012 年 8 月 27 日报道：北京文化贸易进出口额从 2006 年的 12.65 亿美元，快速增长到 2011 年的 26.79 亿美元，5 年间增长一倍多，年复合增长率达 16.2%。其中，文化贸易出口额由 2006 年的 6.75 亿美元增至 2011 年的 13.96 亿美元。2012 年的文化产品进出口总额预计将达到 30 亿美元。[5] 其他地区文化产品出口也十分强劲。2011 年，广东出口文化产品 73.5 亿美元；浙江出口文化产品和服务

① 刘水明，王小光．文化部长谈我国对外文化交流：文化外交显魅力 [N]．人民日报，2005 - 12 - 19（7）．

② 赵少华．加强对外文化交流　再展中华文化辉煌 [EB/OL]．陕西文化产业网．(2011 - 03 - 14)[2014 - 08 - 17]．http：//www. shaanxici. cn/content/2011-03/14/content_4268043. htm.

③ 郭全中．文化产业规模论[EB/OL]．人民网．(2012 - 03 - 20) [2014 - 08 - 17]．http：//media. people. com. cn/GB/22100/120097/120099/17440877. html.

④ 张翼．2011 年中国出口文化产品比上年增长 22.2%[EB/OL]．中国新闻网．(2012 - 01 - 16)[2017 - 04 - 06]．http：//www. chinanews. com/cul/2012/01-16/3607771. shtml.

⑤ 孙超逸．北京文化贸易进出口额居全国前列 [N]．北京日报．2012 - 08 - 27（1）．

出口总额突破 50 亿美元①；湖北文化产品和文化服务出口约 10.24 亿美元。②
另外，风靡全球的孔子学院既是我国文化出口的大品牌，又推广了汉语和中
华文化，使得外国人更易于接受中国产品。越来越多的海外汉语学习者带动
了汉语教材的强大需求，汉语教材的出口已成为中国图书"走出去"的特色
领域。据国家汉办副主任马箭飞介绍，目前由国家汉办和孔子学院出口的教
材已达 300 多万册，占我国全部出口汉语教材的 60%，5 年间增长 12%，是
出口图书门类中最大的。③ 仅北京语言大学出版社 2009 年 1 月至 11 月销往海
外的出版物码洋就达 6 000 万元，版权输出逾百种。④

　　西方经济学界的既有研究表明，提升文化与语言的熟悉程度有助于增强
双边贸易中的信任感，从而降低交流的成本。不少案例研究显示语言、文化
亲近性对外贸和对外直接投资有促进作用。不仅如此，有关贸易对现代欧洲
英语普及影响的研究表明，"处于双边贸易关系中的两国人民，来自收入水平
较低国家的人倾向于学习收入水平较高国家的语言，在若干世代后，前者就
会自然倾向于使用后者的语言"。因此，在理论上，我国对外的语言文化项
目，能够加强驻在国与中国的关系，同时，它作为信息交流平台，也能提供
更多市场流通的渠道，从而降低经济交流成本。中国公司在从事外贸，尤其
是中长期海外投资时，应当将语言、文化亲近性等因素纳入与当地人力成本
的核算中。美国学者唐纳德·里恩等的统计结果表明，"设立孔子学院的发展
中国家在吸引来自中国的对外直接投资方面确实有显著提升（增幅在46%—
130%）；另外，中国对这些国家的出口总量也有一定幅度的增加（增幅在
4%—27%）"。相较而言，在发达国家中几乎看不到这样的影响。里恩等就此
得出结论，孔子学院通过在所在国家促进中国语言文化的学习有效地降低了
外贸中的交易成本；而且，孔子学院可以在海外华人移民与其后代及移居国
人民之间搭建代际间社会网络，中国的跨国公司可以充分利用这一社会资本，

① 浙江今年文化产品与服务出口将突破 50 亿美元[EB/OL].新华网.（2011-12-20）[2014-08-17]. http://news.xinhuanet.com/fortune/2011-12/20/c_111259320.htm.
② 2011 年我省文化出口增幅显著［EB/OL］.中华人民共和国商务部网站.（2012-02-17）[2014-08-17]. http://www.mofcom.gov.cn/aarticle/difang/hubei/201203/20120307999143.html.
③ 王保纯.国家汉办：汉语骨干教材已译成几乎所有语言［N］.光明日报，2010-09-03（8）.
④ 阎密.出版业"走出去"：政府扶持不能"撒芝麻"——搭建海外营销平台急需助力［EB/OL］.（2010-01-18）[2014-08-17]. http://www.blcup.com/article.asp?id=262.

从而降低其在该国的投资成本。① 欧盟观察家网站的最新报告也显示,近年来中国经济持续增长成为孔子学院在欧洲扩张的积极推动力。特别是在欧债危机后,欧洲学习汉语的人数有十分显著的上升。2012 年 6 月欧盟的一项名为"欧洲人和他们的语言"的调查显示,各个欧盟成员国国民对汉语学习的兴趣均有较大幅度提升,尽管目前在欧洲掌握汉语的人数仅占总人口的 0.2%,但有 6%的欧洲人认为汉语是最有用的外语,14%的人认为自己的孩子应该学习这门语言。而在 2005 年的调查中,这两项指标数值均不足 2%。② 可见,文化外交已经助推我国文化事业发展及文化出口取得了初步成效,并将在文化经济化与经济文化化的趋势下进一步创造出更优质的经济效益,让世界消费中国文化,让中国收获文化经济。

第二节　中国文化外交的多元主体

自文化外交产生以来,其执行主体就是多元的。大体而言,分为三种类型。第一种是政府主导型,即政府通过一个部门或官方机构来直接管理。比如,美国新闻署和后继的美国全球交流办公室就是美国管控文化外交的主体。第二种是非政府组织负责型,即"政府通过一个部门(一般是外交部、教育部、文化部)提供资金,而代表落实政策和具体执行的则是一个相对独立带有民间团体性质的机构"③,以便其"根据外交政策的需要开展文化外交,同时又便于外交部的管理"④。如隶属于英国外交部的英国文化委员会。第三种是混合型。即政府进行全面控制管理,各基金会和非政府组织则可以各尽其能独立开展工作。"德国的文化外交是混合型的典型。德国外交部负责制定文化外交基本政策,而德国文化中心代表政府负责签订文化协定、国际文化机构的联络、资助国外教育机构以及举办重大的文化活动。"⑤ 此外,还有歌德

---

①　Lien Donald, Oh Chang Hoon and W. Travis Selmier. Confucius Institute Effects on China's Trade and FDI: Isn't It Delightful When Folks after Study Hanyu? [J]. International Review of Economics and Finance, 2012 (21): 19.

②　Ebels, Phillp. Amid Crisis, Europeans Flock to Learn Chinese[EB/OL]. (2012 - 07 - 30) [2014 - 08 - 17]. http: //www. understandingchina. eu/.

③　缪开金. 中国文化外交研究 [D]. 北京:中共中央党校, 2006.

④　J. M. Mitchell. International Cultural Relations [M]. London: Allen & Unwin Ltd. , 1986: 67.

⑤　同③.

学院、德国学术交流中心等不计其数的文化代理机构。因国情和时代变化，我国的文化外交组织体系历经几十年变化，也逐渐呈现出多个主体，主要包括政党组织、政府相关职能部门、社会组织和跨国公司。

一、政党组织

政党外交是"一国合法政党进行的旨在维护本党利益和国家利益、促进国家间关系而进行的对外交往活动的总称，包括思想理念、政策主张和实践活动三个方面"①。它是"随着政党成为国际关系的行为主体、政党政治的普及及全球性问题的出现应运而生的"②。随着经济全球化的深入发展，各国交往日趋频繁，外交的手段和内容也突破了传统的范畴。第二次世界大战后，世界政党的数量越来越多。"作为现代政治的主导型政治力量，政党的影响并不完全局限于国内政治生活，政党不仅可以影响一国的外交战略和政策的制定，而且可以通过直接参与外交实践来影响一国的对外关系。"③ 政党在国内政治和国际政治活动中的影响和作用不断增强，政党外交"已经成为现代外交和国际关系的重要内容，是中国总体外交的一个重要组成部分，与政府外交、民间外交、议会外交、经济外交、公共外交等一起使当代外交呈现出立体化的发展趋势"④。

中国共产党作为新中国的执政党，自新中国成立起，就十分重视发展对外党际关系，并于 1951 年设立中共中央对外联络部（International Department，Central Committee of CPC，简称中联部）专司党的对外交流联络工作。目前，"党际交往对象已从各国共产党及其他左翼政党扩大到发展中国家的民族民主政党、发达国家的社会党、工党、保守党等各种意识形态和性质的政党、政治家及其国际组织"⑤。特别是改革开放后，中国提出了"独立自主、完全平等、互相尊重、互不干涉内部事务"的新型政党外交"四原则"，主张同各党发展新型党际交流与合作关系，不计较意识形态和社会制度的差异，努力同一切愿意与我党交往的各国政党建立和发展多种形式的交流与合作，增加彼此的了解和友谊，寻求利益的汇合点，扩大互利合作，促进国家

---

① 杨洁勉.中国共产党和中国特色外交理论与实践［M］.上海：东方出版中心，2011：270.
② 牛海彬.中共政党外交的评估与前瞻［J］.国际展望，2011（4）：89－102.
③ 同②.
④ 同①，269.
⑤ 同①，290.

关系的发展。截至 2014 年 12 月，"我党已同世界上 160 多个国家和地区的 600 多个各种类型的政党和组织建立了不同形式的联系和交往"①。正如胡锦涛所指出的，中国共产党的对外工作既是"党的事业的不可或缺的重要方面"，也是"我国总体外交的一个重要组成部分"，对于"促进国家关系的建立、巩固和发展，推进改革开放和社会主义现代化建设"具有不可替代的重要作用。② 2011 年 1 月 17 日，习近平在纪念党的对外工作九十年暨中联部建立六十年大会上指出，"面对国内外形势深刻复杂的变化，党的对外工作作为国家总体外交的重要组成部分，任务重、责任大，要努力成为我国对外关系发展的重要途径，成为展示党的良好国家形象的重要窗口，成为党员领导干部观察和研究世界的重要平台，成为借鉴国外经验、为中央决策服务的重要渠道"③。足见党和政府的主要领导同志们均对我党的对外关系给予了高度的评价，并寄予厚望。

作为中国外交的领导者和实践者，中国共产党同样深深地影响着中国的文化外交，并实践着中国的文化外交。新中国成立后，关于文化外交的管理，参照了苏联模式，强调党对对外文化关系的领导和控制。现阶段，党对外工作的具体目标和任务是"为我国的现代化建设和改革开放服务，争取一个和平安全的国际环境"④。为实现这个目标，我党积极开展包括文化关系在内的各种对外关系。一方面，积极开展与各国政党的联系或会晤活动，共同表达加强文化交流的意向与期待。如 2006 年 3 月，中共中央书记处书记何勇会见俄罗斯国家杜马副主席、统一俄罗斯党总委员会书记维·沃洛金先生，共同促进中国"俄罗斯年"活动的积极开展。同年 5 月，中共中央政治局委员刘云山会见以中央政治委员会委员、国际书记若泽·雷洛为团长的葡萄牙社会党代表团一行，双方达成共同致力于包括文化交流在内的中葡关系友好发展的意愿。同年 12 月，中共中央政治局常委李长春会见由总书记德·索萨率领的葡萄牙共产党访华代表团。李长春感谢葡共在中国澳门回归和中国台湾、西藏等问题上给予的支持，表示愿进一步深化两党关系，共同推动中葡关系

① 关于中联部 [EB/OL]. 中国共产党新闻网. [2014−08−16]. http：//www.idcpc.org.cn/about/jianjie.htm.
② 齐鹏飞. 中国共产党与当代中国外交（1949—2009）[M]. 北京：中共党史出版社，2010：368.
③ 徐京跃. 习近平强调：党的对外工作要继往开来再创辉煌 [EB/OL]. 新华网. (2011−01−17) [2014−08−16]. http：//news.xinhuanet.com/politics/2011-01/17/c_12990263.htm.
④ 吴兴唐. 政党外交和国际关系 [M]. 北京：当代世界出版社，2004：序 3.

平稳健康发展。① 2012 年 7 月，中联部部长王家瑞会见葡萄牙国务部部长兼外长、人民党主席波塔斯，双方表示要进一步增进相互了解、促进务实合作、推动中葡关系发展；② 另一方面，积极与各国政党开展探讨治国理政等的学术研讨会。如 2003 年 9 月，我党与西欧国家的一些社会党、社民党以及澳大利亚工党联合举办了"全球化与国际秩序"研讨会。2004 年 2 月，中越两党举办"执政党的建设——越南的经验，中国的经验"研讨会。同年 4 月，中联部举办"WTO—中欧经贸关系"研讨会。2006 年 6 月，与非洲布隆迪、喀麦隆等十一国共同举办了主题为"民族、宗教和扶贫问题——如何在发展中国家建立和谐社会"的研讨会；同年 8 月，中联部召开"应对全球化的挑战——中国和印度的经验"国际研讨会。通过这些学术会议、文化交流、经验探讨，"增进了相互了解和信任，有助于维护世界和平与稳定；通过党际交往宣传中国，展示了中国共产党开明开放、致力于发展与合作的良好形象"③。

二、政府部门

中华人民共和国成立以来，我国政府就十分重视文化外交。但关于文化外交是服务于文化，还是服务于外交，始终处于摸索状态。我国管理及执行文化外交的政府职能部门也历经了数次调整（图 4-1）。自 1949 年起，中国的文化外交管理部门先后经历了对外文化联络事务局（1949—1954）、对外文化联络局（1955—1957）、对外文化联络委员会（1958—1966）、国务院文化组（1967—1977）、文化部（1978）、对外文化联络委员会（1979—1981）、对外文化联络局（1982—1990）、国务院新闻办公室（1991 年至今）等。这些部门都是我国某个时期对外文化活动的政府执行主体，发挥了其所在时期的重要作用，推动了我国对外文化活动的发展。这里重点介绍 20 世纪 90 年代以来我国文化外交的领导及执行部门。

1991 年 1 月我国成立国务院新闻办公室（State Council Information Office of the People's Republic of China）（简称新闻办），建立的初衷是更好地向

① 十六大以来中国共产党对外交往大事记［EB/OL］．中国共产党新闻网．（2007 - 07 - 11）［2014 - 08 - 16］．http：//cpc. people. com. cn/GB/64093/67507/5975770. html.

② 王家瑞会见葡萄牙国务部长兼外长［EB/OL］．新华网．（2012 - 07 - 05）［2014 - 08 - 16］．http：//news. xinhuanet. com/politics/2012-07-05/c_112368880. htm.

③ 中国共产党对外交往的作用与成效［EB/OL］．中国共产党新闻网．［2014 - 08 - 03］．http：//www. idcpc. org. cn/duiwai/zuoyong. htm.

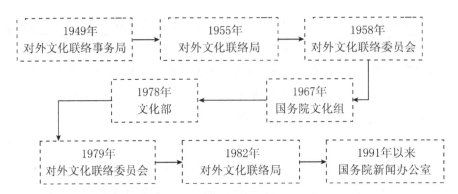

图 4-1 新中国成立以来我国文化外交管理部门演变示意图

国际社会宣传中国政府的对外政策主张，但随着改革开放的发展及对外文化关系的需要，国务院新闻办接管了对外文化交流和对外宣传。概括而言，新闻办的职责就是"向世界报道中国，向中国报道世界"，以促进中国与世界各国之间的沟通了解与合作互信，为维护世界的和平稳定和推进人类进步事业发挥积极的建设性作用。①

在新闻办宏观领导下，我国的文化外交工作由不同的职能部门合作完成。文化部对外文化联络局"代表政府与外国签订文化合作的协定、年度执行计划和文化交流项目计划"；教育部国际合作与交流司"负责统筹管理出国留学和来华留学工作，教育文化援助，规划并指导对外汉语教学等业务工作"；新闻出版总署下属的对外交流与合作司"承办新闻出版和著作权方面的对外交流与合作事务，政府间文化协定中有关新闻出版、著作权项目的执行工作，审批新闻出版中外合作项目等"②；外文出版发行事业局"负责协调管理中国外文图书出版发行，通过出版发行外文书刊，向全世界介绍中国的政治、经济、文化、人民生活及对外政策等方面的内容，以促进各国人民对中国的了解和增进相互间的友谊"③；广播电影电视总局"承担电视台等媒体对外宣传的管理，并对其重大宣传进行协调和检查，统一组织和管理其节目的传输覆盖"。

国务院新闻办领导下多个部门协同的文化外交管理体系，既能够保证文化外交政策的落实，又能调动各部门的文化资源。这种机制确保了"向世界

---

① 国务院新闻办公室介绍[EB/OL].中华人民共和国国务院新闻办公室门户网站．[2014 — 08 — 16].http：//www.scio.gov.cn/xwbjs/．

② 国家新闻出版总署于 2013 年与国家广播电影电视总局合并，称为国家新闻出版广电总局，相关业务也进行了分类与合并。

③ 温利鹏．英国文化外交及其在中国的运用 [D].北京：外交学院，2009.

报道中国与向中国报道世界"，争取了中国在国际舆论环境中的主动权，维护了中国的国家形象。但"我国文化外交的政府管理机构还存在过于分散、彼此不太协调的弊端。在'政出多门'的管理格局下，国务院新闻办的统领作用难以充分发挥出来"①。同时，"在文化外交运作过程中也存在外交事务的重复操作，不能使外交资源得到有效发挥"②。

三、社会组织

在一个日趋成熟的公民社会，社会组织起着十分重要的作用。文化外交也离不开社会组织的参与，其作用和职能是难以为政府职能部门所代替的。"政府的对外文化活动都以政治为前提，带有强烈的民族主义动机和色彩，十分需要用自由主义的民间色彩加以掩饰。"③ 由此，"很多国家的政府倾向于让一些民间机构来承担部分文化外交活动。有些执行文化外交的社会组织是某一文化领域的国际研究中心，其成员文化水平高，汇聚了这方面的专家学者，对外交流更加方便，故能发挥更好的工作效能。友好协会及类似的双边志愿团体对当地联系至关重要。在有些国家，这种组织在直接或间接官方资助下得以存在，而在许多地方，这种组织完全依靠私人倡议"④。在美、英、法等大多数西方国家，任何人都可以建立一个友好协会，甚至包括曾在某特定国家学习过的学生团体。如因想"给中英两国人提供一个学习和交流彼此文化和国情、探讨各种话题的机会"，曾在北京留学的英国人童海珍回到英国后创办了筷子俱乐部。目前，筷子俱乐部已在英国各行各业中拥有众多的会员，成为伦敦有名的中英文化交流机构。⑤

随着改革开放的深入和我国文化外交事业的发展，众多社会文化组织在我国文化外交中扮演的角色也日益重要，成为中国文化外交的重要参与机构。据《公益时报》2014 年 7 月 31 日的报道，截至 2014 年 6 月底，全国共有社会组织 56.1 万个，其中社会团体 29.4 万个，基金会 3 736 个，民办非企业单位 26.4 万个⑥，而其中有很多从事着中外教育文化交流活

① 李智. 文化外交：一种传播学的解读 [M]. 北京：北京大学出版社，2006：180.
② 缪开金. 中国文化外交 [D]. 北京：中共中央党校，2006.
③ Frank A. Ninkovich. The Diplomacy of Ideas：U. S. Foreign Policy and Cultural Relations，1938—1950 [M]. London：Cambridge University Press，1981：23.
④ 基尚·拉纳. 双边外交 [M]. 罗松涛，邱敬，译. 北京：北京大学出版社，2005：78.
⑤ 郭林. 记忆中国难忘母校：以留学经历见证发展的中国 [N]. 光明日报，2010－10－13（6）.
⑥ 张雪弢. 截至 6 月底全国社会组织数量达 56.1 万个 [N]. 公益时报，2014－07－31（6）.

动。以下着重介绍中国人民对外友好协会、中国国际文化交流中心与中国对外文化交流协会。

1. 中国人民对外友好协会

中国人民对外友好协会（简称全国友协）是中华人民共和国从事民间外交事业的全国性人民团体，以增进人民友谊，推动国际合作，维护世界和平，促进共同发展为工作宗旨，代表中国人民在国际社会和世界各国广交深交朋友，奠定和扩大中国与世界各国友好关系的社会基础，致力于全人类团结进步的事业。它于1954年5月3日由10个全国性的社会团体联合发起成立的，最初称中国人民对外文化协会，1966年改称中国人民对外文化友好协会，1969年起改称现名。会址设在北京。在中国各省、自治区、直辖市及部分市、区、县设有地方对外友好协会。

全国友协贯彻执行中国独立自主的和平外交政策，遵循和平共处五项原则，开展全方位、多层次、宽领域的民间友好工作，为实现中国的和平发展与和平统一大业服务，为建设持久和平、共同繁荣的和谐世界而努力奋斗。全国友协的各项活动得到中国政府的支持和社会各界的赞助，目前已设立46个中外地区、国别友好协会，与世界上157个国家的近500个民间团体和组织机构建立了友好合作关系。

中国人民对外友好协会的主要任务是：①开展中外民间友好交往，组织代表团互访，举办纪念庆典，倡议和主办研讨会、洽谈会、论坛等交流活动，增进与各国人民之间的相互了解，建立信任，发展友谊。②推动国际合作，建立交流机制，搭建合作平台，促进中外双方在经济、科技、人才等多领域的务实合作，为实现互利共赢、共同发展创造有利条件。③开展中外民间文化交流，派出和接待文化艺术团体和人士进行友好访问，举办演出和展览，促进中外文化互鉴，加深了解和友谊。④受政府委托，协调管理我国同外国建立和发展友好城市关系的工作，推动中外地方和城市的交流与合作。作为世界城市和地方政府联合组织的成员，代表中国地方政府参与国际合作。⑤作为在联合国经社理事会具有全面咨商地位的非政府组织，广泛参与联合国的事务，积极参加其他国际非政府组织的交流活动，有效传递中国的信息。⑥发展中外民间友好力量，建立对不同地区和国家的友协团体，联系各国对华友好组织、社会团体和人士，向为民间友好做出重要贡献的组织和人士，分别授予"人民友好使者"荣誉称号、人民友谊贡献奖、"中外两国友好使者"荣誉称号和中外两国友好贡献奖。⑦致力于维护世界和平、人类共同安全的事业，声援各国人民争取国家发展、社会进步、维护主权和安全的正义斗争。⑧开展其他有关中国人民同各国人民友好合作的工作。①

全国友协自成立以来，组织了大量的对外文化交流活动。特别是近年来，组织活动的规模、范围和次数呈现出前所未有的发展。比较经典的案例有中国—加拿大文化对话、中国—新西兰青年领袖交流计划、中国—西班牙论坛、中法地方政府合作高层论坛、中欧民间友好合作对话会、中国欧洲农业研讨会、中美省州长论坛、中国—拉丁美洲和加勒比地区民间友好论坛、"实话实说"、中印联合医疗队、中印论坛、中澳沙漠大穿越、"未来之星"国际研讨会、"十人故事"中英青年纪录片交流项目等。这些活动对于推动和扩大中外文化交流、民间往来、文明对话起到了重要的作用。

2. 中国国际文化交流中心

中国国际文化交流中心是成立于1984年的全国性社会团体，其宗旨是"通过民间的国际文化交流，加强中国人民与世界各国、各地区人民的相互了解和友好合作，为我国经济发展、科学进步、文化繁荣服务，为促进世界和平做出贡献"②。中国国际文化交流中心理事会由著名的科学家、艺术家、学者、社会活动家、企业家等百余名社会各界知名人士组成，内设理事会日常办事机构、开展交流的业务部门和综合管理部门。属下设有图书出版、音像制作出版、演出、展览、教育培训等多个文化实体和研究机构。中国国际文化交流中心开展对外交流活动涉及的领域涵盖文化艺术、科学技术、政治经济、民族宗教、教育管理、新闻出版、学术研究等多个方面。"交流形式采取举办文艺演出和各类展览、召开国际会议和学术研讨、组织考察访问和专题讲座，以及合作拍片、书刊交流等。"③

此后，各个省、直辖市也先后成立了省市国际文化交流中心。如重庆于2001年正式成立重庆国际文化交流中心，负责联系和组织知识界、文化界、科技界、经济界知名人士，开展国际交流活动。中心成立以来开展了多种活

① 中国人民对外友好协会简介 [EB/OL]. 中国人民对外友好协会官方网站. [2014－09－01]. http：//www.cpaffc.org.cn/introduction/agrintr.html.
② 中国国际文化交流中心介绍 [EB/OL]. 文化部网站. [2014－08－16]. http：//www.cicec.org.cn/zhongxinjianjie.html.
③ 中国国际文化交流中心 [EB/OL]. 新浪网.（2006－11－28）[2014－08－16]. http：//ent.sina.com.cn/x/2006-11-28/16141347259.html.

动,与境外多家政府或民间机构、组织建立了合作关系,开辟了重庆国际交流的广泛渠道,促成了重庆大学美视电影学院与重庆大学医学研究生院的设立、建立、协助中央电视台拍摄 18 集电视连续剧《023 档案》、申办成功"炎黄杯"国际名人围棋邀请赛等文化教育交流。① 这一系列活动加大了重庆市的对外开放,提高了重庆的国际知名度。

3. 中国对外文化交流协会

中国对外文化交流协会是在中国文化部直接指导和支持下,于 1986 年 7 月 3 日成立的从事民间文化交流的非营利性全国社会团体。其"宗旨是通过开展同各国之间的民间文化交流与合作,繁荣人类的文化事业,增进中国人民同世界各国人民之间的相互了解与友谊"。其"主要业务是在平等互利的基础上,同世界各国有关机构就人员互访,图书、资料交换,举办文艺演出、展览、文化学术研讨等事项进行交流与合作的非营利性社会组织"②。自成立以来,其积极开展"中国国际青年艺术周""北京国际音乐比赛""青年艺术家扶持推广计划""中国文化夏令营""东方文化研究计划"等影响重大的文化项目。2011 年 9 月底,中国对外文化交流协会代表团访问葡萄牙,与葡萄牙东方基金会签署"2011—2013 年交流合作协议"③,以推动中葡文化交流与合作。除了全国层面的对外文化交流协会,各个省、直辖市也先后成立了省级对外文化交流协会。如上海市对外文化交流协会,"它设有主管各领域交流的业务部门、综合管理部门及上海国际文化艺术交流有限公司。其宗旨是通过民间的国际文化交流,加强上海市与世界各国、各地区人民的相互了解和友好合作,为上海经济发展、科学进步、文化繁荣服务。上海市对外文化交流协会交流形式多样,交流范围广泛,涉及文化艺术、科学技术、经济金融、人文社会、教育体育等诸多领域,经常举办文艺演出和各类展览,召开国际会议和学术研讨,以及组织出国考察和交流。协会自成立以来,积极开展形式多样的国际文化交流活动,已同美国、加拿大、日本、

---

① 重庆国际文化交流中心 [EB/OL]. [2014－08－16]. http://www.cq-icec.org/html/？1-0-1.html.

② 中国对外文化交流协会网站 [EB/OL]. [2014－08－16]. http://www.cica.org.cn/portal/site/cica/index.jsp.

③ 中国对外文化交流协会副会长董俊新一行成功访葡 [EB/OL]. 中华人民共和国驻葡萄牙大使馆网站.（2011－01－08）[2014－08－16]. http://www.fmprc.gov.cn/ce/cept/chn/xwdt/t865430.htm.

澳大利亚、法国等几十个国家和地区的组织和个人建立了关系"①。21 世纪以来，各类文化交流组织将借改革开放之春风，继承对外文化交流之传统，集中国文化与海外文化之精华，积极拓展对外文化交流的深度和广度，为我国现代化建设做出更大的贡献。

四、跨国公司

跨国公司是全球化时代国际交流与联系的重要主体。跨国公司的国际性业务促进了世界的交流与人们的互动，增进了彼此的了解与认识。特别是那些从事着文化交流、文化生产、文化进出口等业务的跨国公司，俨然已成为文化外交主体的有机组成部分。跨国文化公司在全球文化产业中起着支配性作用，如美国的 FOX 电视频道、时代华纳和迪士尼、德国的贝塔斯曼、日本的索尼公司和日本广播公司等全球 50 家最大的媒体娱乐公司占据了当今国际文化市场的 50％以上。其中，美国控制了全球 75％的电视的生产和制作、50％以上的电影放映时间。② 文化企业从事文化产品生产与销售的工作性质，使其成为一国文化外交必不可少的主体。

文化全球化下，面对"西强我弱"的文化局面，我国也在大力发展文化产业。如 2009 年 9 月，国务院制定了我国第一部《文化产业振兴规划》，指出通过设立文化产业基金、支持上市融资、加大知识产权保护等措施来促进我国文化产业发展，推动对外文化贸易。③ 随后，文化部制定了《文化部关于加快文化产业发展的指导意见》，提出重点发展演艺业、动漫业、文化娱乐业、游戏业、文化会展业、文化旅游业、艺术品和工艺美术、艺术创意和设计、网络文化、文化产品数字制定与相关服务十大项目。④ 2010 年 1 月在"第七届中国文化产业新年论坛"上，文化部部长蔡武指出，要通过建设现代文化产业园、培育文化人才等推动中国的文化产业发展和对外文化贸易；⑤ 同年 10 月，《中共中央关于深化文化体制改革，推动社会主义文化大发展大

---

① 上海市对外文化交流协会 [EB/OL]. [2014－08－16]. http：//www. sica. sh. cn/.
② 董伟. 经济全球化背景下的文化建设 [J]. 中国党政干部论坛，2002 (1)：17.
③ 文化产业振兴规划 [EB/OL]. 中华人民共和国中央人民政府网. (2009－09－26) [2014－08－16]. http：//www. gov. cn/jrzg/2009-09/26/content_1427394. htm.
④ 文化部关于加快文化产业发展的指导意见 [EB/OL]. 中华人民共和国文化部网站，2010－05－13.
⑤ 文化部部长蔡武：文化产业发展主要目标和措施 [EB/OL]. 新浪财经. (2010－01－09) [2014－11－27]. http：//finance. sina. com. cn/hy/20100109/10587218733. shtml.

繁荣若干重大问题的决定》提出建设社会主义文化强国的战略目标。① 2011
年 12 月,《国家"十二五"时期文化改革发展规划纲要》提出,到 2015 年
我国文化改革发展的主要目标是:文化体制改革重点任务基本完成,文化
体制机制充满活力、富有效率,有力促进文化科学发展;覆盖全社会的公
共文化服务体系基本建立,城乡居民能够较为便捷地享受公共文化服务,
基本文化权益得到更好保障;现代文化产业体系和文化市场体系基本建立,
文化产业增加值占国民经济比重显著提升,文化产业推动经济发展方式转
变的作用明显增强,逐步成长为国民经济支柱性产业;文化产品创作生产
体系不断完善,高素质文化人才队伍发展壮大,内容创新和传播能力大大
增强,精神文化产品和社会文化生活丰富多彩,更好地满足人民群众的精
神文化需求;重点媒体国际传播能力不断增强,与我国经济社会发展水平
和国际地位相匹配的媒体国际传播能力逐步形成;主要文化产品进出口严
重逆差的局面逐步改善,形成以民族文化为主体、吸收外来有益文化、推
动中华文化走向世界的文化开放格局;全民族文明素质明显提高,国家文
化软实力和国际竞争力显著提升。② 明确提出要把文化产业发展成为国民经
济的支柱产业。③

　　由于国家的高度重视和一系列扶持措施的出台,近几年,我国文化
产业得到了较好的发展。如图 4-2 所示,文化产业增加值已从 2003 年的
3 577 亿元,增长到 2013 年的 21 320 亿元,占国内生产总值比重由 1.5%
上升到 3.77%。文化产业的整体繁荣带动了文化的对外交流与文化贸易
发展。在中华文化走出去工程的框架下,商务部、中宣部、财政部、文化
部、海关总署、国家新闻出版广电总局等多个部门联合推进国家文化出口
重点企业和项目的带动下,种种利好政策促使近年来我国文化出口大幅
增加。

　　据文化部与商务部的相关数据介绍,我国文化产品出口总体保持稳步增长态
势。文化出口额已从 1992 年的不足 5 亿美元,增加到 2013 年的 251.3 亿美元(图
4-3)。就省份而言,广东省已连续多年成为我国文化产品出口第一大省。2011
年,广东出口文化产品 73.5 亿美元,增长 0.4%,占同期我国文化产品出口

　　① 吴娜. 文化体制改革十年大事记 [N]. 光明日报,2012-07-05 (9).
　　② 国家"十二五"时期文化改革发展规划纲要 [N]. 人民日报,2012-02-16 (5).
　　③ 文化科技创新工程目标:2020 年文化产业成支柱产业[EB/OL].中国新闻网. (2012-08-24) [2015-03-14]. http://www.chinanews.com/cul/2012/08-24/4131839.shtml.

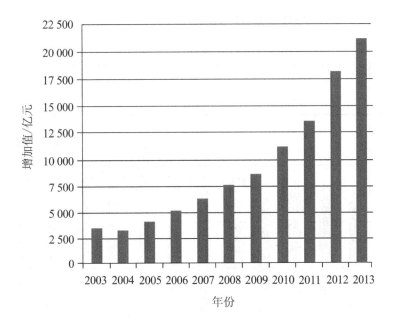

图 4-2　2004—2012 年我国文化产业增加值（不含香港、澳门、台湾地区）
资料来源：根据国家统计局相关统计数据整理绘制。

的 39.3％。就文化产品的出口类型而言，视觉艺术品和视听媒介为主要出口产品。2011 年，我国出口视觉艺术品 93.3 亿美元，增长 36.4％，占同期我国文化产品出口的 49.9％，为我国文化产品最大出口品种。①

　　在国内市场和对外出口发展的同时，国家培育出了一批具有相当实力的文化科技企业，如中国出版集团公司、中国国际电视总公司、华为、中兴、华谊兄弟、联想等知名企业。这些企业都成长于中国市场，并逐步成为跨国公司。它们在世界各地奔走，分布全球的生产、销售、管理体系，使其可以作为传播文化的窗口而发挥作用。它们生产的文化产品行销于全球市场，在为本公司获取经济回报的同时，也在客观上起到了将我国文化广播海外，输出我国文化的作用。具体表现为：第一，这些公司或多或少都与我国政府有着联系，它们可能直接承担着政府的文化交流任务以获取利润等，这样它们就充当了文化外交的主体；第二，它们的国际化之路使得它们到其他国家投资，而这可能需要获得政府的支持，这样它们在生产适合当地所需文化产品

---

　　①　2011 年我国出口文化产品 187 亿美元，同比增 22.2％〔EB/OL〕. 中国网.（2012－01－13）〔2014－08－15〕. http：//cul. china. com. cn/chuangyi/2012-01/13/content＿4758481. htm.

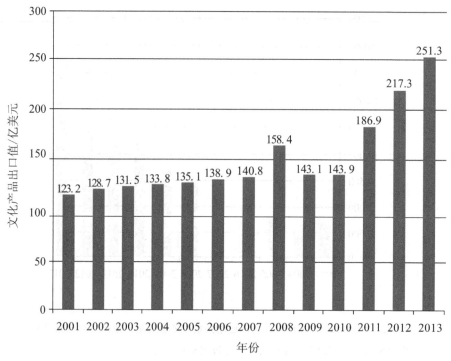

图 4-3   2001—2013 年我国文化产品出口额情况

的时候，也会最大限度地配合国家的对外战略；第三，它们派出的员工成长于我国浓厚的文化环境中，中华文化深深地印在他们身上，他们到国外工作，在适应当地文化习俗的同时，不可避免地传播着中国文化，并影响着身边的人。

第三节   中国文化外交的多样方式

文化外交的形式多种多样，纷繁复杂，按照开展文化外交的模式来看，可分为以下几种。

一、多边文化外交

我国政府与国际上的多边组织之间所开展的文化交流与合作构成了我国文化外交的多边方式。国际上有很多全球性或区域性的多边文化组织，它们对促进国际文化交流与合作起到了很大的作用。这里重点介绍我国与联合国教科文组织的文化交流与合作。

我国是联合国教科文组织的创始会员国。1971 年我国恢复为联合国常任理事国后，也一并恢复了在教科文组织的合法身份。1972 年我国政府派出以时任驻法国大使黄镇为首的代表团出席了教科文组织第 17 届大会，受到与会各国的热烈欢迎。清华大学张维教授在会上当选为执行局委员。1974 年，我国向教科文组织派出常驻代表团。但直到 1978 年之后，我国才开始比较广泛地参与教科文组织在各业务领域的活动，不仅积极参加教科文组织大会和执行局会议，而且开始积极参与其业务活动，逐步进入了一个全面合作的新阶段；还于 1979 年 2 月，根据《联合国教科文组织组织法》和《联合国教科文组织全国委员会宪章》的有关要求，正式成立中华人民共和国联合国教科文组织全国委员会，负责为中国政府及有关部门提供情报和咨询服务，负责协调中国有关部门涉及教科文组织的工作，并负责与该组织秘书处和各会员国全国委员会的联络工作。目前，中国联合国教科文组织全国委员会由 28 个中央政府部门和全国性群众团体及专业协会组成。1984 年，教科文组织也在北京设立科技代表机构，1990 年改设驻北京办事处，1991 年起负责同中国及东北亚国家的联系与合作。中国与教科文组织的合作重点在文化领域，涉及人员培训、教育、科学等方方面面，特别是 20 世纪 80 年代以来，中国文化界和政府有关部门与教科文组织在文化领域开展了多种形式的合作，主要有参加教科文组织主办的世界文化会议，或在教科文组织开展中国文化活动，与教科文组织在出版和宣传方面及在世界文化遗产保护上的合作。

二、双边文化外交

中国文化外交的府际方式，是指我国政府与外国政府之间所开展的双边文化交流与合作。这对于促进双边文化关系具有重要的导向与推动作用。这些年，受各国政府广泛欢迎的结交友好城市的形式就是政府开展文化外交的重要办法。而城市发展与文化两者之间的关系也变得更加紧密。友好城市是中国地方政府文化外交的重要途径。在全球化的进程中，城市发展到了前所未有的规模，出现了规模庞大的国际性城市、城市群。城市也逐步成为国际关系中的次行为主体。以友好城市交往为主要内容的城市外交是国家总体外交的组成部分，而文化外交是城市外交的重要内容之一。第二次世界大战结束后，这种结交友好城市的形式，对于第二次世界大战期间的欧洲敌对国家政府及人民的和解，尤其是对有世仇的法德两国的和解发挥了重要作用，可以说是一种友谊的黏合剂。1956 年 9 月 11 日，美国总统艾森豪威尔号召美国人民开展国际民间交流活动，倡导和发起全国性的对外建立友好城市活动，希望通过市民间的文化、教育、经贸交流，建立一个"民主、自由与和平"的世界。

据中国国际友好城市联合会的统计，自 1973 年天津市与日本神户市结成我国第一对国际友好城市以来，对外结交友好城市的工作取得不断进展。截至 2014 年 8 月 16 日，我国有 30 个省、自治区、直辖市（不包括台湾、香港及澳门特别行政区）和 442 个城市与五大洲 133 个国家的 465 个省（州、县、大区、道等）和 1 452 个城市建立了 2 131 对友好城市（省州）关系。① 随着城市之间经济交往的增多，地方政府注重利用文化交流来宣传城市，扩大影响。有学者指出："文化是城市的灵魂，城市是文化的标记。""21 世纪世界城市的竞争是文化生产力的竞争。"自然，文化成了"友城交流合作的纽带"②。城市对其友好城市的文化外交能够有效地推动文化繁荣，增进城市活力，提升城市国际知名度。以最早结交友好城市的天津市为例，1973 年天津市与日本神户结为友好城市以后，每逢重要的节庆，尤其有关中日友好的活动，神户方面都要邀请天津的艺术团体前往演出，天津市经常通过组织文艺团体演出，举办历史文物展、电影周等活动去宣传天津。1985 年，天津与意大利伦巴第大区结为友好城市，双方在经贸、科教、文化等各领域的对话与合作不断加强。2005 年 10 月，中意建交 35 周年之际，在意大利举行的"中国天津周"全面展示了天津市对外交流与合作的成果，以及当代中国人的精神风貌。中葡之间的友城缔结也取得了重要进展，截至 2010 年 6 月，我国已有 7 座城市与葡萄牙的 7 座城市结为友好城市，其中就包括两国的首都"北京—里斯本"这样重量级的友城（表 4-1）。城市作为我国文化外交的次行为体，积极发展对外友好城市工作，对于尊重不同城市的文化个性，推进城市文化交流，推动世界各民族、各国家、各城市人民的相互理解，推动一个城市的发展和国际化水平的提升，都具有积极的意义。

---

① 中国国际友好城市联合会. 友城统计 [EB/OL]. 中国国际友好城市联合会网站. [2014－08－17]. http：//www. cifca. org. cn/web/YouChengTongJi. aspx.

② 文化是友城交流合作的纽带 [EB/OL]. 中国国际友好城市联合会网站. (2014－08－03) [2014－08－20]. http：//www. cifca. org. cn/web/Details. aspx？id=2386.

表 4-1　中葡友好城市统计情况

中方城市	葡方城市	结好时间
无锡市	卡斯凯什市	1993 - 09 - 14
珠海市	布朗库堡市	1994 - 09 - 29
上海市	波尔图市	1995 - 04 - 15
铜陵市	莱里亚市	2000 - 09 - 27
北京市	里斯本市	2007 - 10 - 22
海口市	法鲁市	2008 - 05 - 12
青岛市	里斯本市	2010 - 06 - 18

资源来源：中国国际友好城市联合会网站。

三、官方文化外交

这里的官方文化外交，主要是指一国政府对外国公众所开展的文化交流活动。一国政府对外国公众所开展的文化外交活动多种多样，其中，最重要的一种形式就是对外艺术展览。中华民族的文化艺术是世界艺术殿堂的瑰宝，对外艺术展览一直是我国对外文化外交的特色之一。新中国成立初期，政府设置了中国国家艺术展览公司来具体负责中国对外艺术展览工作，展览对象主要是其他社会主义国家的公民。这一时期对外展览的主要是各种规模的图片展览，内容多为国内建设成就和人民生活及文化名人生产事迹等。新时期，随着国内文化艺术的繁荣发展，对外艺术展览出现了一个生机盎然的崭新局面。不仅对外展览项目剧增，展出作品的艺术水平有了很大提高。这类展览有专业性的，也有综合性的；有地区性，也有全国性的；有现代的，也有传统的。

第一，绘画展。中国出展的绘画作品都具有鲜明的民族风格和强烈的时代感。2011 年 12 月、2012 年 3 月，以"水墨中国：中国当代国画精品展"为主题的"中国美术世界行"活动分别在葡萄牙里斯本和波尔图两大城市展出。展览汇集了数十位当代中国画名家最新创作的佳作，展现了以形写神、形神兼备、气韵生动的中国传统艺术境界，体现了中国画对自然、社会及与之相关联的政治、哲学、宗教、道德、文化等方面的认识，反映了中华民族的文化意识和审美情趣，表达了中国人"天人合一"的哲学理念，给葡萄牙观众带去了中华文化的视觉享受。① 文化是沟通人与人心灵和情感的桥梁，

---

① 张雪. 水墨中国：中国当代国画精品展亮相葡萄牙 [EB/OL]. 光明网. (2011 - 12 - 02) [2013 - 02 - 01]. http://shuhua.gmw.cn/2011/12/02/content_ 3096432. htm.

是国与国加深理解和信任的纽带。展览促进了葡萄牙人民对中国和中华文化的更深入的认识和了解，有利于增进两国人民的友谊。

第二，工艺品展。中国工艺美术具有数千年的悠久历史，素以品种繁多、技术精湛著称于世，其主要品种有雕刻、陶瓷、刺绣、印染、灯彩等。1981年，中国工艺品展首次参加加拿大"人与世界"博览会，展出70天，观众达345 000人次，是整个博览会最受欢迎的展览，受到了加拿大人民的高度评价和喜爱。1985年在苏联举办的"中国工艺美术展"吸引了众多苏联观众，展出期间，门庭若市，盛况空前，不少观众还在留言簿上流露出对中国的友好感情，表达了对中苏关系正常化的期盼。

第三，文物展。中国是世界四大文明古国之一，拥有众多保存较好的文物古迹。文物展一直是中国文化外交的特色内容。自20世纪50年代起，我国就开始举办海外中国文物展；20世纪70年代后，展出范围从苏联、日本等邻国，逐步扩大到英、德、美等西方国家，受到各国人民的热烈欢迎，各国出现了中国文物热。文物出国展览的内容、形式、途径也日趋多样化，筹办工作实行中央与地方并举，展出国家遍及欧洲、亚洲、美洲和大洋洲。文物展对打开中国外交关系局面，改善和促进对外友好关系起到了重要作用。

四、民间文化外交

华人华侨是联系中国与世界的桥梁，是传播中华文化的重要载体。很多华人社团创办了自己的海外华文媒介，致力于弘扬中华文化，推动华人社会团结，推动所在国国民与中国人民的友谊。这些媒介既是维系所在国华人华侨的纽带，也是世界了解中国的重要窗口。传播中华文化、凝聚民族情结是各地华人社团开展活动的重要内容。散布在世界各地的华人华侨及其社团组织作为非政府组织是中国文化外交的重要资源，在弘扬中华文化、促进中外文化交流中起着重要的作用。

另外，改革开放后，我国也拥有了一大批具有海外背景或海外联系的公民。他们或以个人，或以组织团体，也在加强着与国外个人或团体的文化教育交流。如从海外留学归来的学生，他们都保持着与其留学国老师、同学和朋友的交流往来，遇到一些重要节日都会互致问候，一些重要国际事件也会互相探讨、交流看法。

第五章　中国文化外交的发展历程与积极效应

美国知名政治学家亚历山大·温特认为："一个国家的身份和利益是在不断发展的……当国家采取利己的对外政策时，这样的对外政策是承担和再现着一种国家身份的特殊概念。"① 因而，外交政策历来是一个国家自身利益和价值追求的反映。② 但是"国家利益和国家身份并非先验给定的，它们在国内和国际因素互动进程中不断发生演变"③。国家利益、身份和价值追求不同，由此确定的外交政策也将相异。这样，一国的外交政策演变就会呈现出一条不断变化发展的美轮美奂的历史轨迹，并对其内部和外部世界产生影响。新中国成立后，我国的外交方针经历了 20 世纪 50 年代的"一边倒"，60 年代的"两个拳头出击"，70 年代的"一条线""一大片"，80 年代以来的"对外开放"战略，进入 21 世纪，又融入了"和平发展""和谐世界""中国梦"等新的外交理念。④ 这些外交战略都深深地影响了外交中的重要组成部分——文化外交。

---

① 亚历山大·温特. 国际政治的社会理论 [M]. 张小明，译. 上海：上海人民出版社，2000：427.

② Berridge G R. Diplomacy：Theory and Practice（The Third Edition）[M]. New York：Palgrave Mamilian，2005：1.

③ 玛莎·费丽莫. 国际社会中的国家利益 [M]. 袁正清，译. 杭州：浙江人民出版社，2001：5.

④ 党的十六大报告中继续重申了中国将执行"独立自主的和平外交"战略或政策，但楚树龙教授在《世界经济与政治》2003 年第 6 期《全面建设小康时期的中国外交战略》一文中指出："从一定意义来看，'独立自主'不是自 20 世纪 90 年代以来中国外交战略的实质或实际内容，也不会是今后二十年中国外交的实质和主要内容，它仅是个形式或方式。中国的总体外交战略将从'独立自主''和平环境'走向'共同发展与安全'。"

第一节　中国文化外交的历史阶段

中国是一个有着数千年文明史的古国，中华文化是世界上唯一没有中断过的古老文明，因此，中国人不仅喜欢仰望星空，展望未来，也自豪于自己的历史渊源，并善于从历史中资鉴未来。唐太宗曰："以古为镜，可以知兴替。"明代学者杨宗气说："治天下者以史为鉴，治郡国者以志为鉴。"习近平也指出："都应该读点历史，从中汲取有益于加强修养、做好工作的智慧和营养，不断提高认识能力和精神境界。"① 足见了解历史、感悟历史的重要性。研究中国的文化外交，自然要了解中国文化外交的历史。在前面，我们已经论述了文化交流古已有之，但文化与外交有意识地结合，却是近几十年来的事情。因此，以时间轴来分析中华人民共和国成立以来中国的文化外交轨迹，本章暂且就前四个时期：毛泽东时期、邓小平时期、江泽民时期和胡锦涛时期来分析中国文化外交的鲜明个性及其连贯性和共通性。

一、毛泽东时期的文化外交

毛泽东时期的外交是开创性的，它打破了旧中国任人欺辱的局面。文化外交作为外交的重要部分，这一时期的对外文化关系具有先破后立的特征。所谓不破则不立，这一时期，我国的文化外交首先是"打扫干净屋子"，然后在"另起炉灶"的基础上，与社会主义国家、发展中国家和资本主义国家开展文化外交。

（一）为文化上的"另起炉灶"而"打扫文化屋子"

鸦片战争中国战败后，英、美、法等列强胁迫中国签订了《天津条约》《望厦条约》《续增条约》等一系列不平等条约。通过这些条约，它们攫取了一系列在华文化特权，如"耶稣圣教暨天主教原系为善之道，待人如己。自后凡有传授习学者，一体保护，其安分无过，中国官毫不得刻待禁阻"②；"任法国传教士在各省租田买地，建造自便"③；"合众国民人在五港口贸易，

---

① 习近平出席中央党校 2011 年秋季学期开学典礼并讲话 [J]. 传承. 2011（11）：49.
② 王铁崖. 中外旧约章汇编：第 1 册 [M]. 上海：上海三联书店，1982：97.
③ 同②，147.

或久居，或暂住……并设立医馆、礼拜堂及殡葬之处"①。在攫取了这些特权后，西方列强就在中国任意建医院、办学堂，搞文化侵略，文化因素在帝国主义侵华中扮演了重要角色。因此，全新的中国要把这些"打扫干净"。新中国开展文化对外交流的前提条件是肃清各帝国主义在华文化教育等方面的影响，为此，主要做了以下三方面的事情。

（1）取消帝国主义在华新闻机构的活动。这方面的工作始于解放战争后期。各个地方的军事管理委员会在接收城市的同时，也着手清理外国势力在我国建立的官方和半官方的宣传机构，目的在于粉碎帝国主义趁中国政权更替之际利用新闻舆论制造社会恐慌的阴谋。如 1949 年 2 月，北平军管会通令，"禁止所有外国通讯社和外国记者在北平开展活动，外国人不得在北平办报纸、杂志，禁止北平的美国新闻处发布新闻稿"②。接着，南京、上海等大城市也采取了同样的措施。中华人民共和国成立后，为维护社会稳定，控制新闻舆论，"中国政府停止了美国新闻处的活动，严格限制英国文化委员会的活动，禁止外国侨民在华擅自兴办报纸、杂志和刊物，禁止同中国无外交关系国家的通讯社和记者在华活动"③。

（2）建立独立自主的宗教事务。宗教对一国社会具有十分重要的影响，但长期以来，中国的基督教和天主教受制于帝国主义势力。为维护中国人的信教自由，中国基督教界于 1950 年 7 月"发表了《中国基督教在新中国建设中努力的途径》的革新宣言，号召中国基督教徒割断同西方教会的关系，在短期内完成'自治、自传、自养'的革新运动。这一宣言得到了中国基督教徒的广泛支持。1954 年 7 月，中国基督教第一届全国会议在北京举行，会上正式成立了中国基督教三自爱国运动委员会"④。中国天主教也在 1950 年 11 月发表了《天主教自立革新运动宣言》，表达了独立发展的意愿和决心。⑤ 从此，西方教会对我国基督教和天主教的控制局面结束。

（3）逐步清理外国人经办或接受外国津贴的文化教育机构。在中国大陆即将全面解放之时，中共中央即指示："外国人办的学校，已办之私立外国学

---

① 王铁崖. 中外旧约章汇编：第 1 册 [M]. 上海：上海三联书店，1982，54.

② 缪开金. 中国文化外交研究 [D]. 北京：中央党校，2006.

③ 林祥庚. 毛泽东与我国主权的收复——纪念毛泽东诞辰 110 周年 [J]. 中共福建省委党校学报，2003（12）：10－14.

④ 中共中央党史研究室. 中华人民共和国大事记（1949 年 10 月至 2009 年 9 月）[N]. 人民日报，2009－10－03（2）.

⑤ 同④.

校，暂许其维持现状，但其校长必须为中国人；其学校经费，必须报告来源；其课程，必须照其他学校的规章，同一办理。新请成立者，不予批准。其专为在华外国儿童主办的外国小学校，许其存在，但亦须报告备案。外国人办的文化机关。已办者，经一个时期调查后，视情况，并得中央批准，或派员监督；或实行改组；或派人接收。新来接洽者，暂置不理。"① 之后，教育部于 1951 年 1 月召开有关使用外国津贴的高等学校的会议，拟定了三条处理方案，即"一、立即接收，改为公立；二、暂时维持私立，准备条件改为公立；三、继续由私人办理，改组董事会及学校行政领导，使其成为完全由中国人自己办的私立学校"②。后来，随着形势的发展，中央人民政府决定"一律接办接受外国津贴的高等学校，改为公立高校"；一些大行政区也决定"接受外国津贴的中等学校由各地人民政府或中国人民团体接办"③。从此，中国大陆的大学和中学一律由中央人民政府或其他各级人民政府接办。

包括以上三方面在内的一系列举措一举铲除了帝国主义在华一百多年来的文化特权和文化势力，基本上把我们的"文化屋子"打扫干净了，为新中国在平等互利的前提下同各国建立文化关系奠定了基础。

（二）在和平共处五项原则的基础上，开展文化外交

1. 与苏联等社会主义国家的文化外交

新中国成立后，资本主义与社会主义两大阵营对峙的局面已经形成，我国的外交回旋余地很小。面对以美国为首的西方阵营的敌视和封锁局面，新中国只有采取站在以苏联为首的社会主义阵营一边的"一边倒"策略。因此，新中国成立初期，我国文化外交的首要对象是社会主义国家，并形成了这一时期中国文化外交"一宣传、三寻求"的指导思想和方针。所谓"一宣传"，即宣传中国革命的伟大胜利；"三寻求"，即寻求友谊、寻求和平、寻求知识。以此增进世界人民对中国的了解，促进国家间的人民友谊，同时，为中国社会主义建设寻得经验和知识。

在与社会主义阵营的文化外交中，苏联是重中之重。1950 年 2 月中苏签

---

① 中央关于外交工作的指示（1949）[EB/OL].中国共产党新闻网.[2014－08－16].http://cpc.people.com.cn/GB/64184/64186/66650/4491619.html.

② 教育部召开有关外国津贴的高等学校会议[EB/OL].人民网.（2003－08－01）[2014－08－14].http://www.people.com.cn/GB/historic/0116/638.html.

③ 裴坚章.中华人民共和国外交史（1949—1956）[M].北京：世界知识出版社，1994：270—272.

订《中苏友好同盟互助条约》，确定了双方的同盟关系。在此条约的第五条提到，要"发展和巩固中苏两国之间的经济与文化关系"①，这是中华人民共和国与外国政府之间首次以条约的形式肯定发展和巩固双边文化关系。之后，中苏签订两国《文化合作协定》，详细地规定了促进两国文化关系的方方面面。② 在这些条约的推进下，中苏两国的文化外交取得了较快发展：①两国作家、诗人、戏剧家之间的"文学之交"。郭沫若、茅盾、老舍、巴金等中国著名作家先后访问苏联，法捷耶夫、爱伦堡、西蒙诺夫等苏联著名作家也到中国进行访问。这种文化艺术家的互访促进了两国文艺界的相互了解和文学艺术事业的发展。②翻译出版及图书进出口事业。这段时期，中苏互相引进了对方大量的作品。"以1956年为例，中国从苏联进口的书籍即有11 500多种，总计290多万册；中国向苏联出口的书籍也在10万册以上；中国翻译出版了2 400多种苏联书籍，发行量达2 630多万册。苏联也相应翻译出版了很多中国作家的作品，发行量达1 000多万册。"③ ③留学生培养。1951—1957年，中国共向苏联派出6 300多名留学生。④电影方面。"1949—1956年，中苏经常互办电影周，中国共翻译和放映了405部苏联电影。许多重大革命历史题材的影片对中国观众特别是青年人有着重大的教育意义"④。这些对于加强中苏战略合作和两国人民的友谊起了相当大的推动作用。

此外，我国也与其他社会主义国家签订了文化合作协定和年度执行计划及科学合作、保健合作、广播新闻合作和体育往来的协议，这些有效地推动了在文化各个领域的交流与合作。从1949年年底到1958年年底的9年间，中国文化部门共接待社会主义国家的文化代表达1.74万人次，占对外文化友好代表往来总人数的70％以上。这些往来的代表加深了彼此的认识，培育了彼此的感情。同时，文化外交也促进了新中国成立初期的文化建设。如成功引进芭蕾舞、交响乐、歌剧、油画等西方古典艺术，并在短时期内培养了大批懂得西方艺术的优秀文艺人才。特别是，对外文化交流不断加快的步伐也促进了国内相关机构的设立，如先后建立了中央歌舞团、东方歌舞团、中央

① 中苏两国关于缔结友好同盟互助条约及协定的公告［EB/OL］. 新华网.［2014－08－16］. http：//news. xinhuanet. com/ziliao/2004/12/15/content_2336329. htm.
② 中华人民共和国和苏维埃社会主义共和国联盟文化合作协定［EB/OL］. 中国人大网.［2014－08－16］. http：//www. npc. gov. cn/wxzl/wxzl/2000/09/05/content_285. htm.
③ 缪开金. 中国文化外交研究［D］. 北京：中央党校，2006.
④ 同③.

实验话剧院、中央芭蕾舞团、中央实验歌剧院、北京舞蹈学校等一批重要文艺院校，成为文艺人才培养、文化交流的摇篮。

2. 与亚非拉发展中国家的文化外交

新中国成立初期，我国文化外交的又一个重点就是与广大的亚非拉国家建立文化交流与合作。根据"文化先行，外交殿后"的方针，新中国成立初期，我国以文会友，带动了与缅甸、印度、巴基斯坦、锡兰（斯里兰卡）、阿富汗等邻国及埃及、苏丹、埃塞俄比亚等非洲国家的友好关系，有的甚至建立了正式外交关系。按照毛泽东和周恩来"讲学术、交朋友、细水长流"的要求，这一时期，我国文化代表团先后访问印度、缅甸、印尼、朝鲜、匈牙利、东德、波兰、罗马尼亚、苏联、芬兰、日本等国。访问期间，中国代表团在当事国举办了规模较大的中国文化艺术表演或展览会，受到当地人民的热烈欢迎。

同时，我国也积极通过多边会议，促进文化外交的层次从一般性的文化交流进入了深层次的文化合作。如 1955 年亚非 29 国万隆会议期间，周恩来总理发言提出："我们亚非国家需要在经济和文化上合作，以便有助于消除我们在殖民主义的长期掠夺和压迫下所造成的经济上和文化上落后状态。"① 呼吁亚非国家之间开展文化合作，并将"文化合作"写入大会最终通过的《亚非会议最后公报》②，打开了中国与亚非拉各地区的文化外交之门。

文化交流增进了中国人民与亚非拉广大发展中国家人民的了解和友谊，扩大了中华人民共和国在国际舞台上的影响，文化交流起到了"先行官"的作用。

3. 与西方发达资本主义国家的文化外交

新中国成立初期，为打破内外交困局面，除了与社会主义国家和广大亚非拉国家结好外，我国也积极与包括西方国家在内的世界各国结好。1954年，周恩来谈道："我们要求一个和平的环境，一个和平的世界。因此，我们要巩固和发展同苏联及人民民主国家的团结合作关系……也要扩大同世界各

---

① 周恩来.在亚非会议全体会议上的发言 [EB/OL]. 周恩来纪念馆. [2014－08－16]. http：//agzy. youth. cn/mzh/jng/zel/zzxz/201009/t20100907＿1331107＿2. html.

② 1955 年 4 月 18 日万隆会议开幕 [EB/OL]. 中国共产党新闻网. [2014－08－16]. http：//cpc. people. com. cn/GB/64162/64165/78561/79764/5597477. html.

国的经济和文化联系。"① 1956 年 4 月，周恩来在第二次驻外使节会议上谈外交工作时再次指出："我们的外交包含政治、经济、文化三个方面，而且往往是经济、文化打先锋，然后外交跟上来……各驻外使馆应重视贸易和文化工作。"② 1956 年 9 月，周恩来在党的第八次代表大会上发表《关于政治报告的决议》，阐述中国在国际事务中的方针时，也明确指出："同一切愿意同我国建立外交关系和经济文化关系的国家建立和发展正常的外交关系和经济文化关系。"③ 为此，我国大力倡导开展民间外交，加强与各国的经济、文化交流。中外之间的文化关系与经济关系促进了双方的了解与互信，出现了"经济文化交流先行，外交跟进"的良好局面。特别是随着我国对外战略逐渐过渡到"三个世界"后，我国加强了与西方国家的外交关系，其中，取得突破性进展的是与法国和美国的建交。以下重点介绍中法文化交流与建交。

中国和法国分别是东方和西方具有代表性的两个文化大国，两国的文化交流在双边关系中发挥着重要的作用。初期，法国追随美国参与围堵新中国。但两国之间的民间往来十分频繁，并逐渐升级，推动着中法之间的外交关系发展。1952 年 3 月，在巴黎举办"新中国展览会"，展出了中国的许多珍贵文化、艺术品、书籍及访问过新中国的法国进步记者和作家的著作。1952 年 4 月，新中国成立后的第一批法国知名人士——和平理事会主席法奇和诗人鲁瓦到北京参加中国人民纪念世界四大名人活动，并进行了友好访问。法奇在亲身观察了新中国的巨大变化后，感慨地说："我对中国人民怀有一种深深信任的感情。中国人民已实现了全国的大团结……我深深体会到你们新民主主义政治的优越性。"④ 同年 9 月，法国青年代表团作为第一个访问新中国的西方社会团体，受到了中国青年团体的热情接待。1954 年 12 月，应法国接待委员会主任德拉马尔夫人的邀请，中国妇女代表团对法国进行友好访问，受到法国各阶层人士的热情欢迎。1955 年 9 月，周恩来会见了来华访问的埃德蒙·密歇勒等 4 位法国参议员。1955 年 9 月至 10 月，法国著名的存在主义哲学家、作家萨特及其女友波伏瓦应中国人民对外友好协会的邀请到中国

① 石善涛. 改革开放以来中国对外文化交流工作的开拓与创新 [EB/OL]. 中华人民共和国国史网 [2014－08－16]. http://www.hprc.org.cn/gsyj/yjjg/zggsyjxh＿1/gsnhlw＿1/baguoshixslwj/201110/t20111018＿162333.html.
② 宋恩繁. 中华人民共和国外交大事记：第 1 卷 [M]. 北京：世界知识出版社，1997：255.
③ 关于政治报告的决议 [N]. 人民日报，1956－09－28 (1).
④ 沈炼之. 法国通史简编 [M]. 北京：人民出版社，1990：674.

进行为期一个半月的访问。此行，他们先后访问了北京、南京、上海、沈阳、杭州、广州等众多城市，并参加了 1955 年的国庆盛典。在身临其境之后，萨特写了《我对新中国的观感》一文，文中热情地称赞了新中国建设的速度，描绘道："这个伟大的国家正不断地在转变。当我到达这里的时候，我那些从中国回到法国的朋友所讲的情况已经不再完全正确。等过了一星期，我再说的话，也不会是完全正确的了。"① 波伏瓦回到法国后出版了一部"对当时西方世界了解中国起到了很好的推动作用"② 的关于中国的著作，取名为《长征》。该书以西方人士为读者，详细介绍了中国的政治、经济、军事和文化情况。1957 年 5 月，毛泽东在与来华访问的法国前总理埃德加·富尔谈话时，引用"鹬蚌相争，渔翁得利"的中国寓言表达了中法之间应建立正常关系的愿望。③ 富尔深有感触，并借用毛泽东的诗词"一桥飞架南北，天堑变通途"来表达希望法中关系能够实现良好发展的殷切之情。这一系列的文化交流使得中法之间的往来不但没有中断，反而更加频繁，构成了中法建交的前奏曲。法国逐渐推行独立外交及中国因形势变化而逐渐放弃"一边倒"策略，为中法两国进一步发展外交关系提供了广阔前景。

1961 年，戴高乐建议"先发展中法之间的经济和文化关系"④，之后中法两国加强了文化领域的合作交流。文化交流带动了中法外交关系。1964 年，两国发表联合公报以示建交。戴高乐在解释法国推动中法建交的动因时说："建交是中法贸易、科技文化交流合作的结果。"⑤ 中法建交犹如"亚洲的一次外交核爆炸"，打破了美国孤立中国的阴谋。

毛泽东时期的外交是开创性的，受到了党和国家领导人的高度重视。周恩来总理更是长期主管，甚至兼任外交部部长，以发展我国的外交事业。"文化先行，外外有别"是这一时期外交工作的鲜明特征，文化外交对打开中国外交局面起到了积极作用。美国学者哈伯特·帕森对这一时期的中国文化外交特征作了这样的评价："中国文化外交方式的一个深刻特点值得我们重视，对比一些国家的社会力量的重要性及文化外交易受其影响，中国的方式务实

① 杨建民.萨特在北京过国庆 [N].环球时报，1955－11－02（11）.
② 杨建民.1955 年萨特与波伏瓦在北京过"十一"[N].中华读书报，1955－05－28（5）.
③ 刘万镇，李庆贾.毛泽东国际交往录 [M].北京：中共党史出版社，2003：178.
④ 杨元华.从黄埔条约到巴拉迪尔访华：中法关系（1844—1994）[M].福州：福建人民出版社，1995：195.
⑤ 同④，199.

有效而不是马克思主义的教条。"① 中国共产党人求真务实的精神为这一时期的文化外交赢得了友谊，并为之后的改革开放提供了方向并做好了铺垫。

二、邓小平时期的文化外交

邓小平主政时期最大的特点是对内改革与对外开放。这种特点直接影响到这一时期我国的文化建设及文化外交。

（一）确立文化教育的重要性与开放性格局

1977 年 7 月，邓小平第三次复出后，主管全国的科技和教育工作。随即在 1977 年 8 月 4—8 日主持召开了一次科学和教育工作座谈会。此次座谈会定下了恢复高考制度和逐步恢复知识分子相关权利的政策，改变了知识界的面貌。在 1978 年 3 月召开的全国科学大会上，邓小平明确提出"科学技术是生产力"，"知识分子'是工人阶级自己的一部分'"；同年 4 月 22 日召开全国教育工作会议，积极号召要"尊重知识，尊重人才"②，并通过恢复研究生制度、职称制度等来落实知识分子政策，推动科技教育界的改革，一下子就带动了全国各个方面，促进了全中国的改革开放。③ 除了内部的文化教育改革外，邓小平还指出"教育要面向未来，面向世界"，积极派遣留学生到海外留学，"要成千成万地派，不是只派十个八个"，"要千方百计加快步伐，路子要越走越宽"，"教育部要有一个专管留学生的班子"④。我国于 1978 年年底开始向美国等国家第一次大规模派出留学生，到 1982 年，已派出大学生、研究生、进修生共约 1 万人。⑤ 1978 年 12 月召开的十一届三中全会更是将全国的工作重心转移到了经济建设方面，全面拉开了我国改革开放的序幕。

---

① "文化先行"是指在发展对外关系时，以文化为先行官，首先发展良好的文化关系，再促进其他如经济关系、政治关系的发展。"外外有别"：对西方发达国家，通常以弘扬中华悠久历史文化为主；由于亚非拉各国处在不同的社会制度和国际关系下，还存在不同的思想意识分歧，文化外交的内容更多地偏向传统文化和地方特色节目；对社会主义国家则宣传以中国革命胜利为内容的现实主义题材。

② 1978 年 4 月 22 日全国教育工作会议开幕[EB/OL]. 中国共产党新闻网. [2014－08－16]. http://cpc.people.com.cn/GB/64162/64165/78561/79769/5605059.html.

③ 吴明瑜. 追忆 1978 年全国科学大会 [EB/OL]. 北京文艺网. (2008－09－28) [2014－08－16]. http://www.artsbj.com/Html/observe/zhpl/bjfx/wh/82762_3.html.

④ 1978 年邓小平做出扩大派遣留学生重要战略决策 [EB/OL]. 中国教育新闻网. (2009－09－29) [2014－08－16]. http://www.jyb.cn/world/cglx/200909/t20090929_314106.html.

⑤ 1978 年：邓小平拍板增派留学生始末 [N]. 文摘报，2008－07－04 (8).

（二）落实对外开放，开展文化外交

1979年，中央决定设立深圳、珠海、汕头与厦门这四个经济特区。邓小平说："特区是个窗口，是技术的窗口，管理的窗口，知识的窗口，也是对外政策的窗口。从特区可以引进技术，获得知识，学到管理，管理也是知识。特区成为开放的基地，不仅在经济方面、培养人才方面使我们得到好处，而且会扩大我国的对外影响。"并指出，"我们建立经济特区，实行开放政策，有个指导思想要明确，就是不是收，而是放"①。此后，逐渐形成了全方位、多层次、广覆盖的开放格局。

在形成了全方位的对外开放局面后，文化外交战线也全面突破，不仅"巩固老朋友"，还要"结交新朋友"。一方面，继续与社会主义国家和第三世界国家开展积极的文化交往。1979年起，中国政府文化代表团访问了众多的发展中国家。"从1980年到1990年，在中国与外国签订的79个文化合作协定中，与发展中国家签订了71个，占总数的89%。在签订的220个年度文化交流执行计划中，与发展中国家签订了159个，占总数的67%。"② 这充分体现了中国与发展中国家人民日益巩固和发展的情谊。另一方面，加大对西方发达国家文化外交力度。通过文化交流打开与西方合作的窗口。邓小平指出："我们要向资本主义发达国家学习先进的科学、技术、管理经验方法以及其他一切对于我们有益的知识和文化。"③ 1978年1月邓小平在会见来华访问的法国总理雷蒙·巴尔时说："（中法）双方在经济领域、科技方面、文化方面都要创造条件，积极发展这些方面的关系，特别是要积极发展科学技术的交流。"④ 1979年8月，邓小平与美国副总统沃尔特·弗雷德里克·蒙代尔共同签署了中美1980年和1981年文化交流执行计划，并指出两国在文化和科技领域的合作交流，有助于进一步促进中美两国人民之间的友谊。1980年10月，邓小平在会见以美国国际交流署署长为首的美国政府文化代表团时说："中国同美国的交往历史比较久，特别是文化交往，尽管当时的形势、条件和性质都和现在不同，但通过彼此之间的交往，对两国人民之间的相互了解是

---

① 1979年：创办经济特区［EB/OL］. 新华网.（2009−09−07）［2014−08−16］. http://news.xinhuanet.com/politics/2009/09/07/content_12007863.htm.

② 中华人民共和国文化部对外文化联络局. 中国对外文化交流概览：1949—1991［M］. 北京：光明日报出版社，1993：71.

③ 邓小平文选：第2卷［M］. 北京：人民出版社，1994：44.

④ 邓小平年谱（1975—1997）［M］. 北京：中央文献出版社，2004：256.

起了作用的。"① 进一步表达了通过文化交流促进中美两国相互了解的观点。此外，我国也积极开展对外文化艺术绘画展览，如 1980 年《伟大的中国青铜时代展览》在纽约、芝加哥、波士顿、沃斯堡和洛杉矶相继展出，这次展览共展出了 105 件具有重大科学研究价值和工艺水平极为精湛的青铜器，对于美国人民了解中国古代文明具有积极意义。② "1982 年，由 15 位现代画家所作的 50 幅作品组成的《现代中国画展》赴美国展出，1983 年赴日的《中国秦代兵马俑展览》，1987 年《中国当代杰出画家齐白石作品展》及 1988 年《中国古代艺术展览》的赴美展出，都收到了当地观众的热烈反响。"③ 如此种种，中国以开放的态度所开展的文化外交取得了丰硕的效果。到 20 世纪 80 年代末 90 年代初，"中国已与世界上 160 多个国家和地区有不同形式的文化往来，与数千个外国文化组织保持着多种形式的联系。1980—1991 年，我国与外国签订了 91 个政府间文化合作协定、253 个文化交流执行计划，交流的范围涉及文化、艺术、教育、新闻、出版、广播、电影、电视、图书、博物馆等方面"④，为发展中国人民与世界各国人民的友好关系做出了积极的贡献。

（三）文化搭台，经济唱戏

在我国改革开放的事业中，海外（境外）的华人华侨是先锋力量，起到了积极的带动作用。语言相通、文化相承促使海外华人华侨支持祖国的经济建设。文化是联系广大华人华侨的精神纽带，为我国"文化搭台，经济唱戏"提供了便利优势。归国华侨、厦门大学南洋研究专家林金枝教授分析指出："1979—1987 年，港澳地区和其他海外华人投资数约占这一时期我国实际吸收国际投资的 55％。"⑤ 厦门大学华侨研究专家庄国土教授也分析认为："从 1979 年到 1991 年，海外华人华侨在华投资达到 179.32 亿美元，约占整个外商在华投资的 66％。"⑥ 除了吸引华人华侨投资外，各地也在"舞文唱经"，利用自身的文化优势，把文化、经贸、旅游充分结合起来。如 1983 年开始举

① 邓小平年谱（1975—1997）[M]. 北京：中央文献出版社，2004：547.

② 马承源. 灿烂的青铜时代之花——中国青铜器在美展出 [J]. 今日中国（中文版），1980（Z3）：75.

③ 中华人民共和国文化部对外文化联络局. 中国对外文化交流概览：1949—1991[M]. 北京：光明日报出版社，1993：78.

④ 同③.

⑤ 林金枝. 海外华侨华人在中国大陆投资历史的回顾与展望 [J]. 南洋问题研究，1991（1）：54.

⑥ 庄国土. 华人华侨与中国的关系 [M]. 广州：广东高等教育出版社，2001：391.

办的洛阳牡丹文化节使洛阳城闻名天下；自 1984 年山东潍坊举办首届国际风筝会后，潍坊就逐渐成为世界闻名的风筝文化交流的中心。① 此类文化艺术节有力地推动了当地文化、旅游和经贸的发展及世界对中国文化及其文化产品的消费。

三、世纪之交时期的文化外交

经过多年的改革开放，中国的经济建设取得显著成效，国际地位也获得大幅提升。因此，这一时期的重点将是物质文明建设与精神文明建设一起抓。江泽民适时地提出了"三个代表"重要思想，号召全党全国要把握好中国先进文化的前进方向，努力建成一个文化大国。他明确指出："我国文化的发展，不能离开人类文明的共同成果。要坚持以我为主、为我所用的原则，开展多种形式的对外文化交流，博采各国文化之长，向世界展示中国文化建设的成就。"② 与此同时，我国的改革开放也引起了世界的关注，让世界认识中国、了解中国变得比以往更为迫切。但中外隔阂已久，对很多外国人而言，并不知道中国是一个什么样的国家，因此，需要加强文化外交。正如江泽民所说："在新的形势下……我们应该站在更高的起点上，分析形势，审时度势，把外宣工作做得更好，我们要在国际上形成同我国的地位和声望相称的强大宣传舆论力量，更好地为改革开放和现代化建设服务，为促进国家统一、世界和平和人类进步做出更大的贡献。"③ 由于经济与文化建设的良性互动，这一时期我国的文化外交发展迅速，主要表现有三点。

（一）以大型文化活动的形式展示中国新形象

为让世界了解一个真实的中国，在国务院新闻办的统一部署和协调下，中国在西方国家组织了"中国文化行""中国文化艺术节""巴黎·中国文化周""中国天津周""柏林亚太周"等一系列大型文化外交活动。以下重点介绍 1999 年在巴黎举办的中国文化周。

1999 年的"巴黎·中国文化周"是为庆祝新中国成立 50 周年，增进世界对中国的了解而在欧洲举办的以"迈向 21 世纪的中国"为主题的一次规模

---

① 山东潍坊国际风筝节 [EB/OL]. 宁夏新闻网 . (2012 － 05 － 11) [2014 － 08 － 16]. http：//www. nxnews. net/zt/system/2012/05/11/010348300. shtml.

② 中共中央文献研究室 . 十五大以来重要文献选编（上）[G]. 北京：人民出版社，2003：37.

③ 江泽民 . 全国对外宣传工作会议上的讲话 [N]. 人民日报，1999 － 02 － 27 (1).

宏大的国际文化外交活动。活动从 9 月 1 日开始，为期 12 天。文化周活动包括大型展览、文艺演出、文化讲座、主题论坛四项内容。[①] 其中，展览共分"中国当代陶瓷艺术""中国京剧服饰""中国编钟""中国书画精品""中国户县农民画""中国传统手工艺术""世界自然与文化遗产在中国""中国大熊猫""中国教育成就""中国少数民族双语教育""中国中医药教育""中国现代高等建筑教育""北大方正中文电子出版系统""中国科技成就""农业的根本出路在于科技""可持续发展""古都新貌——北京""东方明珠——上海"等 20 多个主题，较全面地介绍了中国文明史的发展脉络和新中国成立 50 年来，特别是改革开放以来，在教育、科技、文化及人类文化与自然遗产保护方面所取得的成就。[②] 此外，文化周还组织了 2 个主题演讲、3 个文化讲座、3 台文艺演出，这些内容丰富的活动用生动的话语、翔实的数据、鲜明的画面、活泼的场景向听（观）众展现了中国改革开放以来取得的巨大成就以及中国人的友好形象。据统计，此次文化周活动期间来参观展览、出席讲座和观看演出者在 10 余万人次以上，他们都对中国文化产生了浓厚兴趣。[③] 此次文化周活动向世界展示了一个全新的中国，获得各界人士的一致好评。法国文化部部长托特曼在接受采访时说："我认为此次在联合国教科文组织举行中国文化周活动，是一次向世界展示古代中国与现代中国的好机会，它也同时表明了中国正向法国、向欧洲敞开了大门。"[④] 西欧议会联盟议长德普伊泰先生在评价文化周时说："形式多样、博大精深的中国文化，令许多西方人震撼，即使是我们这些对自己的文化感到骄傲的欧洲人，看到如此高质量的展览，也不得不对中国文化表示赞叹。"[⑤] 它使人们在获得美的感受的同时，抛开了地理差距，在心理上感到中国不再遥远。欧盟一位前驻华外交官指出："这个文化周活动不仅展示了中国伟大的文化传统，而且也使人看到了迈向 21 世纪的中国。它帮助欧洲各国观众了解了中国的文化传统，也促进了国际社会对当代中国的认识。"[⑥]

---

① 文敏. 艺术没有国界——记'99 巴黎·中国文化周活动 [J]. 文化交流，1999(4)：39－40.

② 卢苏燕. "'99 巴黎·中国文化周"展览正式开放 [N]. 厦门商报，1999－09－03（5）.

③ 刘萱. "'99 巴黎·中国文化周"回眸 [J]. 对外传播，1999（11）：46－47.

④ 同①.

⑤ '99 巴黎·中国文化周：飞架国际文化交流的桥梁 [EB/OL]. 人民网. [2014－08－16]. http：//www.people.com.cn/GB/wenyu/223/6463/6465/20010918/563691.html.

⑥ 沈孝泉. 中国与世界的一次握手 [J]. 瞭望新闻周刊，1999（38）：1.

（二）以国际文化会议及领导人文化交流为载体开展文化合作

美国政治学家塞缪尔·亨廷顿说："信任最容易从共同的价值观和文化中产生。"① 加强文化外交有助于双方增添信任，促进彼此关系发展。新中国成立后，由于特殊的国际形势，对外文化关系先于对外政治关系和经济关系。对外文化交流与合作一直是我国文化外交的重要内容，"截至 2002 年年底，中国与其他国家签订的文化合作协定共 191 项。合作范围涵盖教育、图书、体育等几乎所有文化领域，合作方式也是多种多样"②。而召开或参加国际文化会议就是近年来我国文化外交的一大特点。这一时期，我国组织或参与了众多的国际文化会议，如国际文化政策论坛、佛山亚洲文化部长论坛、亚洲合作对话等。以国际文化政策部长年会为例，该会始于 1998 年 6 月，每年一届，现有成员国 63 个，是探讨文化政策和事务的政府间部长级非正式国际论坛，旨在通过确定一个合作议题，集各国之力来把文化事业做好，促进各国文化交流与合作。江泽民对出访国文化成就、文明成果的欣赏与尊重，使其外交活动往往产生一种强烈的文化亲和力。江泽民对俄罗斯文学、欧洲文学的熟悉，对西方古典音乐的热爱，以及对西方不同文明成果的欣赏和理解，常常会使他所代表的一次次中国最高级别的外交活动取得意想不到的收获。如 1994 年访问俄罗斯时，他专程到俄罗斯文学泰斗托尔斯泰故居博物馆参观，这一举动向俄罗斯人民展现了中国国家元首对俄罗斯民族感情的尊重，以及对俄罗斯文学的喜爱。当俄罗斯电视台把江泽民参观托尔斯泰博物馆的画面播放后，俄罗斯观众对中国的感情，在无形中变得更加自然和亲近了。③再如，同年江泽民访法与法国总理巴拉迪尔共进午宴，谈及法国作家小仲马的名著《茶花女》时，江泽民对巴拉迪尔说："茶花女确有其人，她就和小仲马同葬在巴黎的一处公墓内。"巴拉迪尔总理大为惊讶地感叹道，他平生还是第一次听到这件事。④ 法国《费加罗报》报道，江泽民此行意味着"欧美国家孤立中国的政策终结了"。在希腊访问时，江泽民引用了恩格斯对希腊的经典评述，"他们（指古希腊人）无所不包的才能与活动，给他们保证了在人类

① 塞缪尔·亨廷顿. 文明的冲突与世界秩序的重建［M］. 周琪，刘菲，译. 北京：新华出版社，2002：136.
② 孙家正. 中国文化年鉴（2002—2003）［M］. 北京：新华出版社，2004：121.
③ 钟之成. 为了世界更美好：江泽民出访纪实［M］. 北京：世界知识出版社，2006：59.
④ 同③，76.

发展史上为其他任何民族所不能追求的地位"①。1995年江泽民访问德国时，在德国总统举行的欢迎国宴上向德国公众表示，中德历史和文化传统各不相同，对一些问题有分歧是正常的，但两国共同利益远远多于分歧、互补大于冲突，双方可以成为长期合作的良好伙伴；并即席朗诵了德国文豪歌德的《中德四季晨昏杂咏》和中国大诗人王之涣的《登鹳雀楼》两词。歌德多年孜孜不倦地学习中国文化已经让其对中国文化有了深刻的理解和共鸣，歌德之词与王之涣之诗在意境上有异曲同工之妙。江泽民此时自然巧妙的联袂引用，寄托了对中德双方应登高望远，加深理解，增信释疑的期待。再如，江泽民在访问沙特阿拉伯时曾恰如其分地引用了伊斯兰教先知穆罕默德的一句名言："求知，哪怕远在中国。"一下子拉近了阿拉伯文明与中华文明的距离。江泽民外交活动中完美展现的文化底蕴赢得了他国人民的理解和尊重，取得了较好的文化外交效果。

（三）以文化合作为内容提升双边关系

文化外交的初级形式是文化交流，但要进一步推动文化事业的繁荣发展，就要进行文化合作。文化合作可以使双方的相互了解更加深刻，相互影响更加持久，有效拓展传统外交所不及的领域。

1964年中法建交，打破了以美国为首的西方世界对我国十几年的封锁，促进了中法两国关系的发展。进入20世纪90年代，中法文化关系发展势头良好，两国间每年的经常性文化交流项目在200起以上，合作的范围涵盖文化领域的各个方面，并呈现出不断深化的新局面。"1997年，法国总统希拉克与江泽民主席在北京签署了中法联合声明，宣布两国建立面向21世纪的全面伙伴关系。1999年和2000年中国在法国成功举办的'巴黎·中国文化周'和'中国文化季'等大型文化活动，吸引了大量的法国公众，产生了良好的效果。法国则在华举办了罗丹雕塑展、法国国家交响乐和巴黎歌剧院芭蕾舞表演等，受到了中国观众的热烈欢迎。"② 随着中法文化关系的不断深入发展，中法双方文化艺术界人士对对方的历史、文化、艺术的兴趣愈加浓厚，两国人民之间相互了解的愿望也更为迫切。文化周、文化季已经难以满足双方的心愿，为此，中法双方适时地提出文化年活动。"2001年4月，李岚清

---

① 秦晓鹰. 中国外交的文化内涵——《为了世界更美好》读后 [J]. 世界知识, 2006 (20)：53.

② 王敬诚. 中法关系进入发展新阶段 [EB/OL]. 人民网. (2004 - 01 - 26) [2014 - 08 - 16]. http://www.people.com.cn/GB/shizheng/1026/2309199.html.

副总理访法期间与法国外长韦德里纳签署了关于中法互设文化中心和互办文化年的会谈纪要"①。双方商定，2003 年至 2004 年两国互办文化年。2003 年 10 月 6 日，中法文化年以中国文化年为先导在巴黎隆重开幕。巴黎·中国文化年通过"古老的中国""现代的中国"和"多彩的中国"三大板块，以"文学艺术、教育、科技、广播电视、图书出版、体育、建筑、环保、旅游等方面的 300 多个项目，展示了一个改革开放的中国形象"。中法文化年是中法两国元首倡议，由中国文化部牵头，众多部门和省市参与，与法国政府合作举办的特大型文化活动，是中华人民共和国成立以来我国与外国开展的规模最大的一次文化交流活动，被誉为中欧文化交流史上的创举。中法通过互办文化年活动，充分展示了各自的独特文化，也使得两国的文化关系成为两国双边关系的重要组成部分，全面提升了两国的政经关系。据经济学者估计，文化年所有收入将超过 100 亿元，并加深中法双方的了解，展示各自国家形象，促进了两国在各个领域内的合作。② 中法两个文化大国通过互办文化年增进了双方的相互理解，有利于促进东西方文化相互学习，共同发展，维护世界文明的多样性，推动不同文明的对话与交流。

四、新世纪以来的文化外交

改革开放 30 余年，经全国各族人民励精图治、奋发努力，自 2010 年起，我国 GDP 排名跃居世界第二，综合国力显著提升。但国内贫富差距、地区差距、城乡差距、环境污染等各种社会问题也日益突出，国际上南北矛盾、资源紧缺、人口膨胀、恐怖主义等难题也日渐明显。面对这样一个内忧外患的新形势，我国政府施政的最大特征就是内建和谐社会、外构和谐世界。这需要全国、全世界人民的真诚合作。文化交流与合作是各方达成共识与相互信任的基础。这一时期，我国文化外交的显著特点就是更为积极地推进世界对中国文化的了解认同，尊重世界文明的多样性以及促进世界文化合作。

（一）大力实施文化"走出去"战略

中国是世界上仅有的依然存在的文明持续传承没有间断的古老国度，具有丰富的、优秀的民族文化。但受制于语言隔阂及近代以来"西强我弱"的

---

① 互办文化年——对外文化交流的盛事和创举 [EB/OL]. 中国网 .（2004 － 09 － 30）[2014 － 08 － 16]. http：//www.china. com. cn/zhuanti2005/txt/2004/09/30/content _ 5670423. htm.

② 夏金彪，刘春."中法文化年"营销国家文化 [N]. 中国经济时报，2004 － 12 － 29（7）.

影响，我国文化在世界人民的眼中往往是扑朔迷离的、神秘的、弱势的、他者的，世界对中国缺乏应有的了解。甚至因为民族风俗、社会制度、意识形态等的不同，而被敌对势力利用，不断抛出"中国威胁论""中国挑战论""中国崩溃论""中国风险论"等恐吓世界人民的谬论。因此，加强中华文化对外传播，实施中国文化"走出去"战略变得十分紧要。这一时期，我国积极派出各种文化代表团出国交流访问，积极推动各类文化艺术活动走出国门。除了这些努力外，中国文化走出去的重大努力就是推行国家汉语战略和培养外国来华留学生。

1. 孔子学院与国家汉语战略

语言是思想之声，是人们赖以交流的主要工具。语言的吸引力源于通过语言所表达的思想以及凭借语言所能进入的文化天地。一方面，语言可以提升一国的威信。任何时代、任何地区，总有一个国家或一组国家的语言成为各国人民之间交往的媒介，其文化也就成为他国仿效的典范。某种语言一旦成为国际交往中的媒介语言，那么，以这种语言作为母语的使用者将在国际交往上获得极大的便利。比如，使别人更易于理解并接受自己的观点，减少自己在国际商业往来与其他活动中的障碍，降低自己在国际交往中的成本。曾在北京师范大学留学的英国人士蒋思哲感言："语言是一把钥匙，可以打开文化、宗教、历史、哲学、思维方式等好几把锁。"在他看来，"英语担当不了全世界文化的载体，用英语作钥匙来开启博大精深的中华文化是不够的，还可能造成误解"①。另一方面，语言是国际文化交流与合作的重要载体，语言在文化产品的进出口中起着至关重要的作用，它的输出和输入，势必会影响着文化和文化产品的输出和输入。例如，美国、英国每年都有大量图书出口，其中英国每年约 1/3 的图书出口到国外，这与英语在世界上的广泛应用和学习分不开。② 在 2010 年上海世界博览会和广州亚运会的开幕式上，国际展览局主席蓝峰和亚奥理事会主席艾哈迈德亲王不约而同地在致辞中"秀"了几句中文。在这些外国宾客眼里，能用中文交流似乎成了一件很潮的事情。中文将逐渐成为中国的一个热门出口"产品"。一个国家在语言文化方面享有

---

① 郭林．记忆中国难忘母校：以留学经历见证发展的中国——"记忆中国难忘母校"座谈会侧记 [EB/OL]．中国教育部留学服务中心网站．[2014－08－16]．http：//www.cscse.edu.cn/pub-lish/portal19/tab839/info13105.htm．

② J. M. Mitchell. International Cultural Relations[M]．London：Allen & Unwin Ltd.，1986：21.

的国际声誉是该国实力的一个意义重大的组成部分。① 它能增强该国人民按照本国目标支配他人的能力，足见语言战略的重要性及提高中文在世界语言地位上的价值。因此，中国有必要实施国家汉语战略，促使更多的外国人学习中文和中国文化。正如美国学者傅立民所说："希望别国对其思想更为包容、理解和支持其政策的国家将会做出必要投资，以便利外国人接触本国语言与文化。"②

事实上，中国也正在通过孔子学院、世界汉语中心和中国文化中心以积极推广对外汉语战略。尽管在当前的世界语言格局中，相较于英语而言，汉语仍然处于弱势地位，但随着互联网的普及，越来越多的中国人加入世界互联网大潮（据 2009 年 12 月 15 日央视报道，截至 2009 年 11 月底，我国的网民规模已达到 3.6 亿，互联网规模位居世界第一位），将会促使更多的人使用中文作为传达信息的语言。据 IDC 评述网结合国外权威统计机构数据表明，中文已经成为全球互联网第二大的使用语言（图 5-1），并将在 2015 年前后超过英语成为互联网上新的主宰语言。③ 这必将增强中文的国际影响力和渗透力。

另外，随着中国国际地位的提高，"中国热"将推动"汉语热"。据中国文化传媒网的数据显示，2010 年约有 1 亿外国人学习汉语，2013 年学习汉语的外国人约达到 1.5 亿人。④ 以孔子学院为例，自 2004 年 11 月第一所孔子学院在韩国首尔挂牌成立至 2013 年年底，中国在占世界人口 86％以上的 120 个国家和地区建立了 440 所孔子学院和 646 所中小学孔子课堂。孔子的"足迹"已经遍布世界五大洲。仅 2010 年孔子学院及孔子课堂的注册学员就有 36 万人，开办各类汉语教学班 1.8 万多次，举办各种文化活动 1 万多场，参加人数达 500 多万。共有专兼职汉语教师 4 000 多人。⑤ 这些使得"过去外国朋友更多的是间接地从本国的报道中看到中国"，而变成通过"多种方式，让普通老百姓有更多的机会亲身接触到中国文化，了解中国现代社会"。"美国《华尔街日报》这样评论中国此举，战舰能让别国人民暂时臣服，而让他们理

---

① 傅立民. 论实力：治国方略与外交艺术 [M]. 刘晓红，译. 北京：清华大学出版社，2004：34.
② 同②，33.
③ 尹晓琳. 统计报告称 5 年内汉语将成互联网上主宰语言 [N]. 法制晚报，2010－12－26（1）.
④ 全球已建立 440 所孔子学院及 646 个孔子课堂 美国最多 [EB/OL]. 人民网.（2014－04－17）[2014－08－15]. http：//politics. people. com. cn/n/2014/0417/c1001-24908823. html.
⑤ 孔子学院总部 2010 年年度报告 [R]. 2010：6.

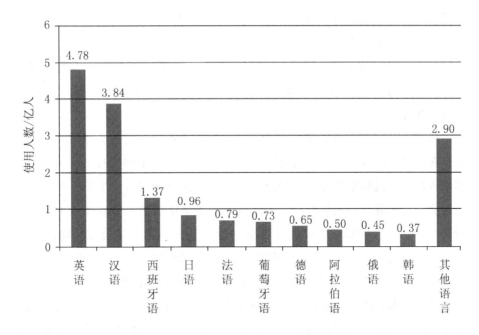

图 5-1　2010 年 12 月全球十大互联网使用语言

解你的语言却能使大家成为朋友。《纽约时报》的一篇评论中说，中国正在用汉语文化来创建一个更加温暖和更加积极的中国社会形象。"[①] 以孔子学院（孔子课堂）、国家文化年为代表的对外文化交流与合作促进了世界的汉语学习，向世界广泛传播中国的历史文化和价值观，提升了中国的国家形象和文化软实力。

2. 留学生培养

美国学者傅立民曾说："欢迎外国学生到本国大学及培训机构就学的国家不仅能推广本国语言和本国文化，而且还由此能建立一批本国思想的国际拥护者。"[②] 培养外国留学生不仅能够推广本民族国家的文化，推动文化交流互动，更能增强彼此之间的情感联系与友好认识。吸引国外学生来华留学一直是中国文化外交的重要内容，受到党和国家领导人的高度重视。2010年教育部推出《留学中国计划》，制订了"2020 年全国当年外国留学人员数量达到 50 万，使我国成为亚洲最大的国际学生流动目的地国家"[③] 的宏

---

① 原春琳. 汉语文化创建更加温暖更加积极的中国社会形象[N]. 中国青年报，2010－11－18(17)．
② 傅立民. 论实力：治国方略与外交艺术［M］. 刘晓红，译. 北京：清华大学出版社，2004：33.
③ 教育部. 留学中国计划［EB/OL］. 教育部网站. ［2014－08－19］. http://www.moe.edu.cn.

伟计划。为吸引外国学生来华留学，中国政府和社会不断优化来华留学环境，提高来华留学教育质量，提供奖学金等财政支持。特别是改革开放后，中国社会经济飞速发展，焕发出了中华文化的新魅力，吸引了大批的来华留学人员，进一步凸显了来华留学推动中外合作交流、展示当代中国形象的重要作用。

2013 年，共计有来自 200 个国家和地区的 356 499 名各类外国留学人员分布在全国大陆的 31 个省、自治区、直辖市的 746 所高等学校、科研院所和其他教育教学机构中学习。来华留学生总数、我国接收留学生单位数及中国政府奖学金生数三项均创新高。2013 年来华留学生总数增加 28 169 人，同比增长 8.58%；接收留学生单位数增加 56 个；中国政府奖学金生数增加 4554 人，同比增长 15.83%。中国政府奖学金对扩大留学生规模的拉动作用明显。北京、上海等地留学生总数继续稳步增长，2013 年接收留学生排名前 10 位的省（区、市）依次为北京、上海、天津、广东、浙江、江苏、辽宁、山东、湖北、福建，且人数均超过 1 万，此外，黑龙江和广西接收留学生人数超过 1 万。①

除中国因经济成功所焕发的文化吸引力外，中国各级政府和社会各界的努力也是促进来华留学事业发展的关键。中央财政每年都在不断增加对来华留学的支持力度，仅 2011 年就资助了 2 万余名来华留学生。各留学机构和组织也主动开展工作，推介来华留学活动。如 2012 年 2 月、4 月、5 月间，由教育部留学服务中心组织的中国高等教育代表团在西班牙、法国、比利时、意大利、美国、加拿大等国先后成功举办了"中国高等教育展"和"留学中国说明会"。② 北京、上海和云南等地方政府也设立了地方政府来华留学奖学金，截至 2010 年，已有 12 个省政府设立来华留学奖学金，总计经费超过 1.1 亿元。在高等学校层面，部分"985"和"211"工程大学也纷纷设立了来华留学奖学金，以吸引更多的优秀来华留学生到校学习，扩大学校的国际影响。在企业层面，自 2007 年起，中国石油、国家开发银行、华为集团等大

---

① 宗河. 2013 年我国双向留学总数稳步增长结构逐渐优化 [N]. 中国教育报，2014-02-22(2).
② 留学中国教育展代表团参加 2012 西班牙 AULA 国际教育展；"留学中国说明会"在罗马大学成功举办；留学中国教育展代表团访问美国、加拿大 [EB/OL]. 教育部留学服务中心网站. [2014-08-16]. http://www.cscse.edu.cn/publish/portal19/tab839/info15137.htm.

型企业也出资设立了来华留学奖学金项目。① 不仅提供专项奖学金，国内高校也开始创设一些专项科目和课程来培养中国学方面的高层次人才。如北京大学于 2014 年 5 月宣布启动"燕京学堂"，通过开设一年制的"中国学"硕士项目，培养"了解中国、贡献世界"的未来领导者。②

　　这些积极行动，能培养一批高素质的知华、友华人士，成为增进中国与世界互相理解的纽带。中国的留学生制度为许多国家，特别是广大发展中国家培养了大批科技、教育、外交和管理人才。"不少来华留学生学成毕业后，有的成为驻华使节，有的成为所在国的政府要员。据不完全统计，从中国学成归国的留学生中，有 30 余人在本国担任了副部长以上的职务，在本国的经济和社会生活中发挥了重要的作用。"③ 同时，他们也更加赞赏中国取得的成绩和看好中国的未来。如北京大学博士学位获得者、现任埃塞俄比亚总统穆拉图·特肖梅于 2010 年 9 月 29 日在教育部和北京大学等联合举办的新中国接受外国留学生 60 周年纪念活动的演讲时表示："北京大学在我的求学生涯里占据了重要地位，我为自己曾就读世界上最高学府之一的北大而骄傲。作为北大的学生，作为中国社会和经济飞速发展的见证人，我感到无上光荣。"④ 还有一大批留华毕业生，在教育、经济、贸易、科技、文化等领域直接从事着和中国有关的交流与合作，为推进中国与世界各国的友谊、合作与发展做出了积极贡献。

（二）积极主办各类文化合作活动

　　我国以往一般是参加各种各样的文化合作会议，但这一时期在参加之余，更积极主办各类文化合作会议。除继续参与或主办国际文化政策论坛、佛山亚洲文化部长论坛、亚洲合作对话等国际文化会议外，我国还扩大了文化年活动。到目前为止，已形成了中法文化年、中俄文化年、中意文化年、中印文化年、中德文化年、中西（西班牙）文化年、中希（希腊）文化年、中土（土耳其）文化年等一系列文化年活动。除了这种双边合作外，

---

① 柯进，余冠仕.《留学中国计划》：2020 年建成亚洲最大留学目的地国家［N］. 中国教育报，2010－09－28（6）.

② 王庆环，邓晖. 北大启动"燕京学堂"计划，全球选才研究"中国学"［N］. 光明日报，2014－05－06（6）.

③ 教育部举办中国首届留华毕业生新年招待会［EB/OL］. 人民网.（2004－12－09）［2014－08－16］. http://www.people.com.cn/GB/jiaoyu/1053/3043323.html.

④ 孙昌銮. 穆拉图和李克强是同期北大校友［N］. 北京青年报，2014－05－05（5）.

还积极主办影响力更大的合作活动。近年来，举办了 2008 年北京奥运会、2010 年上海世博会、2010 年广州亚运会等国际性盛会。以下重点介绍 2010 年上海世博会。

世界博览会（World Exhibition），是一项由主办国政府组织或政府委托有关部门举办的有较大影响和悠久历史的国际性博览活动。参展者向世界各国展示当代的文化、科技和产业上正面影响各种生活范畴的成果。自 1851 年第一届伦敦世博会迄今，世博会已经发展成为经济、文化、科技领域具有世界性影响的重大盛会。我国于 2010 年 5 月 1 日至 10 月 31 日在上海首次举办此盛会。上海世博会历时 184 天，充分地演绎了"城市，让生活更美好（Better city，Better life）"的主题。上海世博会是世界文化交流的盛会，在 184 天会期中，共有来自 176 个国家、13 个国际组织、36 个城市和 4 个企业的 1 200 多支团队上演了 1 172 个节目。① 世博园区共上演各类文化演出活动 22 900 余场，累计吸引观众逾 3 400 万人次。这些精心准备的文艺活动，以及一大批具有民族、民间、民俗特色和浓郁地域文化特色的文艺节目，展示了世界文化的多样性和中华艺术的独特魅力。② 世博论坛直接演绎世博会主题，集中体现世博会精神遗产，也是展望未来的重要平台。上海世博会期间共举办 1 场高峰论坛、6 场主题论坛、1 场青年论坛，此前还举办了 53 场公众论坛。世博期间发表的《上海宣言》共同倡议"创造面向未来的生态文明，追求包容协调的增长方式，坚持科技创新的发展道路，建设智能便捷的信息社会，培育开放共享的多元文化，构筑亲睦友善的宜居社区，促进均衡协调的城乡关系"③，达成了对全球城市创新与和谐发展的共识。

上海世博会打破了多项世博会举办史上的纪录。如入园参观者高达 7 308.4 万人次，参展的国家和国际组织有 246 个，等等。据《联合早报》2010 年 10 月 31 日报道：上海世博会参观人数与旅游效益均创新高，"门票收益为 100 亿元人民币，直接带来的旅游收入超过 800 亿元人民币。世博会对上海生产总值的贡献值达 5%，对整个长三角投资的影响为 40%—50%。

---

① 中国 2010 年上海世博会精彩活动 [EB/OL]. 中国 2010 年上海世博会官方网站. [2014 - 08 - 16]. http：//www. expo2010. cn/sbhd/indexjn. htm.

② 184 天空前人类盛会 创下一个个世博新纪录 [EB/OL]. 中国 2010 年上海世博会官方网站. (2010 - 11 - 01) [2014 - 08 - 16]. http：//www. expo2010. cn/a/20101101/000033. htm.

③ 上海世博会高峰论坛通过《上海宣言》 [EB/OL]. 中国 2010 年上海世博会官方网站. (2010 - 10 - 31) [2014 - 08 - 16]. http：//www. expo2010. cn/a/20101031/000131. htm.

其中，第三产业在上海生产总值的比重上升到 60%，其经济带动效应可望持续 10 至 15 年"。世博会还加强了中国与世界的联系，提升了中国的国际形象和文化软实力。温家宝同志在世博会高峰论坛发表讲话说："世博会的成功举办，更加坚定了中国推进改革开放的信心和决心。中国将坚定不移地走和平发展和开放兼容的道路，学习和借鉴世界各国的优秀文明成果。"王岐山同志在闭幕式上致辞："上海世博会汇聚人类文明创新的成果，拉近了中国和世界的距离。"美联社上海 2010 年 10 月 31 日报道："充分展示了民族自豪感同时又创下参观人数纪录的上海世博会今天落下了帷幕。7 200 多万人参观了这一文化和技术的盛宴。这也是自 1851 年第一届世博会在伦敦举行以来规模最大、耗资最多的一届世博会。"英国《每日电讯报》2010 年 10 月 29 日报道："这场为期 6 个月的文化与技术展览会迎来了创纪录的参观人次和许多外国领导人，并展现了中国不断增长的实力。"日本《东京新闻》2010 年 10 月 31 日报道："无论是参加的国家、地区和机构，还是入场人数均创造了新的世界纪录。这是继北京奥运会之后中国又一次成功举办国际性盛会，向世界展示了当今中国的实力。"法新社上海 2010 年 10 月 31 日电："对中国来说，上海世博会提供了一个机会，展示了其逐渐增长的经济和政治影响力。世博会是增强中国'软实力'的一个契机，以展示它在世界上逐渐增长的影响力。"①上海世博会向世界传递了中国文化，也呈现了真实的现代中国；世博会体味不同的文化，又感受共通的心灵。这是一次影响中国与世界的世博外交。

第二节　中国文化外交的重要效应

文化外交是当今世界各国外交的新亮点，其影响广泛而深刻。中国随着经济的成功与国家战略的转型，逐渐形成了具有中国特色的文化外交。它们影响着中国的国家形象塑造、文化软实力建设、综合国力提升及经济的进一步发展，对于"一带一路"战略和中国梦的伟大实现，以及人类命运共同体的协同构建都意义重大。

---

① 中外关注上海世博会在赞誉声中辉煌落幕［EB/OL］．中国 2010 年上海世博会官方网站．(2010－10－31)［2014－08－03］．http://www.expo2010.cn/a/20101101/000020.htm.

一、提升中国的国家形象

中国政府一贯积极的文化外交，促进了中国的对外文化交流，展示了中华文明的绚丽多彩和人文历史的博大精深，增进了世界对具有包容与开放内涵的中华文明的认可，推动了国际社会对中国特色社会主义大国的气魄与博大胸襟的积极共识。

（一）"亲和友善"的文化形象

中华文化是世界文化的重要组成部分。在世界文化史上，中华文化独具一格，创造过灿烂辉煌的时代。郑和下西洋的壮举及名扬天下的丝绸之路把中华文化精品和中华思想理论资源远播海外，在当时的世界掀起了一股"中华文化"的流行风潮。中华传统文化注重人文精神，中国的文明史，是一部追求天下大同、协和万邦的历史。"和""合"是中国主流学术流派和哲学思想的核心命题和价值归属，是中华文化历经磨难而绵延不衰，中华民族饱经沧桑而自强不息的精神动力，也可以是当前国际社会处理各种错综复杂的民族矛盾，化解不断升级的文化冲突，应对日趋严重的信仰危机的理想模式。因为这些理念，中国对外文化交流从内涵和形式上都体现着积极友好、和合融洽，提升了中国在当地社会的亲和力和吸引力，塑造了"亲和友善"的文化形象。

（二）"负责任大国"的外交形象

自中华人民共和国成立起，中国就致力于维护世界和平、促进世界发展。进入 21 世纪，中国积极利用国际论坛、对外援助等各种机会和平台展示负责任的大国形象。在国际疫情控制方面，如面对 2014 年非洲埃博拉严重疫情时，中国给予了力度空前的援助，除了给予丰富的直接援助，更致力于提高非洲国家治理能力，提升其危机应对能力，帮助建立管控疫情的公共卫生长效机制。在节能减排、应对全球气候变化等方面，中国 2011 年单位国内生产总值能源消耗相比 2005 年时降低了 21%，相当于减少二氧化碳排放约 16 亿吨，主要污染物排放总量减少了 15% 左右，并承诺 2030 年单位国内生产总值二氧化碳排放比 2005 年下降 60%—65%，非化石能源占一次能源消费比重达到 20% 左右。在帮助落后国家发展方面，中国也表现出了大国责任。如 2015 年 9 月 26 日，习近平在联合国发展峰会上宣布，中国将免除对有关最不发达国家、内陆发展中国家、小岛屿发展中国家截至 2015 年底到期未还的政府间无息贷款债务；同时，宣布将设立"南南合作援助基金"，首期提供 20 亿美元。中国作为一个人均国民收入还排在世界中后的发展中国家，做出这些努力，是相当不容易的，足以表明中国的担当。这意味着，中国越发展，给世界带来的机遇和做出的贡献就越大。世界将分享中国的进步。

厄瓜多尔基多大学教授桑布拉诺在接受人民日报记者采访时称赞道："中国作为世界第二大经济体的负责任大国形象，中国在全球经济治理中的作用也越来越突出，拉美国家对中国抱有极大的期待。"南非斯坦陵布什大学孔子学院院长马丁·戴维斯博士在接受采访时表示，"在这次全球金融危机爆发后，中国展现了良好的应对能力，树立了负责任大国的形象。当前中国没有向西方国家那样迷恋以武力为核心的硬实力，而是不断展示其软实力，利用经济和文化力量塑造了国际关系。"中国在抗击疫情、救助印度洋海啸灾难、援助落后国家发展、抵制经济危机、提振世界经济信心等方面的表现，让世界看到了中国是一个建设性的合作伙伴，一个耐心的聆听者，一个负责任的大国形象。

（三）"发展典范"的政治形象

经济的巨大进步让中国成功地塑造了中国道路的政治形象，尤其是广大发展中国家都希望能够从中国的这个发展道路中有所收获。2004 年 5 月，美国智库高盛公司顾问乔舒亚·库伯·拉莫在英国著名思想库伦敦外交政策中心发表题为《北京共识》的论文。文中指出，中国的经济发展模式不仅适合中国，也是追求经济增长和改善人民生活的发展中国家效仿的成功榜样。"北京共识"的提出反映了国际社会对于中国成功经验和发展道路的高度认可。尽管其他国家不能简单复制中国的发展模式，但其中的一些成功经验却是值得研究与借鉴的。美国约翰·霍普金斯大学彼得·路易斯教授在接受新华社记者采访时说："30 年前中国还是一个极端贫困的国家，大多数人口从事农业，就跟现在大多数非洲国家一样；但现在的中国经济快速发展，这让非洲国家看到了新的希望，中国的许多经验可以供非洲国家学习。"厄瓜多尔"战略智库中心"主席、基多大学政治系教授吉多·桑布拉诺表示，"中国近 10 年来在政治、经济、文化等诸多领域发生的惊人变化得益于中国共产党的英明领导。中国政府探索出极具中国特色的发展道路，坚持全面、协调、可持续发展，注重社会公正公平，顺民心、得民意，为拉美许多国家提供了可资借鉴的优秀样板"①。南非总统雅各布·祖马在其《21世纪，南非将走向何处》的演讲时称："中国是发展中国家的典范。"斯里兰卡总统拉贾帕克萨也称："中国的发展为包括斯里兰卡在内的发展中国家树立成功典范，斯方希望借鉴中国的发展经验。"缅甸驻华公使吴莱敏说："中国已经找到了适合自己的发展道路和政治制度，人民代表大会制度是中国发展的重要和根本动力。中国是世界上最具活力的国家，中国已经确定了一个具有中国特色的，且最适合中国的发展道路。"2008年世界经济危机后，世界对中国的期待更高。世界银行原副行长兼首席经济学家林毅夫说："中国有很多的经验，不管是在发展方面，在转型方面，还是在解决危机方面，这些经验可以和其他国家共享，这对世界其他国家均会有帮助。"近年来，世界赞叹着"中国奇迹"，更关注着"中国特色"。"中国"已经不仅是一个国家的称谓，更是一个显示希望和活力的名词。而"中国特色"不再是中国道路的自我总结，更为世界的发展提供新的参考坐标，是世界多彩发展的重要组成部分。可以说，世界正在见证中国特色社会主义道路的独特优势和强大生命力。中国特色社会主义为越来越多的国家所认可，甚至是效仿其中对自身国家发展有益的元素。

二、促进中国的经济发展

文化外交对我国经济发展的影响主要表现在两个方面：一是为我国经济建设营造良好的外部环境；二是促进我国文化事业的繁荣发展和文化产业的协调发展，巩固我国与世界各国的友好关系，开发新的国际市场。

（一）创造良好的外部环境

中共十八大报告指出，"外交工作使得我国在国际事务中的代表性和话语权进一步增强，为改革发展争取了有利国际环境"。的确，包括文化外交在内的我国外交的一项重要任务就是维持一个积极的国际环境，为我国特色社会主义各项事业的建设争得机遇，为国内集中精力建设经济提供和平保障。中国能否继续在经济现代化和提升人民生活水平方面取得成功，很大程度上取决于是否有一个和平稳定的外部世界。在经济全球化时代，文化外交具有经济外交、政治外交、军事外交所无法比拟的作用。通过文化交流与合作能够

---

① 廖政军，裴广江，郑红，等. 国际社会称赞中国共产党执政能力（中国成就举世瞩目）[N]. 人民日报，2012－11－08（3）.

促进国家间的理解与认同，为进一步深化合作提供祥和氛围。如通过举办中俄文化年等大型文化交流活动有效地促进了中俄之间的睦邻友好关系，为中俄之间通过谈判划定边界起到了积极作用，维护了中俄之间的相互理解和彼此信任。中法在传统友谊的基础上，充分发挥两国文化资源丰富的优势，加大交流力度，通过互办文化年等活动促进双边友好关系，并于 2010 年 11 月 4 日发表中法《关于加强全面战略伙伴关系的联合声明》，中法关系进入新时期。一系列文化外交的努力，推动着中国与各邦交国总体上维持了友好关系，并共同维护着世界的总体和平局面，切实地减少了我国的外部隐患，为国内的经济建设、社会建设创造了一个较为安定的外部环境。

（二）巩固并扩大国际市场

以文化外交为依托的文化交流活动能深化交流国家之间的友好关系，缩短其国民相互之间的心理距离，使中国的良好形象在当地人心目中具体化、形象化。因此，文化外交能成为文化产业发展的急先锋，为文化产业开辟国际市场冲锋陷阵。新中国成立后对非洲国家持续的无私援助让非洲人民对中国文化有亲切感，对中国援助亦有切身的感激之情。孔子学院的汉语教学及一系列配套文化活动的开展推动了以汉语为中心的中华文化在非洲的传播。如中国援非医疗队是中非人民相互认知的重要纽带。在"第二届中非卫生合作国际研讨会"的致辞中，卫生部部长陈竺表示，近半个世纪以来，中国先后向非洲派遣了超过 1.7 万名医疗人员，服务人数达 2 亿人次。中国援非医疗队已成为中国与非洲国家长期卫生合作的典范。① 它"就如同一条条涓涓细流慢慢浸润着非洲大地，为中非双边关系的维系与巩固起着无可替代的作用"②。又如，在中非合作论坛的促进下，中非贸易额已从 2000 年论坛成立之时的 106 亿美元，增长到 2014 年的 2 220 亿美元，中国稳居非洲第一大贸易伙伴国位置。超过 2 000 家中国企业在非投资，促进了非洲经济的多元化发展，增加了当地的税收和就业，也为中国企业的国际化发展开辟出一片广阔的天地。文化在外交、经济及通过交流合作促进理解等方面的作用更加紧要、广泛而深刻。受此鼓舞，2012 年《中非合作论坛——文化部长论坛北京宣言》表示要积极开展中非文化产业间的交流与合作，推动将双方丰富的文化资源转换为经济资源，以惠及民生。再如，2007 年 9 月 13 日至 2008 年 4

① 金振娅. 中国援非医疗队累计服务 2 亿人次 [N]. 光明日报，2011－02－12（4）.
② 蒋俊. 润物细无声：中国援非医疗队 50 年 [N]. 中国社会科学报，2011－06－02（9）.

月 6 日，"秦始皇：中国兵马俑"主题展览在大英博物馆的盛况创造了该馆近
35 年来的最高纪录。秦始皇兵马俑、乐俑、仙鹤、野雁及秦代青砖、瓦当等
来自秦始皇兵马俑博物馆的 120 件 2 000 多年前的中国文物共吸引了 85 万人
次的观众。大英博物馆方面表示有 40 万的观众就能保证不亏本，85 万之众
的观众让其至少多赚了一倍。中国方面，前期收入是 30 万英镑的租借费，展
览期间带动了来自中国西安的陶俑复制品和介绍秦始皇兵马俑的书籍及与中
国兵马俑有关的模型、杯子、T 恤、钥匙链等纪念品持续热销。① 文化外交
能够带动文化事业及文化产业的发展，让世界消费中国文化，扩大我国产品
的销售市场，带来文化经济。

三、提高中国的国际地位

进入 21 世纪，"软实力"逐渐成为国家综合国力的重要组成部分，是一
个主权国家进行国际竞争的重要资本。文化外交将从两方面提升我国的文化
软实力，提高中国的国际地位。

（一）文化让梦想相通

当前，我国经济总量已居世界第二。与发达国家尤其是美国相比，差
距最大的不是国内生产总值和军事硬实力，而是各种软实力。软实力的差
距逐渐成为中国发展过程中最明显的弱点，也是中国在国际话语设置环境
中的一个主要制约因素。在此意义上，能否提升和强化软实力，关系到中
华民族的复兴和中国特色社会主义的前途，是中国强国战略的必经之路。
习近平同志指出，提高国家文化软实力，关系我国在世界文化格局中的定
位，关系我国国际地位和国际影响力，关系"两个一百年"奋斗目标和中
华民族伟大复兴中国梦的实现。党和国家领导人的高度重视推动了我国文
化外交的发展。特别是中华传统文化的影响力进一步得到提升。中国的传
统文化向来深具魅力，社会和谐、礼仪、孝道、同情原则等儒家价值广泛
传播并深深影响了世界，尤其是亚洲地区。目前，每年都有不少海外学子
来华留学，而其中不少人是来华学习中国语言与中华文化。据统计，2015
年共计有来自 202 个国家和地区的 397 635 名各类外国留学人员分布在我
国 31 个省、自治区、直辖市的 811 所高等学校、科研院所和其他教育教学

① 夏心蕾. 大英博物馆"秦始皇：中国兵马俑"展人气旺 [N]. 竞报，2007－11－28（12）.

机构中学习。分析得出过去 10 年间在华的各类外国留学人员以每年 20%
的增长率增长。截至 2015 年 12 月 1 日，全球 134 个国家（地区）建立 500
所孔子学院和 1 000 个孔子课堂。正所谓，孔子学院开办到哪里，就把沟
通、了解、和谐、友爱的种子播撒到哪里，落地生根、开花结果；把汉语
和中华文化带到世界各国。孔子学院作为人文交流的有效载体和增进中外
人民友谊的重要平台，是"联通中国梦与各国梦、世界梦的桥梁和纽带"。
文化让世界各国人民的美好梦想互联互通。

（二）增强国际话语权

在政治观念方面，近 30 年的经济成功让中国的政治体制具有一定的吸引
力，尤其是对发展中国家。约瑟夫·奈与王辑思联合撰文指出，"在亚洲、非
洲、拉丁美洲的某些地区，稳固掌控的政治体制加市场经济的'北京共识'，
比之前大行其道的西方式民主政体加市场经济的'华盛顿共识'更受欢
迎"①。单一政党组织下的政府的组织力、感召力、动员力、凝聚力树立了中
国的形象，提升了我国文化软实力，如抗震救灾精神、北京奥运精神、载人
航天精神等。② 我国加强了对外经济援助，并且不断开放国内市场，这些都
增强了我国的吸引力。同时，我国在外交政策方面也做出重大调整。我国参
加了 100 多个政府间国际组织，签署了 300 多个国际公约，成为国际体系的
积极参与者、建设者和贡献者。为维护世界和平，截至 2015 年年底，我国累
计派出维和官兵 30 178 人，是联合国安理会常任理事国中派出兵力最多的国
家；在派兵地域上，由最初中东 1 个任务区拓展到最多时同时在 11 个任务
区；还积极参与反恐、防扩散领域国际合作，向遭受严重自然灾害的国家提
供人道主义援助并派出大量救援队，为打击海盗行为维护国际航行通畅向亚
丁湾、索马里海域派遣海军护航编队；并致力于倡导国际合作，推动建立
"和谐世界"，坚持"和平发展道路"。这种新外交有助于减轻外界的忧惧，也
降低了其他国家联合制衡中国崛起的可能性，增强了与中国共处于人类命运
共同体的意识，树立起共同维护地球美好未来的担当意识。

中国积极倡导科学发展，建设和谐社会，构建和谐世界，实现"中国

---

① 约瑟夫·奈，王辑思. 中国软实力的兴起及其对美国的影响 [J]. 世界经济与政治，2009
(6)：8.

② 张国祚与约瑟夫·奈关于"软实力"的对话 [EB/OL]. 党建网. （2013－11－26）[2015－
12－17] http://www.dangjian.cn/specials/zgwhrsl/ylxd/201311/t20131126 _ 1602273. shtml.

梦",打造人类命运共同体,这些理念提升了中国的文化大国地位和威望,使中国的影响力得到提升。通过文化产业输出,促进中外经济合作,进而从另一方面提升中国的综合国力。以价值观念和信仰为核心的文化虽然在表现方式上较为温和,但其表现出来的思想、精神、意识等无形的认同力和感召力,却是更加深刻和持久的力量。文化是一种"间接权力",是"权力的倍增器",能够使权力软化,使其更易于各国接受而神奇般地增值,提高中国的国际话语权和国际地位。

第六章　中国文化外交的现实
困境与战略思考

　　鉴于世界残酷的文化软实力较量和国际社会一些国家对中国国家形象的刻意歪曲和丑化，新中国成立以来，中国政府即以高度的文化自觉，对内大力推动中国特色社会主义文化大发展大繁荣，增强做中国人的底气和骨气；对外则积极借助国际舞台，通过各种渠道，运用各种形式，不遗余力地向世界传播中华优秀文化，介绍客观、真实、美好的中国，增强外国人眼中中国的美好。应该说，文化外交的开展增进了中国与世界各国人民之间的相互了解和沟通，为中国的和平发展争取了有利的国际舆论环境。但我们也要看到，我国的文化外交毕竟还处于起步阶段，缺乏足够的经验，加之国际形势日益复杂多变，因此，我们还有很多的文化外交问题有待去解决。本章将在剖析当前我国文化外交面临的主要挑战的基础上，结合新中国成立以来的文化交流实践和当前我国所处的国内外环境，论述我国文化外交的理论自觉、战略原则及所迎来的战略机遇。

第一节　中国文化外交的现实困境

　　与发达国家拥有成熟的文化外交经验和广泛的文化外交实践相比，与当前所处的复杂多变的国内外环境相比照，我国文化外交的历史毕竟不长，经验尚且较少，需要克服的困难还有很多，以下将从四个方面进行论述①。

---

　　①　张殿军．和平发展论域中的中国文化外交研究［M］．北京：中国社会科学出版社，2013：182－187．

一、"西强我弱"的文化交流窘境

作为文化软实力的运用，文化外交往往是以"润物无声""春风化雨"般的作用"展示本国的文化风采和社会面貌，宣扬自己的文化价值观，以提升和扩大本国在世界文化版图中的影响力"。但是，由于世界各国经济力量对比和作为文化载体的"硬实力"存在着极大差异，因而，"造成世界的文化交流是不平等的、不对称的"。纵观当今世界文化发展的格局，"西方发达国家无论是在传播渠道方面，还是在文化载体方面都拥有非西方国家难以相比的绝对优势"。所以，就目前世界文化流动的总体态势而言，在相当大程度上是"从发达国家流向发展中国家，从西方国家流向东方国家，从北方国家流向南方国家，从资本主义国家流向社会主义国家"这么一种由文化强势一方到文化弱势一方的单向度的文化流动与文化传播现状。西方发达国家凭借在经济技术等硬实力方面的垄断地位，利用广播、影视、书刊及其他文化产品形式，不遗余力地向全球兜售和"输出"烙有西方文化特点与色彩的政治理念、文化价值观，力图强占这些国家的文化市场，维护自己的国家利益和霸权地位。"这不仅进一步强化了文化交流的不平等性、不均衡性，导致包括中国在内的其他国家的语言文化面临着进一步被边缘化的严峻形势，而且还严重威胁到了非西方国家的文化主权和国家安全。""中国要改变当前在世界文化交流格局中的被动地位，实现由世界文化的边缘地位向文化中心地位的转变"①，让中国文化在世界文化格局中占有一席之地，就需要在文化外交的理论研究与实际开展工作中更加积极地作为。

二、参与主体单一致使力量薄弱

当前我国在开展文化外交时，存在以下几个特点：一是过于依靠中方。长期以来，我们并没有将丰富的人文优势转化为外交优势，根本原因在于缺乏人文外交化和外交人文化的战略，缺乏将人文优势转化为外交优势的战略平台和体制机制。文化外交是双向的，其最佳效果的取得是文化交往双方共同努力的结果，不能仅靠一方努力，仅靠一方努力其实际效果也往往不尽如人意。但目前我国文化外交的推动还过于重视依赖中国单方面的努力，依赖中国人讲中国的故事，而没有较好地让外国人参与讲好中国故事及倾听外国

---

① 张殿军．和平发展论域中的中国文化外交研究［M］．北京：中国社会科学出版社，2013：188．

人的故事。二是过于强调精英。如果搜索一下中国主流媒体，就会发现在精英群体中存在着大量的文化交流活动，各种类型的文化高峰论坛络绎不绝。而其他也需要沟通和了解的普通民众的活动却缺乏经费，也缺乏机会。这种文化交流中所呈现的分化现象造成了我国当前在对外文化交流中的阶层鸿沟。三是过于依赖政府。纵观近年来的文化外交活动，不难发现政府主办是当前我国文化外交的一个鲜明特征。文化外交尚未将政府的"金鸡唱晓"和社会大众的"百家共鸣"结合起来，鲜明的"政府行为"及浓厚"官方色彩"易招致外方的反感和怀疑，限制了我国文化外交的实际效果和影响力。这三个方面的显著特点是我国当前文化外交的突出表现，因而，在开展文化外交的时候要积极借助多种力量，把淡化政府色彩作为推进和深化文化"走出去"战略的重要内容。可以考虑以政府为主导，引导社会各界力量参与或支持中国文化外交。

三、文化资源的开发与保护不足

文化资源是开展文化外交的重要依托和活水源头。博大精深的中华文化既丰富了中国人民的精神生活，也为积极开展文化外交提供了巨大的文化素材和宝贵资源。但是，现状却是长期以来我们并没有真正认识到文化资源的巨大价值，缺少对中华文化资源的必要发掘和保护，因而也就谈不上开发出让国际市场广受欢迎和赞誉的文化产品。不仅如此，许多有待发掘的文化资源也由于中国缺少有力的知识产权法律保护而被外国公司抢先开发、利用，成为它们开拓国际文化市场、赚取丰厚经济利益的法宝，让这些境外文化公司赚得盆满钵满。如《三国演义》《西游记》《水浒传》《花木兰》等中国经典的文学作品被美国、日本、韩国等国家的公司改编成电影、电视、动漫或者是网络游戏等文化产品。这些源于中国文化滋养的文化产品不仅为外方狂赚了大量票房，有的还将其变成了它们的文化品牌，甚至出现了一些更为糟糕的情况。如"花木兰"竟然被说成了是韩国人；再比如，端午节本是中国的传统佳节，并有以屈原为代表人物，以粽子和赛龙舟为符号的端午文化，但是2004 年端午节过后，韩国人却将端午节定位为韩国的传统节日，并向联合国非物质文化遗产保护中心申请登记了"端午祭"。在当前经济与文化全球化加速的背景下，文化的开发利用往往超越了国家地理的疆域，文化变得越来越世界化了，文化无国界已成必然。谁能够率先占领世界文化资源开发的制高点，谁就能赢得文化软实力较量的胜利。如何减少上述现象的发生，使中华传统文化在中国人自己的手里做到创造性转化、创新性发展，让中华传统优秀文化在世界发扬光大，是中国今后推行文化外交所要着力解决的现实问题。①

四、文化外交的国别开展与国别研究不力

改革开放以来，随着我国经济发展的快速提高和国际地位的较大提升，我国逐步认识到文化外交的重要性，也具备了实施文化外交的条件。但是，回顾当前我国的文化外交，不难发现：一方面，我国文化外交的研究还比较宽泛，主要是分析文化外交的主要理论、实施方式、我国开展文化外交的优势与劣势、外国文化外交的经验及其借鉴之处。而鲜有就我国对某一国的文化外交研究，特别是对葡萄牙等中小国家的文化外交研究，也鲜有对某一地区的文化外交研究。另一方面，文化外交理论的缺失必然导致文化外交实践的落后。新中国成立以来的对外文化交流实践活动往往走在理论构建和政策研究的前头。这种文化外交国别研究的不力直接影响到我国文化外交在国别开展上也跟不上时代发展的需要。当前，我国的文化外交实践主要是从中国出发，面向国际社会。如当我们需要展现某一中华文化及其作品时，就在全世界巡回展出或演出，《少林功夫》的世界巡演就是一例。而很少有针对性地对某一国开展文化外交，就这个国家特定的民族特性创作出为其所喜闻乐见的中华文化作品。因而当前我国的这种文化外交模式不仅方式单一、语言缺乏活力，而且往往重单向宣传轻双向沟通，显得说教有余而艺术性不足，给他国人民留下一种刻板、空洞、生硬、僵化的不良印象。文化交流不但引不起文化受众的共鸣，所能提供的文化产品和文化服务的数量和质量，也不能适应国外文化受众消费需求及多形式、多层次和多样化的消费特点。文化外交国别研究与国别开展的不到位，文化交流内容亲和力和吸引力的不足，不但满足不了国外受众对中国文化信息日益增长的需求，甚至可能会让国外受众产生逆反心理，起到相反的作用。未来，我国理论界要不断突破旧观念，更加主动地加强文化外交理论研究，实现理论创新，辅助文化外交决策者为文化外交活动规划路线图，提高文化外交实务者的理论水平，并不断增强彼此之间的互动合作。

---

① 张殿军. 和平发展论域中的中国文化外交研究 [M]. 北京：中国社会科学出版社，2013：182－183.

第二节　中国文化外交的理论自觉

文化外交需要高度的文化自觉和文化自信。在科学分析文化及其软实力实质的基础上，紧紧围绕"为什么要发展文化、发展怎样的文化、如何发展这样的文化"这一主题，我国逐渐形成和树立了符合自身实际需求的文化发展理念和文化外交战略思想。这标志着中国政府对文化作用的认识和文化外交价值的理解进入了一个全新的境界，充分体现了中国政府高度的文化自觉性和文化自信心。①

一、文化价值的认识自觉

中华文化的繁荣发展是中国特色社会主义事业的必然要求和重要组成，是中国争取与自身世界性大国地位相适应的更为积极主动的国际话语权的题中应有之义。最大化地获得较为充分的国际文化话语权，是我国从单纯的经济大国变为世界强国必须解答的一项重大课题，对此，中国共产党人一直保持着深刻的认识。

毛泽东曾强调，"一定的文化是一定社会的政治和经济的反映"，"任何社会，没有文化就建设不起来"②。故要使国家和人民的一切事业"循着新的轨道向前发展"，就必须促进包括文化事业在内的各项事业的全面发展，并将"文化现代化"纳入中国现代化命题的总框架之中。邓小平继承了毛泽东"文化现代化"的思想，并在深刻剖析当时国内外形势的基础上强调："我们要在建设高度物质文明的同时，提高全民族的科学文化水平，发展高尚的丰富多彩的文化生活，建设高度的社会主义精神文明。"③ 至此，中国共产党人更加自觉地把中国特色社会主义文化建设当作中国特色社会主义现代化建设的一项事关全局的战略任务来抓，奠定了"两个文明论"的理念基石。面对冷战结束后文化因素在国际关系中重要性日益凸显的新形势，江泽民在创造性地继承邓小平"两个文明论"和"文化开放论"思想的基础上强调："一个国

---

① 张殿军. 和平发展论域中的中国文化外交研究［M］. 北京：中国社会科学出版社，2013：159.
② 毛泽东文集：第3卷［M］. 北京：人民出版社，1999：109－110.
③ 邓小平文选：第2卷［M］. 北京：人民出版社，1994：208.

家、一个民族，如果没有自己的精神支柱，就等于没有灵魂，就会失去凝聚力和生命力。"① 初步提出了"文化软实力是国家综合国力的重要组成部分"的重要论题。据此，中共十五大报告中第一次旗帜鲜明地指出："有中国特色社会主义的文化……是综合国力的重要标志。"② 中共十六大报告进一步指出，文化的力量，深深熔铸在民族的生命力、创造力和凝聚力之中。文化在综合国力竞争中的地位和作用越来越突出。希冀全党上下齐心协力推动当代社会主义文化的深入发展，创造中华文化发展的新高地。胡锦涛把"有中国特色社会主义的文化软实力是综合国力的重要组成部分"的理念进一步升华为"文化软实力是综合国力的重要标志"的论断，要求全党全国"要坚持社会主义先进文化前进方向，兴起社会主义文化建设新高潮，激发全民族文化创造活力，提高国家文化软实力"。自此，从中央到全民都更加清晰地意识到，通过高度的文化自觉和文化自信，提升中华文化软实力可以助推我国的和平发展。

党的十八大以来，以习近平同志为总书记的党中央进一步深入地认识到文化发展的重要性。一方面，积极倡导实现中华文化自信。习近平强调，要通过重点展示中国文明大国形象、东方大国形象、负责任大国形象和社会主义大国形象以"增强做中国人的骨气和底气"③ 首次提出了"理论自信、制度自信、道路自信、文化自信"的强国战略。在"四个自信"中又特别强调要坚定文化自信，指出"文化自信是更基本、更深沉、更持久的力量。"另一方面，积极提升中国文化的国际影响力。习近平指出，要不断推动中国文化走向国际化，努力向世界真诚地展现一个有着悠久历史和灿烂文化，同时又充满活力、开放自信的中国，一个改革发展、文明进步、共生共赢的中国。这充分地表达出，中央从战略的高度上提高对维护国家文化安全重要性和紧迫性的深刻认识。

透视鸦片战争以来的屈辱史，毛泽东看到了文化自觉的意义；感悟改革开放的初步实践，邓小平洞察了精神文明建设与物质文明建设的同等重要性；冷战后国际较量向文化领域倾向的严峻态势下，江泽民指出文化是综合国力的重要标志；新世纪以来的国内外新形势下，胡锦涛号召要"从战略高度深

---

① 江泽民. 江泽民论有中国特色社会主义（专题摘要）［G］. 北京：中央文献出版社，2002：395.
② 中共中央文献研究室. 十五大以来重要文献选编（上）［G］. 北京：人民出版社，2003：35.
③ 习近平. 习近平谈治国理政［M］. 北京：外文出版社，2014：162.

刻认识文化的重要地位和作用，牢牢把握文化发展主动权"①；党的十八以来的全面深化改革中，习近平阐述了实现文化中国梦的重要价值。这些理路清晰、承前启后的重要论断，充分地反映出党和政府对当今中国与国际文化发展的历史趋势的科学把握，充分彰显了党加快提高中国文化软实力、繁荣中国特色社会主义文化的坚定决心和认识自觉。

二、文化外交的价值共识

高度重视文化外交获得了党和国家领导人的战略共识。毛泽东充分意识到了文化交流、学习外国优秀文化的重要价值。新中国成立伊始，毛泽东就主张要敢于承认近代以来外国比我们要高。为发展中国社会主义文化，要积极发展同世界各国的文化往来，学习世界各个国家各个民族在科学、技术、文学、艺术等领域的长处。改革开放以来，向国外学习先进科技、文化的迫切性更为紧急。邓小平指出，经济领域对外开放方针同样适用于文化领域，要在文化领域实行对外开放，保持长期的对外文化开放与交流。"对外开放作为一项不可动摇的基本国策，不仅适用于物质文明建设，而且适用于精神文明建设。"② 世纪之交，江泽民基于文化是综合国力重要组成部分，文化交流有利于文化繁荣发展的重要认识，强调要通过文化引进来和文化走出去，博采各国文化之长。据此，党的十四大报告和十五大报告先后强调，愿意在平等互利的原则下，同世界各国和地区开展广泛的文化交流，推动世界共同发展。党的十六大以来，胡锦涛进一步指出，要加强文化外交，推动实施"引进来"和"走出去"相结合的对外开放战略，深入开展对外宣传和对外文化交流；争取和平稳定的国际环境、睦邻友好的周边环境、平等互利的合作环境和客观友善的舆论环境，为全面建设小康社会服务。③ 据此，中共十六届五中全会提出"扩大国际文化交流，要积极开拓国际文化市场，推进中华文化走向世界……提高国际影响力"的战略任务。中共十七大报告明确提出了"加强对外文化交流，吸收各国优秀文明成果，增强中华文化国际影响力"工作的战

---

① 胡锦涛．在中国文联第八次全国代表大会、中国作协第七次全国代表大会上的讲话（2006 年 11 月 10 日）［R］//十六大以来重要文献选编（下）［G］．北京：中央文献出版社，2008：752．

② 十二大以来重要文献选编［G］．北京：中央文献出版社，2011：1177．

③ 胡锦涛强调：切实做好新形势下外交工作［EB/OL］．新浪网．（2004－08－31）．http：//news.sina.com.cn/c/2004-08-31/12113542668s.shtml

略要求。① 这些理论指导推动着形成一个中华文化走向世界的文化开放格局。

中共十八大以来，面对国内外复杂多变的新形势，以习近平同志为总书记的党中央更加清晰地认识到开展文化外交的紧迫性和重要性。习近平同志强调指出，"提高国家文化软实力，关系'两个一百年'奋斗目标和中华民族伟大复兴中国梦的实现"②。这昭示着，只有不断促进中华文化发展，增强中国文化的软实力，以此营造国内外良好的发展环境，才能推进"两个一百年"奋斗目标的顺利实现，才能尽快建成富强、民主、文明、和谐的具有中国特色的社会主义现代化国家。随着文化战略上升为国家发展战略的有机构成体系，大力实施中国特色的文化外交逐步成为全党、全国人民的共识。中国特色文化外交必将为中国的外交事业再添佳绩，为中华文化发展再添新功，为中国梦的早日实现开创新局面。

第三节　中国文化外交的战略原则

在认识到中国文化外交发展的现实困境，并思考了提高文化软实力以推进文化外交的重要性之后，我们有必要对我国进一步深化开展文化外交做出一些原则性的规定。以下将从"四个统一"展开论述。

一、坚持国家利益与文化主权的统一

文化外交的实施是国家利益与文化主权的有机统一。首先，文化外交作为当今外交体系的第四个支柱，最基本的动机是维护和拓展本国的国家利益。一是任何文化外交活动都必须坚持以国家利益为前提，二是以国家利益作为评估文化外交实施结果的基本评判标准。一切无益于国家利益的，特别是可能或正在有损于国家利益的，要及时取消，停止活动。如香港浸会大学孔庆勤教授在调研《中国国家形象片——人物篇》的投放效果后发现，它并不利于中国国家形象的积极传播，甚至是损害他国人民心中的中国形象。③ 对于这种行为活动，要及时进一步的评估，一旦确定无益后，就要及时停止，以

① 张殿军.和平发展论域中的中国文化外交研究 [M].北京：中国社会科学出版社，2013：165.
② 习近平.习近平谈治国理政 [M].北京：外文出版社，2014：160.
③ 葛传红.《中国国家形象片——人物篇》效果惹争议 [N].时代周报，2011-11-24（6）.

免造成更多的负面影响，浪费国家资源。

其次，文化外交要坚持中华文化的主体地位。任何一个国家的文化外交的出发点都是为了弘扬本民族的文化，扩大本民族的文化在国际上的影响力。因此，我们的文化外交要注意维护自身的文化主权。一是将本民族文化发扬光大，增强对自身中华民族文化的自豪感和认同感，提升中华文化对世界其他国家和地区的民众的感召力。二是积极反对文化帝国主义。中国具有丰富的传统文化资源，但严峻的现实是，我们在当前的世界文化格局中处于劣势地位，受到以美国为代表的西方文化的围堵。为此，我们在面对西方文化的时候，既要以包容和博大的气魄，吸纳和整合世界各国各地区多元文化中的有益成分，特别是吸收西方的现代文明，同时也要注意防范西方的文化霸权，抵制其不良影响，保持高度的文化自信和文化自觉，积极维护中华文化主权。

二、坚持策略灵活与制度建设的统一

文化外交的实施是坚持策略灵活与制度建设的有机统一。坚持文化外交的策略灵活主要是基于两方面的考虑：一是世界文化的多样性；二是"西强我弱"的国际文化形势。文化多样性源于人类社会实践的特定时空所产生的文化的民族性特质。也就是说，世界各国各民族的自身文化，都是在其特定的时间和空间中创造出来的，具有其自身的民族性，体现着该民族特定的生产、生活方式和价值观念，进而导致不同民族的文化心理结构和文化认知模式跟其他民族就会存在诸多的异质性。因此，在与不同国家的不同民族进行文化外交时，就有必要采用与之相适应的行为方式，符合或者说适应对方的文化口味（品位、喜好），做到应有的策略灵活性。特别是，面对当今世界的文化话语权掌握在以美欧为首的西方社会、包括中国在内的众多发展中国家普遍处于文化"失语"甚或"无语"的尴尬局势下，我国要根据实际情况，积极运用现代传媒技术，集中优势的人力、物力、财力，对影响甚大的国家、民族和群体进行重点文化公关。

国与国之间的关系和谐，除了国家根本利益的互不冲突外，也需要相关的制度保障。作为一种依托于文化软实力的新型外交，文化外交的力量发挥是一个长期的过程，它的效力的发生往往是隐性的，不可能一蹴而就。因此，一个持续性的文化外交机制就变得十分重要。这就必须改变我国当前文化外交策略缺位和缺乏文化外交顶层制度设计的落后局面，改变日常对外文化交流中存在着的游击式或突击式的文化外交现象。大力推进我国文化外交工作的国内和国际立法工作。通过日益完善的文化外交立法，持续地促进我国与他国的文化交流活动，确保我国文化外交工作的恒远发展，确保相关文化交流与合作活动在坚持中取得实效。

三、坚持官方主导与民间互动的统一

文化外交是文化与外交的结合，作为外交新形态，是外交的一种。外交是主权国家之间以和平的方式来维护彼此的最大利益，是主权国家行为，必然是官方主导。因此，要坚持和完善文化外交的官方领导机制。综观当今各发达国家的文化外交发展现状，尽管其各具特色，但透过这些多样性特色都能看到其中的一个显著共同点，即都有一个统一的文化机构来统领其文化外交。为此，我国的文化外交要改变目前政出多门、多头管理的消极现象，建立一个强有力的文化外交领导机构，实现统一领导，并通过不断改进领导方式，优化文化外交的官方主导地位。同时，文化外交作为一国开展国际文化交流的积极行为，它可以容纳人民与人民之间的文化互动。随着全球化的迅猛发展、世界开放性的扩大，国内公民社会和国际非政府组织在世界政治生活中发挥着独特作用的新的历史条件下，中国不仅要加强同政府主体的文化交流，还要大力发展同其他国家的非政府主体之间的文化交流与合作，以此促进中国人民和世界人民的情感交流与心灵沟通。再者，就是坚持推进文化交流的民间互动，通过更具灵活性、多样性、广泛性和多元性的民间文化往来，促进国家间的文化互动和文化理解，帮助缓和国家与国家之间、国家与民众之间、民众与民众之间不可调和的紧张关系，起到官方渠道往往难以达成的弥合与融合作用。

官方与民间形成合力是推动中国文化走出去，产生更加积极的中华文化国际影响力的必由之路。在进一步发挥官方作用的同时，我们要更加清醒地认识到民间文化互动的重要价值，充分发挥民间组织、社会团体和公民个人的作用及海外侨胞、华侨、亲华人士等群体和个人的作用。让他们以一种微传播的方式悄无声息地传播我国的优秀传统文化和当代文化，使中国文化理念更易于为他国人民所理解和接受。另外，还要做好文化领域的统一战线工作，充分发挥在华的外国人，特别是涉及中国文化的研究学者、来华留学生、访问学者等的作用，让他们热情主动地做中华文化的代言人，让外国人来讲好中国故事，这样必将促使官方力量与民间力量协同融合，推动我国文化外交的飞速发展。

四、坚持与时俱进与博采众长的统一

各民族在自己的社会历史实践中创造了丰富多彩的民族文化，中华文化是中国人民的精神家园，是中国人屹立于世界民族之林的独特灵魂，我们不能仅仅固守自己的文化家底，而要将其发扬光大。中华文化之所以源远流长，根本原因就是其能够不断地创新，在与其他民族文化交流中包容并蓄，不断地与时俱进。与时俱进是马克思主义的基本品质，更是我们做好工作的理论指导。文化外交要取得良好的效果，就要既做到文化外交中文化内容的与时俱进，也要做到文化外交中外交形式的与时俱进。

做到文化内容的与时俱进，要求我们一方面要不断实现文化的自我创新，使传统文化在创新中增加新的内容，与时代发展的大潮流保持一致，做到创新性转化与创造性发展；另一方面，要不断扩大文化领域对外开放，博采众长，以全球的视野、开放的胸怀，善于借鉴吸收世界各民族的优秀文化成果，将其为我所用。把优秀的外来文化同中国的传统文化结合起来，融入中国文化的元素，创造出适合中国人民思维习惯和审美情趣的表现形式，使之具有鲜明的时代特点和中国风格；也要把优秀的中国文化同外国文化结合起来，融入外国元素，创造出符合外国人思维方式和审美情趣的表现形式，使之具有鲜明的域外特色和各国风味，让我国文化更加积极地参与世界文化的交流，并在这一交流过程中有效地沟通、融合和创新。

做到文化外交的形式与方法的与时俱进，要求我们一方面在文化外交工作中要不断总结经验教训，在工作中善于发现，适时采用新的方式方法，并对其进行评估；另一方面，要认真研究其他国家，特别是西方发达国家文化外交的长处，从中发现能够为我所用的方式方法，用以提高我们的文化外交水平。因此，我国文化外交要做到与时俱进与博采众长的有机统一。

第四节　中国文化外交的战略机遇

全球化时代，中国庞大的经济体量及造就经济成绩的文化底蕴在现代互联网与传媒技术的映衬下，将迎来文化外交发展的重要战略机遇，主要体现在以下几个方面。

一、经济成就的魅力

文化外交需要强大的物质基础为后盾，经济优势往往衍生出文化优势。正如美国政治学家塞缪尔·亨廷顿所言，物质上的成功使文化和意识形态具有吸引力……一个国家只有充裕富足的人力、物力和先进的科学技术，才能为对外文化交流拓展出强大的国际空间。[①] 中国经济实力的显著增强将有效推动我国的文化外交发展。

其一，经济方面的成就将突显中华文化魅力。中国近年来巨大的经济建设会吸引越来越多的外国人来关注中国、认识中国、了解中国文化，并借鉴中国发展的经验甚至是其背后的社会文化、法律制度、政治体制等。由"中国经济热"大潮引发了"中国热""中国模式热""中国文化热""中国道路热"等。如埃及学者阿迪勒·萨布里说，"中国对世界的影响越来越大，中国的发展模式成为世界许多国家学习借鉴的榜样"[②]。再如，2003 年 12 月，美国大学理事会宣布设立"AP 汉语项目"，把汉语列为可供高中生选修的大学预修课程。2014 年 9 月起，汉语成为英国小学生从三年级开始的必修课。经济蓬勃发展和不断对外开放的中国，正逐渐成为他们学习知识和实现个人理想的舞台，中国的经济魅力正在变成全方位的吸引力。

其二，财富和经济力量是施展文化影响力的前提条件。一个更加富裕的中国，使得中国无论官方还是民间都将有更多的财力、物力来支撑文化外交。如"中葡论坛 2014—2016 行动纲领"指出，将研究扩大孔子学院在论坛与会葡语国家的覆盖范围，为葡萄牙等葡语系国家来华留学生提供更多的奖学金名额及更丰厚的奖学金。同时，中国的经济崛起必将进一步提高中国自身在海外华人中的声望和吸引力，特别是可能提供的发家致富的机会和外交保护，无疑会加强海外华人的身份认同感，进一步增强他们对中国的凝聚力。而且，中国日渐强大的影响力将持续不断地提高自身的自信、声望和地位，增强海外华人在当地社会的分量和中华文化的影响力，为对外文化外交创造便利。

其三，中国经济影响力将推动国际金融体系的转变和重组。一方面，我国已经增加了在世界银行、国际货币基金组织、亚洲开发银行等国际金融机

---

① 约瑟夫·奈. 软力量：世界政坛成功之道 [M]. 吴晓辉，钱程，译. 北京：东方出版社，2005：11.

② 于毅. 中国对世界的影响越来越大 [N]. 光明日报，2011－07－04（8）.

构的份额比重。另一方面，我国也在积极组建新的国际金融机构，如 2014 年 7 月成立了总部设在上海的金砖国家开发银行，2015 年 12 月 25 日全球首个由中国倡议设立的多边金融机构——亚洲基础设施投资银行正式成立。再一方面，与越来越多的国家设立人民币离岸结算中心或签订货币互换协议，使人民币成为在国际贸易结算中的主要货币之一。如自与多个欧洲国家达成新的合作关系以来，在截至 2014 年 7 月的一年时间里，英国和德国市场上的人民币支付额分别比去年同期大幅增长了 123.6％和 116.0％。整体而言，人民币作为使用频率第七高的全球支付货币的地位有所增强，在全球总支付额中所占比重达到了 1.57％。① 这些都将促使人民币走得更远，甚至成为世界主流货币。

二、文化全球化的推力

经济全球化伴生着文化全球化。随着经济全球化的深入，文化全球化时代应运而生。在文化全球化时代，不同文化间的交流更为频繁。这样一来，一方面，促进了不同文化之间的交流对话与借鉴融合；另一方面，强势文化占据更为有利的地位，有可能冲击处于文化传播弱势地位的国家的民族文化。尽管文化全球化可能会冲击中国传统文化，但只要我们做到扬长避短、积极主动、有效开放、勇于创新、善于推销，文化全球化也可为中华文化传播与中华文化软实力的施展提供更宽的舞台和更佳的机会。一方面，中华文化可以借助文化全球化趋势向世界传播，加强与世界各国的文化交流，积极展示中华民族优秀传统文化和改革开放取得的辉煌成就，使中国为世界人民所知晓、热爱与吸纳，增强文化中国的影响力；另一方面，在文化全球化背景下，中华文化可以更加有利于汲取世界文明的优秀成果，创新与发展中华文明。中华文化对他国文化的借鉴和吸收，从与他国文化的交流中吸取营养，不断丰富中华文化内涵，能使中华文化更富生机和活力，更具有世界性，更为他国人民所喜闻乐见。

三、现代技术的妙力

现代交通、电脑、互联网、传媒、卫星技术的高度发达，使得人们之间的联系变得更加便捷与高效，文化的传播变得更加宽阔与快速，这对中华文

---

① 英德法争当人民币离岸交易中心　上演"三国演义"［EB/OL］. 人民网.（2014－03－31）［2014－09－04］. http://world.people.com.cn/n/2014/0331/c157278-24778921.html.

化向世界各地的弘扬无疑起着积极的推动作用。如当前中国文化"走出去"的两个成功案例：一个"孔子"（孔子学院），一个"孙子"《孙子兵法》。相较于"孔子"受到政府的大力支持，"孙子"更多的是在现代技术条件下凭借自己的影响走出去的。现代技术助推"孙子"走得更远。《孙子兵法》翻译出版和传播应用地域涵盖世界各大洲，在全球应用之广，涉及领域之多，实用价值之高，成果之大，是无与伦比的，全世界几乎每天都在应用它。如葡萄牙某孔子学院葡方院长评价，在世界上影响最大、最受崇拜的中国优秀文化代表人物莫过于两人，一个是孔子，一个是孙子。孔子学院以传播中华文化而誉满全球，《孙子兵法》以智慧应用而扬名海外。芬兰版《孙子》译者马迪·诺约宁认为，《孙子兵法》是中国文化走向世界的"杰出品牌"，不仅被全世界所认可，而且被全世界所应用。[①]"孔子""孙子"之所以走得这么远，除了其内涵文化思想的重要性，也离不开现代技术的推动。现代技术将"孔子"和"孙子"在世界各地以更加生动、形象地传播开来。

---

① 韩胜宝. 学者评价：《孙子》成中华文化走向全球成功案例［EB/OL］. 中国新闻网. （2014 － 06 －13）［2014 － 08 － 17］. http：//www. chinanews. com/cul/2014/06-13/6276893. shtml.

第七章　中国特色文化外交是外交助力
"中国梦"的必由之路

　　"习式外交""丽媛 style"与"中国梦"是时下中国的热门词汇，它们不仅聚焦了全国人民的关注目光与殷殷期盼，更承载了习近平同志和第一夫人的文化底蕴与人格魅力，凸显了中华传统文化与现代外交的完美结合，是中国特色文化外交的深情演绎。这种具有中国特色、中国气派与中国风格的文化外交必将发挥文化外交的柔性价值与软实力作用，助力中华民族复兴"中国梦"的伟大实现。

第一节　文化外交是中华民族伟大复兴的必然要求

　　中华民族的伟大复兴是全体中国人的梦想，这个梦想的实现有赖于中华文化软实力的不断增强与美妙运用。正如习近平同志于 2013 年 12 月 30 日在中央政治局第十二次集体学习时指出："推动中华文化走出去，提高国家文化软实力，关系我国在世界文化格局中的定位，关系我国国际地位和国际影响力，关系'两个一百年'奋斗目标和中华民族伟大复兴的中国梦的实现。"[①]

一、增强国家文化软实力的迫切要求

　　进入 21 世纪，中国已经成长为具有重要影响力的亚洲大国和世界大国。在国际议题设置、舆论导向等方面发挥了前所未有的作用。但在世界上刮起"中国风"的同时，也透着或恐慌或嫉妒或提防之意。西方为维护其当前的巨大既得利益，频频利用其话语霸权鼓吹"中国威胁""中国崩溃""中国风险"

---

　　① 刘奇葆. 大力推动中华文化走向世界［N］. 光明日报，2014－05－22（3）.

等耸人听闻的不实之言。可怕的是，这种诋毁中国国家形象的言论竟有着不小的市场。在中华民族伟大复兴的征程中，文化软实力的欠缺使得中国的和平发展事业得不到世界一些国家的正向认同，成为国外散布"中国威胁论""中国崩溃论""中国风险论"的借口，严重影响到中国与世界互利共赢关系的良性发展。因此，当整个世界都在关注"中国问题"时，中国有必要站在历史的高度去思考整个"世界问题"，回应世界的呼声，打消外界疑虑，促进增信释疑，让其接纳并融入中国的和平发展，甚至为与中国一起发展欢呼呐喊。① 这既需要我们拥有更加强大的国家硬实力，更需要我们拥有更加强大的文化软实力。能否提升和强化中华文化软实力，拥有一个对内具有凝聚力、对外具有吸引力的文化软实力，关系到中华民族的伟大复兴和中国特色社会主义的光明前途。

二、维护民族文化安全的必然要求

文化是人民的精神家园，是一个民族、国家安身立命的根基。它的存在和发展将确保民心之所向、民魂之所归。它可以起到凝聚民心，培养民族自尊心和自豪感的强大作用，为经济、政治的发展提供方向指导和强大的精神动力。然而，当前我国在世界文化格局中的弱势地位"不仅严重影响，甚至扭曲中国人既有的文化传统和社会伦理道德与价值观念，淡化他们对自身文化的自豪感、归属感和认同感"，而且"也会使西方国家的政治经济模式和文化理念在中国横行无阻，使中国在世界舞台上失去自己的国际文化话语权，从而危及中国的国家安全和国家利益"②。这是因为，民族文化及其认同是国家认同的基础及维系民族和国家的重要纽带，也是民族国家的合法性来源和国民凝聚力之所在。因此，在"中国梦"的实现进程中，中国"要想在国际关系中形成自己的话语权，就必须以中国特有的文化价值观影响世界的话语氛围"③，通过文化外交，对内增加人民的文化自信与文化自豪感，对外维护本国的文化安全与文化利益。

---

① 曾祥明，何芳. 和谐世界：中国人的世界秩序观 [J]. 辽宁省社会主义学院学报，2013 (2)：87.

② 张殿军. 和平发展论域中的中国文化外交研究 [M]. 北京：中国社会科学出版社，2013：274，277.

③ 白嵘. "和谐世界"理念的国际关系文化解读 [M] //蔡拓. 和谐世界与中国对外战略. 哈尔滨：黑龙江人民出版社，2006：217.

三、营造良好外部环境的战略要求

文化如水，润物无声。文化外交对增进各国人民之间的相互了解、消除偏见和误解及塑造我国积极的国家形象意义重大。作为一个和平发展中的社会主义大国，发挥文化软实力是我们赢得国际社会理解、信任和尊重的一个重要途径和选择。文化外交可以通过文化价值观念的对外投射和输送，实现文化精神与思想价值的输出，不断产生文化吸引力和向心力，激发他国的文化认同感，从而建构起与世界各国之间积极友好的身份认同关系。为此，要求我们充分发挥文化外交的作用，开展深层次、多样化、重实效的文化外交，通过积极主动地搭建对外文化交流平台，利用文化软实力"春风化雨""润物无声"的浸染作用，用生动形象和易于被他国人民接受的文化交流方式将自身的执政理念、文化理念、道德理念推介给世界，充分展示我国文明大国形象、东方大国形象及负责任大国形象，创造属于自己或有利于自身的国际舆论环境和世界文化软环境，降低中国和平发展的不利因素，使国际社会普遍乐见"中国梦"的早日实现。

正如北京大学王岳川教授所认为的，"文化外交活动有助于展现中国文化魅力，激发外国公众对于中国文化的兴趣并帮助他们了解中国的价值观与文化，消除他国对于中国崛起的担忧与戒备，以及树立一个文明的、负责任的、值得信赖的中国形象"①。

第二节　文化外交是中华文化大放光芒的必然举措

"中国梦"也是中国文化复兴之梦，文化是一个民族的灵魂，是推动经济社会进步的重要力量，同时也代表着一个国家和民族的文明程度、发展高度与前进速度，事关立国之本、治国之道与兴国之路。一个国家的国际地位和影响力也逐渐与该国文化亲和力、国际形象、创新能力和他国的关系等密切相关。作为一个拥有五千多年文明史的文化发源地，中国必须大力发展文化，向世界展示中华优秀文化；而且，中国要秉承优良历史，开创全新未来，做出更大贡献，就有责任通过文化外交向国际社会不断提供有价值的文化及文

---

① 王岳川．中国文化软实力与文化安全［N］．光明日报，2010－07－29（10）．

化产品。正如习近平同志所言,"中华民族创造了源远流长的中华文化,也一定能够创造出中华文化新的辉煌"①。

一、中华传统文化大放光芒的必然举措

中华民族具有五千多年连绵不断的文明历史,创造了博大精深的中华文化,为人类文明进步做出了不可磨灭的贡献。中华文化积淀着中华民族最深沉的精神追求,包含着中华民族最根本的精神基因,代表着中华民族独特的精神标志,是中华民族生生不息、发展壮大的丰厚根基。中华文化是我们民族的"根"和"魂",华夏儿女有责任将其发扬光大。一方面,中华文化中蕴藏着丰富的可供世界各国人民借鉴的优秀精华。习近平同志指出:"中华文化是全世界共有的精神财富。回望历史,丝绸之路上的驼队、郑和下西洋的宝船,带出去的不仅有精美的丝绸和瓷器,更有灿烂的中华文化。"中华优秀传统文化中讲仁爱、重民本、守诚信、崇正义、尚和合、求大同的价值追求,有利于促进国与国之间、人与人之间的和谐相处,对当代世界发展有着重要意义。英国哲学家罗素说过,"中国至高无上的伦理品质中的一些东西,现代世界极为需要","若能够被全世界采纳,地球上肯定比现在有更多的欢乐祥和"。另一方面,世界文化也为我们提供了许多可资借鉴的优秀成果。中华文化是在中国大地上产生的,也是同其他文化不断交流互鉴而形成的。"文明因交流而多彩,文化因互鉴而丰富。"对各国人民创造的优秀文明成果,我们不仅要学习借鉴,而且要认真学习借鉴,在不断汲取各种文明养分中丰富和发展中华文化,充分展示中华优秀传统文化的独特魅力。

二、中国现代文化大放光芒的必然举措

随着我国经济的快速发展和国际地位的极大提高,中国文化受到国际社会的广泛关注,"中国文化热"在国际上持续升温。但我们注意到,"中国在当今世界最有影响力的是以儒家文化为主要内容的中华传统文化,而非现代文化"。当前中国文化输出的主要内容仍然是中国传统古典文化,而"真正体现时代发展需要的、能够引领世界未来变革导向的现代性文化成分则相对较少"。中国社会科学院中国现代化研究中心发布的一份报告指出:"中国的文

---

① 中共中央宣传部.习近平总书记系列重要讲话读本 [G]. 北京:学习出版社,人民出版社,2014:92.

化影响力指数虽然位居世界第七，排名在美国、德国、英国、法国、意大利、西班牙之后，但这一成就的取得，在很大程度上是借了中国经济发展的光，托了中国传统文化的福。中国现代文化的缺失，在一定程度上削弱了中国文化的世界影响力和竞争力。"① 其实，我们不仅拥有丰富的传统文化资源，而且创造了丰富多彩的现代文化。当代中国特色社会主义文化有待我们向世界大力推介。习近平同志指出："文化软实力的灵魂是什么？文化软实力建设的重点是什么？就是核心价值观，这是决定文化性质和方向的最深层次要素。一个国家的文化软实力，从根本上说，取决于其核心价值观的生命力、凝聚力、感召力。""文化的影响力首先是价值观念的影响力，世界上各种文化之争，本质上是价值观念之争。"当代中国价值观念代表了中国先进文化的前进方向，是中国特色社会主义道路的价值表达和重要标志。经过 30 多年的改革发展，世界上越来越多的人热情关注中国道路，高度评价中国道路，开始客观看待当代中国价值观念。因此，要从理论与实践、历史与现实、国内与国际的联系上，"使中华民族最基本的文化基因与当代文化相适应、与现代社会相协调，以人们喜闻乐见、具有广泛参与性的方式推广开来，把跨越时空、超越国度、富有永恒魅力、具有当代价值的文化精神弘扬起来，把继承选编优秀文化又弘扬时代精神、立足本国又面向世界的当代中国文化创新成果传播出去"② 积极向世界推介当代优秀作品，更好地推动当代中国价值观念走向世界。积极有效的文化外交必将使中国特色社会主义文化在国际社会大放光芒。

第三节　文化外交是中国外交自身发展的必然选择

外交是一国内政的延伸，是拓展其国际空间、维护发展环境的必要手段。高水平的外交是服务国家利益的利器。中国正走在逐步实现中华民族伟大复兴的"中国梦"的宏伟道路上。在这个道路上，我们既要提升经济、科技、军事等方面的"硬实力"，也要更加重视文化、政治制度、价值理念等"软实

---

① 杨雪梅. 中国现代化报告认为中国文化影响力居世界第七 [N]. 人民日报，2009－01－19(12).

② 习近平论中国传统文化——十八大以来重要论述选编 [EB/OL]. 人民网. (2014－02－28) [2015－02－01]. http://news.xinhuanet.com/politics/2014-02/28/c_126206419.htm.

力"的发展。尤其是在冷战后,大国间军事作用有限、战争手段受到世界各国人民普遍唾弃的时代背景下,文化已经独立成为国际关系中继政治、经济、军事之后的"第四个支柱",以及民族凝聚力和创造力的重要源泉。

一、突破中国外交困境的必然选择

现代中国是从近代积贫积弱的半殖民地半封建社会中逐渐发展起来的,目前仍然处于国力积累阶段。与美国等西方发达国家相比,中国仍然是发展中国家,综合实力较为有限。但随着和平与发展时代的到来和全球化背景下世界各国相互依赖程度的不断提高,以及传统安全和非传统安全问题的相互交织,传统意义上依靠国家经济、军事等硬实力来谋求国家利益的行为越来越行不通,取而代之的是以文化为标志的软实力因素在国际关系中的地位和作用愈益突出。文化软实力正成为世界不同国家在国际政治舞台上竞争的战略制高点。"文化不但不是一个文雅平静的领地,它甚至可以成为一个战场,各种力量在上面亮相,互相角逐。"① 文化对国际社会和国际关系的影响日益明显,文化外交提供了一种破题的可能,具备传统的政治外交、经济外交、军事外交所不及的特殊作用。

二、点亮中国外交前途的必然选择

外交,是以和平的方式来协调国与国之间的关系,维护国家利益与促进世界和平与发展的机制,有其自身的发展规律,也将随着国际形势的发展变化而做出相应的调整。随着国际形势的变换,传统的外交方式已难以适应某些外交工作的新情况、新特点,而越来越依赖于文化的交流、思想的沟通。文化可以深入心灵、交流情感、表达思想,很难用外部势力覆盖和压倒文化的作用,唯有用文化来对话文化。这也是中国未来外交工作的不二选择。根据经济全球化、政治多极化、国际关系民主化及文明发展多元化不可逆转的趋势,外交方式也将逐渐从硬的形式转向软的形式。根据我国的外交资源情况,文化外交也将获得更多的青睐。作为文明古国,我国有着现成的丰富多彩的文化资源,中华文明正处在近两百年来的又一次复兴时期,我们要积极地、大胆地、自信地去弘扬。它不仅是我们的宝贵遗产,也是我们可以分享给世界的"文化大餐"。作为发展中大国,我们既要与大国为伍,积极参与世

---

① 萨义德.文化与帝国主义 [M].李琨,译.上海:上海三联书店,2003:3.

界规则的制定，也要尽可能地承担国际责任，特别是对其他更加落后的发展中国家的文化援助，让他们分享我们的发展经验。作为社会主义大国，我们既要严防西方对我国意识形态渗透，警惕其"和平演变"，也要在文化多样、制度多元的基础上，积极宣扬我国的社会主义文明，为其他社会主义国家树立榜样，为其他资本主义国家提供实现人类发展进步的借鉴。今后，我们要用发展的眼光来实现中华民族的文化自觉，以人本化的战略思维、本土化的战略姿态和全球化的战略眼光来推进文化外交。文化外交将有效拓展我国外部的政治、经济和文化空间，促进我国政治利益、经济利益和文化利益的实现，与政治外交、经济外交、军事外交形成鼎足之势，共同构成我国外交体系的有机组成部分，必将成为我国外交发展的新亮点。

　　作为外交第四个支柱的文化外交，是对当今国际关系领域中国家、市场与社会三者互动的有效应对，是惯常的政治、经济、军事外交的有益补充，"与政治外交、经济外交和军事外交一起构成了外交的主要形态"①，受到世界各国的日益追捧。在这个"新机遇新挑战层出不穷的世界""国际体系和国际秩序深度调整的世界"，相比以往的政治、经济及军事因素，文化因素对国际关系的影响日益深远。文化外交将起到沟通中国与世界的重要作用，将起到弘扬传统文化与现代文化的重要作用，是提升中国软实力、减少外交成本、提高外交效率，以更好地服务于我国当前及未来国家利益实现的重器，是外交助力"中国梦"的必由之路。

---

① 简涛洁．冷战后美国文化外交及其对中美关系的影响［D］．上海：复旦大学，2010：135.

第八章　中国特色文化外交助力
"中国梦"的路径分析

　　文化的兴衰关乎人类社会的繁荣与稳定，人类社会的发展进步与文化的繁荣昌盛密不可分、有机统一。中华民族伟大复兴的"中国梦"是全方位的，包括中国经济梦、中国军事梦、中国政治梦、中国文化梦等。文化中国之梦是对具有普世性的中华文化价值观的通俗化表述，是中国文化软实力提升之梦。文化软实力是中华民族复兴的强大支撑，直接关系到中华民族的伟大复兴。正如习近平同志所强调的："一个国家、一个民族的强盛，总是以文化兴盛为支撑的。没有文明的继承和发展，没有文化的弘扬和繁荣，就没有中国梦的实现。中华民族创造了源远流长的中华文化，也一定能够创造出中华文化新的辉煌。要坚持走中国特色社会主义文化发展道路，弘扬社会主义先进文化，推动社会主义文化大发展大繁荣，不断丰富人民精神世界，增强人民精神力量，努力建设社会主义文化强国。"① 强大的文化国力是实现"中国梦"的重要基石。文化外交对于提升中国的文化国力，凝聚民心，维护民族文化安全，营造良好的外部环境，升华中国的国际形象，传承与弘扬中华优秀文化，突破我国外交困境、点亮中国外交前途等都具有十分重要的意义，能有效促成"中国梦"的早日实现。然而，如何最大限度地发挥文化外交的助推作用，需要特别注意以下几个方面。

---

　　① 中共中央宣传部．习近平总书记系列重要讲话读本 ［G］. 北京：学习出版社，人民出版社，2014：92.

第一节　中国文化外交的道路选择

中国文化外交必须走中国道路，即坚持文化外交的中国特色社会主义之路。中国特色社会主义道路"是在改革开放 30 多年的伟大实践中走出来的，是在中华人民共和国成立 60 多年的持续探索中走出来的，是在对近代以来170 多年中华民族发展历程的深刻总结中走出来的，是在对中华民族五千多年悠久文明的传承中走出来的，具有深厚的历史渊源和广泛的现实基础"①。这是历史的结论、人民的选择。"无论封闭僵化的老路，还是改旗易帜的邪路，都是绝路、死路。只有中国特色社会主义道路才能发展中国、富强中国"，只有中国特色社会主义才是"一条通往复兴梦想的康庄大道、人间正道"。② 道路选择关乎中国的命运，也关乎中国文化外交的成败。特别是在经济全球化、政治多极化、国际关系民主化、思想多元化、文化碰撞化、科技飞速化、民主浪潮化、信息网络化、资讯自媒体化、思维互联网化的时代新常态下，坚持文化外交的道路自信与道路自觉是我国文化外交能否展现其效力以实现"中国梦"的必然前提。走中国特色社会主义文化外交道路有两点需要特别注意。

一是坚持中国共产党对中国文化外交的坚强领导。这是中国文化外交的特色，更是中国文化外交的保障。习近平指出，"中国共产党是中国特色社会主义事业的领导核心，处在总揽全局、协调各方的地位"。历史和现实充分证明，中国共产党坚强有力的领导是中国特色社会主义事业兴旺发达、国家繁荣稳定、人民幸福安康的根本保障。离开了中国共产党的领导，中国人民还不知道要在黑暗中摸索多久。新中国的外交实践也证明，文化外交服务于"中国梦"的伟大实现同样离不开党的英明领导。60 多年来在中国共产党的领导下，中国对外文化交往取得了令人瞩目的成就，向世界人民展示了中华优秀传统文化和社会主义新文化，加强了与各国人民的文化交流，增强了相互间的了解与沟通，促进了人类文明的繁荣与兴盛。文化外交起到了"先行

---

① 习近平. 习近平谈治国理政 [M]. 北京：外文出版社，2014：39－40.

② 中共中央宣传部. 习近平总书记系列重要讲话读本 [G]. 北京：学习出版社，人民出版社，2014：30.

官""宣传队""播种机"的作用。今后，要进一步坚持和完善党对文化外交的坚强领导，始终以党和国家的外交和文化方针、政策作为我国文化外交工作的行动指南，围绕国内和国际两个大局，维护国家的整体利益。

二是中国文化外交应坚决维护我国的文化主权。文化主权是文化外交的生命线，要从以下三个方面突破：第一，构筑外来文化"防火墙"，维护文化安全。对于外来文化，要保持文化自主性，有明确的自主判断。积极接纳优秀的外来文化并加以中国化，但坚决地毫不迟疑地抵制不良的外来文化。建设本国文化信息技术体系，从技术层面让不良外来文化无从进入、无处藏身。同时，积极揭露西方文化中，特别是西方价值观中的虚伪本质和多重标准，增强广大中华儿女明辨是非的能力，构筑稳固的思想防线和文化"防火墙"，坚决维护国家的文化主权和核心利益。第二，加强主体意识与危机意识的自我教育。著名史学家张岂之认为，国人"对待传统文化历史的虚无态度和对待欧美文化的盲目崇拜，甚至因对未来的迷惘、困惑而产生对传统文化的质疑、责难，其最主要的原因就是他们缺乏以优秀传统文化为核心的人文精神。"[1] 面对文化全球化时代西方文化的强大攻势，国人要自觉增强文化主体意识和文化危机意识，明白自身肩负的历史使命。自觉把传统文化内化为自身的精神素养，从而养成崇高的民族情结和爱国情操。珍视和爱惜自身的传统文化，用中国人自己的人生观、价值观和世界观来认识和辨别世界。第三，加强民族精神与政治信仰的自我启发。习近平同志指出，"中国的国际地位不断提高、国际影响力不断扩大，这是中国人民用自己的百年奋斗赢得的尊敬"。面对"各种思潮的相互激荡"，我们"要学会思考、善于分析、正确抉择，做到稳重自持、从容自信、坚定自励"，要为自己民族的不屈不挠、不懈奋斗充满崇敬之意和自豪之情，做到与祖国和人民共命运、与时代和社会同前进。时刻提醒自己意志坚定、立场明确，知道文化全球化语境下什么应该借鉴什么应该摈弃，坚持"理论自信、制度自信、道路自信、文化自信"，自觉树立为国为民的理想信念和建设富强、民主、文明、和谐的社会主义现代化国家的事业心和奉献心，在时代大潮中建功立业，成就自己的宝贵人生，谱写一曲曲感天动地的人生乐章。

---

① 曾祥明. 文化全球化对青年的影响及其思考 [J]. 辽宁省社会主义学院学报，2014(4)：120.

第二节　中国文化外交的统筹机制

纵观国际上，文化外交开展得比较好的大国和强国，他们都具有一个显著的共同点，就是其文化外交的开展是由一个统一的文化机构来统领。一个强有力的文化外交领导是其文化外交斩获佳绩的法宝。但反观我国的文化外交现状，我国当前存在着众多的开展对外文化交流的机构或组织。这其中，既包括国务院新闻事务办公室、文化部、教育部、外交部、中共中央对外联络部、中共中央宣传部等党政机关，也包括中国人民对外友好协会、中国对外文化交流协会等半官方的社团组织，还包括中央电视台、中国国际广播电台、新华社和人民日报海外部等大型的国家舆论传媒等。众多的机构看似有着强大的力量参与我国的文化外交活动，但这些承担着对外文化交流活动的各类组织却因为条块分割、部门分工模糊、互不相属、各自为政的弊端造成力量分散。如广播、电影、电视归国家新闻出版广电总局管理，文化艺术统归文化部门管理，国际留学、访学教育归属教育部门管理。在进行对外文化交流时，难以协调形成合力，甚至出现互相牵制的现象。由此带来的政出多门和多头管理的文化外交现象不仅容易造成人员、资源的巨大浪费，也不利于中国对外文化合作与交流的深入开展。[①]

事实上，我国也已经认识到了加强对文化外交统筹的必要性和重要性。如先是成立中央对外宣传小组负责领导全国的对外宣传工作，后来组建国务院新闻事务办公室负责领导全国的对外新闻传播事务。但经过这些年的摸索发现，现有的领导机制无法充分统筹文化软实力运用的全局。鉴于此，我国的文化外交务必要尽快结合我国的具体国情，积极酝酿设立更加高效的文化外交机制。可以考虑建立一个国家级的对外文化事务委员会以全面统筹我国的文化外交工作，改变以往政出多门、多头管理、力量分量、重复低效的文化外交现象，做到统一协调，整合发力，并不断改进官方的领导方式，做到以人为本，优化文化外交的官方主导地位。同时，要将这支队伍打造成专业化的文化外交官队伍，以其专长和个性魅力发挥他们在我国文化外交体系中的独特价值。

---

① 张殿军．和平发展论域中的中国文化外交研究［M］．北京：中国社会科学出版社，2013：253．

第三节　中国文化外交的法治建设

"法令行则国治国兴，法令弛则国乱国衰。"法治是处理文化外交事务的重要手段。进一步深化中国特色文化外交的法治建设、将文化外交纳入法治范畴，既是我国当前及今后文化外交的重要课题，也是文化外交发展的世界趋势。其实，我国对对外文化交流的规范化建设十分重视，并制定了相关政策。比如，早在 1982 年宪法修订时就将对外文化交流纳入国家根本大法，为对外文化交流提供基础性的法律支持。2002 年，中共十六大报告第一次将对外文化交流写入报告之中，表明了中国共产党高度重视对外文化交流及其在我国外交事业中的重要价值。2007 年，中共十七大报告中首次提出了"提高国家文化软实力、增强中华文化国际影响力和竞争力成为中华文化建设的基本目标"。2012 年，中共十八大报告指出，实现中华民族伟大复兴离不开强大的文化软实力的支撑。习近平同志也特别强调，提高国家文化软实力，关系到"两个一百年"奋斗目标和"中国梦"的伟大实现。从这些重要提法和阐述中都可以看出党和政府高度重视文化外交，并做出了大量的宏观规划和指导。但也注意到，这些都停留在报告、指示等政策性的文件，而鲜有专门性的文化外交法律。

国际社会的良性发展有赖于规范国际秩序的法律制度。特别是对于文化外交这样一种软力量的发挥，更需要通过不断完善的法治建设以确保文化外交的持续进行。其一，要积极做好文化外交的立法工作。这包括两点：首先是加强文化外交的国内立法，国内立法主要是引导和规范国内力量对文化外交的参与和支持；其次是加强与相关国家或国际性组织之间的文化外交立法，比如，推进中外签订双边或多边的文化交流与合作协议，规定各方的行为，以促使文化外交主体在既定的路线上持续发力，达成目标。其二，要积极强化文化外交中的法律运用。一是我们在设计对外文化交流的时候要将法治理念嵌入其中，以法治的形式来保持文化外交机构的相对稳定、设计具有影响力的文化外交项目，将其做成一项可以依法进行的文化精品项目；二是将国际通行的法律规则运用到文化外交中去，用法律法规规范与其他各方进行的文化交流活动。

第四节　中国文化外交的文化内核

文化外交的发展从根本上讲取决于文化的先进性，是否拥有一个大发展大繁荣的中国特色社会主义先进文化是中国特色文化外交成败的关键。因此，要潜心尽力地提升我国文化软实力，做好中国文化建设，做强中国文化产业，实现文化外交与文化建设的共生共赢。中华文化是中国文化外交的文化内核。习近平同志指出："博大精深的中华优秀传统文化是我们在世界文化激荡中站稳脚跟的根基。""中华文化积淀着中华民族最深沉的精神追求，包含着中华民族最根本的精神基因，代表着中华民族独特的精神标识，是中华民族生生不息、发展壮大的丰厚滋养。"[1] 深厚的民族文化资源是实现中华民族伟大复兴中国梦的源泉所在，"中华民族伟大复兴需要以中华文化发展繁荣为条件"[2]。我们既要善抓机遇，勇于借鉴与创新，融入世界主流文化，又要不畏挑战，敢于破题与立意，拥有一个更加繁荣的先进的中国文化，增强中华文化软实力。

一方面，弘扬与创新中华优秀传统文化。中华文化是中华民族共有的精神家园，是维系民族团结和国家统一的精神纽带。习近平同志在山东曲阜孔府和北京南锣鼓巷等历史文化名胜古迹的考察就表明了以其为核心的中央对中华民族文化的高度重视和弘扬民族文化的坚定决心。弘扬传统优秀文化能够增强全体国人的文化自豪感和民族认同感。同时，要加强对中华优秀传统文化的挖掘和阐发，努力实现中华传统文化的创造性转化、创新性发展，使其以现代人喜闻乐见、具有广泛参与性的方式推广开来，增强国人的文化自信心，保持对自身文化的自信、耐力、定力。

另一方面，培育和发展中国特色社会主义文化，特别是将社会主义核心价值观塑造成中华文化软实力的一部分。社会主义文化"是中国悠久历史的积淀和人民当前社会实践相结合的产物，是中华优秀文化的当代组成部分"。习近平强调，"中国特色社会主义价值观念，代表了中国先进文化的前进方

---

① 中共中央宣传部.习近平总书记系列讲话重要读本［G］.北京：学习出版社，人民出版社，2014：100.

② 同①，99.

向"。中国特色社会主义核心价值观能够引领社会思潮，要善于用社会主义现代建设成果来增强社会主义文化的说服力和感召力，凝聚全体国人的社会共识。① 切实把我们自身的社会主义文化建设好，朝着社会主义文化大国的目标不断前进。

再一方面，以发展"文化产业"和"文化事业"为建设中华文化的有效载体。经济全球化的背景下，文化产业已越来越成为衡量一个国家文化竞争力的重要标志。任何观念形态的东西，都有赖于一定的物质载体体现出来、传播开去。在当代社会，人类文明和文化的发展与传播，不能脱离文化产业这种具体的文化存在方式。而文化产业的大发展大繁荣必须要以文化事业的大发展大繁荣为前提和基础。因此，要实现中华文化建设的持久发展，就必须推动文化事业和文化产业的共同繁荣。促进文化事业繁荣发展，一要始终把社会效益放在首位，坚持把发展公益性文化事业作为保障人民基本文化权益的主要途径。二要坚持"双百方针"，充分调动广大文化工作者的积极性。三要坚持以政府为主导，加大财政支持的公益性文化事业的投入力度。四要进一步加强基层文化建设，活跃群众公共文化生活。五要正确处理文物保护和利用的关系，加强对重要文化遗产和优秀民间艺术的保护。因此，只有实现文化产业与文化事业的齐发展，才能改变西方强势通俗文化产品占领中国文化消费市场、国产文化产品长期供给不足的现状，不断提升中华文化品质。

此外，以"文化体制改革"为中华文化建设提供体制保障。由于历史和意识形态等多方面的原因，中国文化事业是靠政策垄断成长起来的，浓厚的行政色彩、矛盾丛生的制度设计成为中国文化产业发展的桎梏。② 文化体制改革，第一，要改革现有的文化领导体制，转变政府职能，促进文化管理的科学化。第二，为与市场经济相适应，还应建立和完善民主化、法制化的文化管理体制。第三，要推进文化领域体制机制的结构性调整，逐步形成以公有制为主体、多种所有制共同发展的文化产业格局。第四，以市场为导向，稳步形成统一、开放、竞争、有序的现代文化市场体系。③ 让一个更加繁荣有序的文化市场出现在中华大地上。

① 曾祥明. 文化全球化对青年的影响及其思考 [J]. 辽宁省社会主义学院学报，2014（4）：119－120.
② 王琼. 和谐社会需要文化软实力的支撑 [J]. 理论观察，2008（4）：18.
③ 韩美群. 我国文化软实力建设的问题及思路 [J]. 思想理论教育，2009（13）：36.

第五节 综合运用各种文化传播的技术和力量

习近平指出,应"把继承传统优秀文化又弘扬时代精神、立足本国又面向世界的当代中国文化创新成果传播出去。……提高对外文化交流水平,完善人文交流机制,创新人文交流方式,综合运用大众传播、群体传播、人际传播等多种方式展示中华文化魅力"①。要把中华文化更高效地传播出去,就需要借助现代传媒技术与民间力量的作用。现代技术与民间力量犹如中国文化走出去的"两翼"。中国文化外交离开了现代技术与民间力量的协同协作,其作用就难以发挥。

互联网等现代传媒平台和技术对推动更加广泛的文化交流与文化传播的作用日益增大。第一,要积极运用互联网。互联网是当前信息传播与经济模式发展的新常态。它不仅跨越了各民族文化传播的地域阻隔,更成为世界多元文化交织影响、相互渗透、相互较量的主阵地之一。实现中国文化走出去,增强中华文化国际影响力离不开对网络及其他现代传媒技术的广泛使用。网络文化外交是中国可能突破西方话语霸权、实现中华文化张力的重要方式。因此,需要积极加快建设网络图书馆、网络博物馆、线上影院、线上剧场、网络文化中心等线上平台,使其成为传播中国优秀文化的新阵地和重要渠道。第二,要全力运用数字化技术传播中华文化。通过微电影、微视频、动漫、手机游戏、卫星电视等新媒介增强国家文化活力,让数字文化产业驱动中国文化向纵深发展,促使中国文化在中外人民的生活消费中悄无声息地融入其心中与行为模式中。同时,互联网与数字化技术要善于结合、相得益彰、并驾齐驱。要将大量数字化后的文化资源运用互联网平台传向全球。通过互联网,快捷地展现中国文化的新气象、新风格、新气派,使博大精深的中华文化在世界多元文化之林中产生广泛持久的影响力和感召力,不断拓展中国文化的精神空间和文化中国的疆域范围,提升中国的文化软实力以获取更多的国际舆论塑造权和文化话语权。

民间社会力量是文化外交的重要支撑,有时可起到官方无法比拟的作用。

---

① 中共中央宣传部. 习近平总书记系列讲话重要读本 [G]. 北京:学习出版社,人民出版社,2014:104.

如今国际舞台上民间社会、智库集团、非政府组织的作用在逐渐加强。第一，积极鼓励并引导国内外的社会力量参与并纳入中国的整体文化外交体系。社会力量的参与会给文化外交注入新鲜的血液，激活文化外交。由民间社会去开展相应的对外文化交流活动会更容易取得对方国家和公民的信任与合作，达到较优的文化交流效果。第二，官方在开展文化外交时要注重将他国的公民作为自己的交往对象。当前我国官方主导的文化外交往往过多地关注交往国或地区的政府组织，而忽视其社会公众。其实，随着公民社会的成熟壮大，民意在未来的政治博弈中将起到越发强劲的作用。加强与国外公众的文化联系，能更好地倾听其心声，了解其所思所想，捕捉到意想不到的效果。第三，加大支持我国民间与他国民间之间的文化交流互动。随着国际交流的日益频繁，未来更加多元多样的文化外交活动需要我们充分调动并发挥公民对公民的直接民间往来的积极作用。要积极培育一批具有国际竞争力的外向型文化企业和文化中介机构，发挥非公有制文化企业和文化非营利机构的作用，充分运用我国海外侨胞众多的优势，支持海外侨胞积极开展中外人文交流。

第六节　注重文化的"内推外引"

习近平指出："文明因交流而多彩，文明因互鉴而丰富。文明交流互鉴，是推动人类文明进步和世界和平发展的重要动力。"[①] 中华文化之所以博大精深，延绵五千年，就是因为其具有自觉的创新性与文明的包容性。天生的文化优势、温良的民族性格和长期的民族融合历史赋予了中国一种积极开放的文化心态。一方面，中国在历史上勇于接受外来新鲜事物和异国文化。从汉代开始，中外文化间进行了无数次大开放、大交融，中国通过吸收西域文化、印度佛教文化确立了自己的强势文化地位，造就了令世人仰慕的盛唐气象。另一方面，中国文化因其先进性而具有强大的辐射力、吸引力和同化力。日本从唐朝直至明治维新长期师法中国，朝鲜半岛、越南等地常见孔庙和汉文。郑和下西洋的壮举及著名的丝绸之路把中华文化远播到非洲及西欧大陆，甚至欧洲的一些启蒙思想家也深受中国文化的影响。保罗·肯尼迪在《大国的兴衰》中评价说："在近代以前时期的所有文明中，没有一个国家的文明比中

① 杨丽明，林卫光. 文化因交流而多彩，文明因互鉴而丰富 [N]. 中国青年报，2014－03－29(3).

国文明更发达、更先进。"① 但我们也不能盲目自大，中国文化中也包含着一些不太适应现代社会发展的成分，或者说它本身也存在自己的一些局限性、一些弊端、一些不足。如官本位思想、中庸思想、轻视商业的思想、没有明确的法治思想等。因此，需要对中国传统文化进行创造性转化和创新性发展，吸收其中的合理成分，扬弃其中的不良成分。不仅如此，由于近代以来中国在科技上落后于西方，导致在过去百余年间中西方文化对话过程中，中国人在某种程度上还缺乏文化自主性和文化自信心，这在相当程度上影响了中国文化的发展及国力的提升。②

中华民族辉煌的历史与式微的近代及复兴时刻到来的现在也告诫我们，不能盲目自大、闭关锁国，我们应继续秉承文明开放的心态，继续引进和学习国外的先进文化，创造一种更加积极的文化，为"中国梦"的早日实现所用。今后，要继续做好"西学东渐"，将他者的优秀文化"引进来"，以开放的胸襟、兼容的态度和宽广的世界眼光勇于吸收并借鉴包括资本主义在内的"一切肯定成果"。习近平认为，不仅有由内向外的传播，更有由外向内的吸收。中华文化就是在不断汲取各种文明养分中丰富和发展起来的，不能闭上眼睛不看世界，要在推进人类各种文明的交流交融、互学互鉴中，增强我国的文化软实力。同时，我们也要乐意去传承和弘扬中华传统优秀文化，逐渐加强"中学外传"。众所周知，在五千多年文明发展进程中，中华民族创造了博大精深的灿烂文化。要使中华民族最基本的文化基因与当代文化相适应、与现代社会相协调，以人们喜闻乐见、具有广泛参与性的方式推广开来，把跨越时空、超越国度、富有永恒魅力、具有当代价值的文化精神弘扬起来，把继承传统优秀文化又弘扬时代精神、立足本国又面向世界的当代中国文化创新成果传播出去。不断地将我们内部的优秀中华文化"推出去"，积极与世界各民族交流，乐意与其分享我们的中国特色社会主义先进文化。特别是对一些发展中国家，我们要在平等互惠的基础上，慷慨地提供我们成熟的先进知识和切实有效的社会治理经验，推动政府和民间的文化交流，帮助他们发展，推进文明的共享和进步。以"一带一路"外加"一洲（非洲）"的策略不断推动中华文化走出去，使中国特色社会主义文化在世界产生强大的感召力、

---

① 保罗·肯尼迪. 大国的兴衰 [M]. 北京：国际文化出版公司，2006：4.
② 周天勇. 艰难的复兴：中国 21 世纪国际战略 [M]. 北京：中共中央党校出版社，2013：457－458.

吸引力和竞争力，"再现盛唐时代中国文化的无穷魅力"①，为"中国梦"的实现创造文化氛围与软实力基石。可以说，没有文明的继承和发展，没有文化的弘扬和繁荣，没有文化的交流与互鉴，就难以有中华文化的繁荣发展。离开了中华文化的强力支撑，"中国梦"的实现肯定将更难以达成。今后，我们要将内部优秀文化推出去与外部优秀文化引进来有效结合起来，以文化的"内推外引"实现中华文化大发展大繁荣，进而助力"中国梦"的伟大实现。

---

① 周天勇. 艰难的复兴：中国 21 世纪国际战略 ［M］. 北京：中共中央党校出版社，2013：454－455.

参 考 文 献

（一）文献材料

[1] 中共中央文献研究室. 十三大以来重要文献选编（中）[G]. 北京：人民出版社，1993.

[2] 中共中央文献研究室. 十四大以来重要文献选编（中）[G]. 北京：人民出版社，1997.

[3] 中共中央文献研究室. 十四大以来重要文献选编（下）[G]. 北京：人民出版社，1999.

[4] 中共中央文献研究室. 十五大以来重要文献选编（上）[G]. 北京：人民出版社，2003.

（二）中文著作

[1] 习近平. 习近平谈治国理政 [M]. 北京：外文出版社，2014.

[2] 习近平. 干在实处，走在前列：推进浙江新发展的思考与实践 [M]. 北京：中共中央党校出版社，2013.

[3] 卫灵. 当代世界经济与政治 [M]. 北京：中国人民大学出版社，2008.

[4] 卫灵. 冷战后中印关系研究 [M]. 北京：中国政法大学出版社，2008.

[5] 方连庆，王炳元，刘金质. 国际关系史：上册 [M]. 北京：北京大学出版社，2006.

[6] 周宏. 理解与批判：马克思意识形态理论的文本学研究 [M]. 上海：上海三联书店，2003.

[7] 俞新天. 强大的无形力量：文化对当代国际关系的作用 [M]. 上海：上海人民出版社，2007.

[8] 俞新天. 国际关系中的文化：类型、作用与命运 [M]. 上海：上海社会科学院出版

社，2005.

[9] 张骥.国际政治文化学导论［M］.北京：世界知识出版社，2005.

[10] 郑永年.中国国际命运［M］.杭州：浙江人民出版社，2011.

[11] 李智.文化外交：一种传播学的解读［M］.北京：北京大学出版社，2006.

[12] 胡文涛.美国文化外交及其在中国的运用［M］.北京：世界知识出版社，2008.

[13] 张季良.国际关系学概论［M］.北京：世界知识出版社，1989.

[14] 俞正梁.当代国际关系学导论［M］.上海：复旦大学出版社，1996.

[15] 俞正梁.全球化时代的国际关系［M］.上海：复旦大学出版社，2000.

[16] 李少军.国际政治学概论［M］.上海：上海人民出版社，2002.

[17] 宋新宁，陈岳.国际政治学概论［M］.北京：中国人民大学出版社，2000.

[18] 李景治，罗天虹.国际战略学［M］.北京：中国人民大学出版社，2003.

[19] 金正昆.现代外交学概论［M］.北京：中国人民大学出版社，1999.

[20] 鲁毅，黄金祺.外交学概论［M］.北京：世界知识出版社，2004.

[21] 鲁毅.外交学概论［M］.北京：世界知识出版社，1997.

[22] 王晓德.美国文化与外交［M］.北京：世界知识出版社，2000.

[23] 计秋枫.英国文化与外交［M］.北京：世界知识出版社，2002.

[24] 董秀丽.美国外交的文化阐释［M］.北京：知识产权出版社，2007.

[25] 秦亚青.文化与国际社会：建构主义国际关系理论研究［M］.北京：世界知识出版社，2006.

[26] 秦亚青.国际体系与中国外交［M］.北京：世界知识出版社，2009.

[27] 张桂珍.中国对外传播［M］.北京：中国传媒大学出版社，2006.

[28] 韩召颖.输出美国：美国新闻出版署与美国公众外交［M］.天津：天津人民出版社，1999.

[29] 彭新良.文化外交与中国的软实力：一种全球化的视角［M］.北京：外语教学与研究出版社，2008.

[30] 周琪.意识形态与美国外交［M］.上海：上海人民出版社，2006.

[31] 王立新.意识形态与美国外交政策：以 20 世纪美国对华政策为个案的研究［M］.北京：北京大学出版社，2007.

[32] 姜安.意识形态与外交博弈：兼论中美关系的政治文化逻辑［M］.北京：中央党校出版社，2007.

[33] 中华人民共和国文化部对外文化联络局.中国对外文化交流概览：1949—1991[M].北京：光明日报出版社，1993.

[34] 陈辛仁，孙维学，林地，等.新中国对外文化交流史略［M］.北京：中国友谊出版公司，1999.

[35] 葛慎平.金桥新篇：新中国对外文化交流 50 年纪事［M］.北京：文化艺术出版

社，2000.

［36］潘一禾．文化与国际关系［M］．杭州：浙江大学出版社，2005.

［37］张骥，刘中民．文化与当代国际政治［M］．北京：人民出版社，2003.

［38］邵汉明．中国文化研究二十年：修订本［M］．北京：人民出版社，2006.

［39］徐宗华．现代化的政治文化维度［M］．北京：人民出版社，2007.

［40］刘伟胜．文化霸权概论［M］．石家庄：河北人民出版社，2002.

［41］于炳贵，郝良华．中国国家文化安全研究［M］．济南：山东人民出版社，2007.

［42］李宝俊．当代中国外交概论［M］．北京：中国人民大学出版社，1999.

［43］倪世雄．当代西方国际关系理论［M］．上海：复旦大学出版社，2001.

［44］王逸舟．西方国际政治学：历史与理论［M］．上海：上海人民出版社，1998.

［45］柳静．西方对外战略策略资料：第一辑［M］．北京：当代中国出版社，1992.

［46］辛灿．西方政界要人谈和平演变［M］．北京：新华出版社，1989.

［47］李兴耕．前车之鉴：俄罗斯关于苏联剧变问题的各种观点综述［M］．北京：人民出版社，2003.

［48］卢现祥．西方制度经济学［M］．北京：中国发展出版社，1996.

［49］墨翟．墨子［M］．哈尔滨：黑龙江人民出版社，2003.

［50］韩云波．中国侠文化：积淀与承传［M］．重庆：重庆出版社，2004.

［51］刘宝楠．诸子集成［M］．上海：上海书店出版社，1986.

［52］杨伯峻．孟子译注［M］．香港：中华书局，1960.

［53］陈洁华．21世纪中国外交战略［M］．北京：北京时事出版社，2000.

［54］张玉荣．周恩来对毛泽东思想的贡献［M］．重庆：重庆出版社，1997.

［55］外交部文史研究室．毛泽东外交思想研究［M］．北京：世界知识出版社，1994.

［56］王泰平．新中国外交50年［M］．北京：北京出版社，1999.

［57］韩念龙．当代中国外交［M］．北京：社会科学出版社，1988.

［58］裴坚章．毛泽东外交思想研究［M］．北京：世界知识出版社，1994.

［59］杨洁勉．中国共产党和中国特色外交理论与实践［M］．北京：中国出版集团东方出版中心，2011.

［60］王铁崖．中外旧约章汇编［M］．上海：上海三联书店，1982.

［61］宋恩繁．中华人民共和国外交大事记：第1卷［M］．北京：世界知识出版社，1997.

［62］沈炼之．法国通史简编［M］．北京：人民出版社，1990.

［63］杨元华．从黄埔条约到巴拉迪尔访华：中法关系（1844—1994）［M］．福州：福建人民出版社，1995.

［64］庄国土．华人华侨与中国的关系［M］．广州：广东高等教育出版社，2001.

［65］孙家正．中国文化年鉴（2002—2003）［M］．北京：新华出版社，2004.

[66] 齐鹏飞. 中国共产党与当代中国外交（1949—2009）［M］. 北京：中共党史出版社，2010.

[67] 吴兴唐. 政党外交和国际关系［M］. 北京：当代世界出版社，2004.

[68] 蔡拓. 国际关系学［M］. 天津：南开大学出版社，2011.

[69] 王玮，戴超武. 美国外交思想史：1778—2005 年［M］. 北京：人民出版社，2007.

[70] 李正国. 国家形象构建［M］. 北京：中国传媒大学出版社，2006.

[71] 王臻中，钟振振. 毛泽东诗词鉴赏［M］. 南京：江苏古籍出版社，1990.

[72] 钟之成. 为了世界更美好：江泽民出访纪实［M］. 北京：世界知识出版社，2006.

[73] 韩念龙. 当代中国外交［M］. 北京：中国社会科学出版社，1987.

[74] 顾长声. 传教士与近代中国［M］. 上海：上海人民出版社，1981.

[75] 王缉思. 文明与国际政治：中国学者评亨廷顿的文明冲突论［C］. 上海：上海人民出版社，1995.

[76] 刘海平. 世纪之交的中国与美国［C］. 上海：上海外语教育出版社，2000.

[77] 陆苗耕. 同心若金：中非友好关系的辉煌历程［M］. 北京：世界知识出版社，2006.

[78] 俞沂暄. 和谐世界与中国的责任［M］. 北京：世界知识出版社，2008.

[79] 张利华. 中国文化与外交［M］. 北京：知识产权出版社，2013.

[80] 张殿军. 和平发展论域中的中国文化外交研究［M］. 北京：中国社会科学出版社，2013.

[81] 塞缪尔·亨廷顿. 文明的冲突与世界秩序的重建［M］. 周琪，刘菲，译. 北京：新华出版社，2002.

[82] 塞缪尔·亨廷顿，彼得·伯杰. 全球化的文化动力：当今世界的文化多样性［M］. 康敬贻，等译. 北京：新华出版社，2005.

[83] 塞缪尔·亨廷顿，劳伦斯·哈里森. 文化的重要作用：价值观如何影响人类进步［M］. 程克雄，译. 北京：新华出版社，2010.

[84] 汉斯·摩根索. 国际纵横策论［M］. 卢明华，译. 上海：上海译文出版社，1995.

[85] 傅立民. 论实力：治国方略与外交艺术［M］. 刘晓红，译. 北京：清华大学出版社，2004.

[86] 孔华润. 剑桥美国对外关系史（下）［M］. 王深，译. 北京：新华出版社，2004.

[87] 玛莎·费丽莫. 国际社会中的国家利益［M］. 袁正清，译. 杭州：浙江人民出版社，2001.

[88] 亚历山大·温特. 国际政治的社会理论［M］. 张小明，译. 上海：上海人民出版社，2000.

[89] 埃兹拉·沃格尔. 与中国共处：21 世纪的美中关系［M］. 北京：新华出版社，1998.

[90] 杨懋春. 一个中国村庄：山东台头［M］. 张雄，译. 南京：江苏人民出版社，2001.

[91] 迪特·森格哈斯. 文明内部的冲突与世界秩序 [M]. 张文武，译. 北京：新华出版社，2004.

[92] 肯尼斯·D. 贝利. 现代社会研究方法 [M]. 许真，译. 上海：上海人民出版社，1986.

[93] 艾尔·巴比. 社会研究方法 [M]. 邱泽奇，译. 北京：华夏出版社，2009.

[94] 黄仁宇. 万历十五年：增订本 [M]. 北京：生活·读书·新知三联书店，1997.

[95] 杰里尔·罗塞蒂. 美国对外政策的政治学 [M]. 周启明，译. 北京：世界知识出版社，1997.

[96] 特瑞·伊格尔顿. 文化的观念 [M]. 方杰，译. 南京：南京大学出版社，2003.

[97] 让·马克·夸克. 合法性与政治 [M]. 佟心平，王远飞，译. 北京：中央编译出版社，2002.

[98] 路易·多洛. 国际文化关系 [M]. 孙恒，译. 上海：上海人民出版社，1987.

[99] 基尚·拉纳. 双边外交 [M]. 罗松涛，邱敬，译. 北京：北京大学出版社，2005.

[100] 齐美尔. 社会是如何可能的：齐美尔社会学文选 [M]. 林荣远，译. 桂林：广西师范大学出版社，2002.

[101] 约瑟夫·奈. 软实力：世界政坛成功之道 [M]. 吴晓辉，钱程，译. 北京：东方出版社，2005.

[102] 约瑟夫·奈. 美国定能领导世界吗 [M]. 何小东，盖玉云，译. 北京：军事译文出版社，1992.

（三）中文论文

[1] 张晓彤. 胡锦涛时代观的中国主张 [J]. 瞭望，2009（47）：32−36.

[2] 金元浦. 美国政府的文化外交及其特点 [J]. 国外理论动态，2005（4）：33−36.

[3] 郭嫦娟. 中国国际战略新思维：和谐世界 [J]. 社科纵横，2011（1）：103−105.

[4] 李忠杰. 我国需要更高层次的国际战略："怎样认识和把握当今的国际战略形势"之八 [J]. 瞭望新闻周刊，2002（32）：22−30.

[5] 李廷江. 探索国际关系的新视角：平野健一郎和他的国际文化理论 [J]. 国外社会科学，1997（2）：39−43.

[6] 俞新天. 中国对外战略的文化思考 [J]. 现代国际关系，2004（12）：20−26.

[7] 张清敏. 全球化背景下中国文化外交 [J]. 外交评论，2006（1）：36−43.

[8] 李智. 试论文化外交 [J]. 外交学院学报，2003（1）：83−87.

[9] 李智. 论文化外交对国家国际威望树立的作用 [J]. 太平洋学报，2005（3）：71−76.

[10] 李智. 试论美国的文化外交：软权力的运用 [J]. 太平洋学报，2004（2）：64−69.

[11] 关世杰. 国际文化交流与外交 [J]. 国际政治研究，2000（3）：129−139.

[12] 方立. 美国对外文化交流中的政治因素（一）：美国"文化外交"的历史面目 [J]. 中

国高校社会科学，1994（3）：69-71.

[13] 方立. 美国对外文化交流中的政治因素（二）：美国对外文化交流在"冷战"中的地位与作用 [J]. 高校理论战线，1994（4）：63-66.

[14] 方立. 美国对外文化交流中的政治因素（三）：美国"文化外交"的主要目标 [J]. 高校理论战线，1994（5）：61-63.

[15] 刘永涛. 文化与外交：战后美国对外文化战略透视 [J]. 复旦学报，2001（3）：62-67.

[16] 刘永涛. 冷战后美国对外文化战略透析 [J]. 现代国际关系，2001（5）：12-15.

[17] 李新华. 美国文化外交浅析 [J]. 思想理论教育导刊，2004（11）：38-42.

[18] 杨友孙. 美国文化外交及其在波兰的运用 [J]. 世界历史，2006（6）：51-59.

[19] 金元浦. 美国政府的文化外交及其特点 [J]. 国外理论动态，2005（4）：33-36.

[20] 周永生. 冷战后的日本文化外交 [J]. 日本学刊，1998（6）：1-15.

[21] 许先文，叶方兴. 全球化背景下的文化多样性——兼论日本学者青木保的多文化世界思想 [J]. 宁夏社会科学，2010（3）：125-128.

[22] 孙艳晓. 文化外交的过程与成效评估——及对中国文化外交战略的思考 [J]. 南方论刊，2010（8）：98-99.

[23] 余惠芬，唐翀. 论中国对东南亚的文化外交 [J]. 暨南学报，2010（3）：252-257.

[24] 胡文涛. 美国早期文化外交机制的建构：过程、动因与启示 [J]. 国际论坛，2005（4）：65-81.

[25] 胡文涛. 冷战期间美国文化外交的演变 [J]. 史学集刊，2007（1）：44-49；76.

[26] 胡文涛. 解读文化外交：一种学理分析 [J]. 外交评论，2007（3）：50-58.

[27] 胡文涛. 奥巴马与美国国际形象修复战略 [J]. 现代国际关系，2010（4）：33-37.

[28] 胡文涛，招春袖. 英国与英联邦国家间文化外交评析 [J]. 欧洲研究，2010（2）：110-122.

[29] 孙艳晓. 文化外交的过程与成效评估——及对中国文化外交战略的思考 [J]. 南方论刊，2010（8）：98-99.

[30] 刘桂欣. 中葡人民的友谊之花——《葡语作家丛书》出版专访 [J]. 出版参考，1998（18）：7.

[31] 房广顺. 马克思恩格斯建设和谐世界战略思想论析 [J]. 江汉论坛，2010（9）：30；35.

[32] 郭继文，庄仕文. 从列宁的和平共处到"和谐世界" [J]. 菏泽学院学报，2010（3）：18；20.

[33] 丁明. 审时度势，铸就辉煌——新中国外交战略演变的历史回顾 [J]. 当代中国史研究，2009（5）：19；23.

[34] 洪朝辉. 1971年"乒乓外交"背后的秘密推手 [J]. 纵横，2011（2）：46；47.

[35] 闵捷，马云蔚. 中国对阿拉伯世界人文外交的历史回顾及现实挑战 [J]. 阿拉伯世界研究，2011 (6)：53：59.

[36] 杜维明. 全球化和文明对话 [J]. 开放时代，2002 (1)：123：131.

[37] 杜维明. 文明对话的发展及其世界意义 [J]. 南京大学学报 (社会科学版)，2003 (1)：34－44.

[38] 哈维·朝定，方俊青. 从美国人的对华态度看中国文化外交 [J]. 当代世界，2011 (7)：88－93.

[39] 入江昭. 文化与外交 [J]. 外交论坛，2000 (4)：28－31.

[40] 麦哲. 文化与国际关系：基本理论评述 [J]. 现代外国哲学社会科学文献，1997 (4)：65－69.

[41] 约瑟夫·奈，王辑思. 中国软实力的兴起及其对美国的影响 [J]. 世界经济与政治，2009 (6)：6－12.

[42] 马正跃. 努力推动社会主义文化大发展大繁荣 [J]. 中州学刊，2008 (1)：1－7.

[43] 周志俊，汪长城. 道教思想的基本主张 [J]. 武当论坛，2004 (12)：111－116.

[44] 裴远颖. 邓小平外交思想是新时期中国外交理论基础和实践指南 [J]. 和平与发展季刊，2004 (3)：115－121.

[45] 杨琳，申楠. 论跨文化传播活动中我国文化软实力的提升 [J]. 西安交通大学学报 (社会科学版)，2012 (1)：6－11.

[46] 王沪宁. 作为国家实力的文化：软权力 [J]. 复旦学报，1993 (3)：91－96.

[47] 李自豪. 浅谈池田大作的和谐世界思想 [J]. 改革与开放，2011 (1)：110－111.

[48] 张璐晶. 文化"零头"何时变"巨头"[J]. 中国经济周刊，2011 (42)：16.

[49] 尹承德. 试论毛泽东外交思想 [J]. 南京政治学院学报，2010 (1)：46－52.

[50] 栗尚正. 世纪文化难题与我们的文化使命——学习十六大报告关于文化建设的论述 [J]. 中共桂林市委党校学报，2003 (1)：9－14.

[51] 胡伟. 在经验与规范之间：合法性理论的二元取向及意义 [J]. 学术月刊，1999 (12)：77－88.

[52] 时殷弘. 国际关系理论研究与评判的若干问题 [J]. 中国社会科学，2004 (1)：14－15.

[53] 秦亚青. 层次分析法与国际关系研究 [J]. 欧洲，1998 (3)：13－20.

[54] 秦亚青. 第三种文化：国际关系研究中科学与人文的契合 [J]. 中国社会科学，2004 (1)：19－20.

[55] 李廷江. 探索国际关系的新视角——平野健一郎和他的国际文化理论 [J]. 国外社会科学，1997 (2)：18－23.

[56] 邢悦. 文化功能在对外政策中的表现 [J]. 太平洋学报，2002 (3)：78－85.

[57] 种海峰. 简论跨文化传播与冲突的四个规律 [J]. 深圳大学学报 (人文社会科学

版），2010（6）：149－152

[58] 倪波. "大外交"：邓小平外交思想聚焦 [J]. 社会主义研究，2007（1）：122－124.

[59] 肖刚. "三个代表"重要思想与中国外交战略的定位 [J]. 广东外语外贸大学学报，2003（1）：44－48.

[60] 秦晓鹰. 中国外交的文化内涵——《为了世界更美好》读后 [J]. 世界知识，2006（20）：52－53.

[61] 范锋亮. 胡锦涛"和谐世界"理念探析 [J]. 中共南宁市委党校学报，2008（2）：3－5.

[62] 董伟. 经济全球化背景下的文化建设 [J]. 中国党政干部论坛，2002（1）：2－3.

[63] 楚树龙. 全面建设小康时期的中国外交战略 [J]. 世界经济与政治，2003（8）：8－13.

[64] 曲春郊. 毛泽东何时宣告"中国人民从此站起来了"? [J]. 党的文献，1995（6）：1.

[65] 李优坤. 国家利益视角下的毛泽东外交 [J]. 河南大学学报（社会科学版），2010（2）：61－66.

[66] 丁明. 审时度势，铸就辉煌：新中国外交战略演变的历史回顾 [J]. 当代中国史研究，2009（5）：88－92.

[67] 李才义. 论毛泽东外交思想中的意识形态与国家利益 [J]. 党史研究与教学，2003（6）：29－35.

[68] 齐建华. 中国社会主义外交战略思想的历史发展 [J]. 科学社会主义，2011（2）：139－142.

[69] 沙健孙. 1949—1956：中华人民共和国政府处理与西方发达国家关系的政策和策略 [J]. 新华文摘，2005（1）：49－56.

[70] 马承源. 灿烂的青铜时代之花——中国青铜器在美展出 [J]. 今日中国（中文版），1980（3）：67－71.

[71] 陈默. 武侠片如何传承侠义精神 [J]. 半月谈，2011（23）：28－29.

[72] 林金枝. 海外华侨华人在中国大陆投资历史的回顾与展望 [J]. 南洋问题研究，1991（1）：54.

[73] 邵峰. 中国外交战略：六十周年六大变化 [J]. 新远见，2009（10）：38.

[74] 刘萱. "'99 巴黎·中国文化周"回眸 [J]. 对外传播，1999（11）：46－47.

[75] 沈孝泉. 中国与世界的一次握手 [J]. 瞭望新闻周刊，1999（38）：60.

[76] 胡联合. 新中国外交战略的历史变革 [J]. 湖北行政学院学报，2004（4）：62－67.

[77] 王红续. 新中国外交的价值取向与战略抉择 [J]. 国际关系学院学报，2011（6）：9－16.

[78] 钟婷婷，王学军. 论中国对非洲的软实力外交 [J]. 浙江师范大学学报（社会科学版），2010（4）：66－71.

[79] 吴兴唐. 文明多样性当议 [J]. 当代世界，2006（10）：111 – 113.

[80] 孟晓驷. 和谐世界理念与外交大局中的文化交流——近年来我国对外文化工作的回顾和思考 [J]. 求是，2006（20）：58 – 60.

[81] 缪开金. 中国文化外交研究 [D]. 北京：中共中央党校，2006.

[82] 孔凡河. 江泽民外交思想研究 [D]. 上海：华东师范大学，2007.

[83] 简涛洁. 冷战后美国文化外交及其对中美关系的影响 [D]. 上海：复旦大学，2010.

[84] 张冉. 文化自觉论 [D]. 武汉：华中科技大学，2010.

[85] 宋军. 中国共产党文化发展战略思想研究 [D]. 广州：华南理工大学，2011.

[86] 王岳川. 中国文化软实力与文化安全 [N]. 光明日报，2010 – 07 – 29（10）.

[87] 曾祥明，何芳. 和谐世界：中国人的世界秩序观 [J]. 辽宁省社会主义学院学报，2013（1）：87 – 92.

[88] 曾祥明. 文化全球化对青年的影响及其思考 [J]. 辽宁省社会主义学院学报，2014（4）：117 – 120.

[89] 曾祥明. "中国梦"的软实力解读 [J]. 福建理论学习，2014（8）：4 – 6.

[90] 曾祥明. 文化软实力研究在中国：概念、现状与前瞻 [J]. 湖北三峡学院学报，2012（2）：36 – 39.

[91] 曾祥明. 北京文化外交浅析 [C] //北京蓝皮书·文化. 北京：社会科学文献出版社，2015：250 – 258.

[92] 曾祥明. 文化外交的学理分析 [C] //中国矿业大学（北京）中央高校基本科研业务费项目研究成果论文集. 北京：煤炭工业出版社，2015：186 – 192.

（四）外文资料

[1] Mazrui A A. Cultural Forces in World Politics [M]. New Hampshire：Heinemann Educational Books Inc. , 1990.

[2] Boxer C R. Four centuries of Portuguese expansion, 1415—1825 [M]. Berkeley：University of California Press，1969.

[3] Boxer C R. South China in the sixteenth century, being the narratives of Galeote Pereira, Fr. Gaspar da Cruz, O. P. [and] Fr. Martin de Rada, O. E. S. A. （1550—1575）[M]. London：Printed for the Hakluyt Society，1953.

[4] Boxer C R. Fidalgos in the Far East, 1550—1770；fact and fancy in the history of Macao [M]. Lisbon：The Hague, M. Nijhoff，1948.

[5] Josephs Nye. Redefining the National Interest [J]. Foreign Affairs，1999（8）：88 – 92.

[6] Jongsuk Chay（ed.）. Culture and International Relations [M]. New York：Praeger

Publishers, 1990.

[7] Coombs PH. the Fourth Dimension of Foreign Policy: Educational and Cultural Affairs [M]. New York: Harperand Row, 1964.

[8] Ruth Emily Mcmurry, Muna Lee. cultural approach, another way in international relations [M]. Chapel Hill: University of North Carolina Press, 1947.

[9] Akira Iriye. Cultural Internationalism and Word Order [M]. Washington, D. C. : The Johns Hopkins University Press, 2000.

[10] Mitchell J M. International Cultural Relations [M]. London: Allen & Unwin Ltd. , 1986.

[11]Finn H K. The Case for Cultural Diplomacy [J]. Foreign Affairs, 2003 (6): 20.

[12] Charles Frankel. the Neglected Aspect of Foreign Affairs: American Educational and Cultural Policy [M]. Washington, D. C. : Brookings Institution, 1965.

[13] Ninkovich F A. the Diplomacy of Ideas: U. S. Foreign Policy and Cultural Relations, 1938—1950 [M]. Cambridge: Cambridge University Press, 1981.

[14] Ninkovich F A. U. S. Information Policy and Cultural Diplomacy (No. 308) Series editor, Nancy L. Hoepli-Phalon [M]. New York: Foreign Policy Association, 1996.

[15] Frank Ninkovich. Culture in U. S. Foreign Policy Since 1900, in Jongsuk Chay, ed. , Culture and International Relations [M]. New York: Cambridge University Press, 1990.

[16] Cummings M C. Cultural Diplomacy and United States Government: A survey, Center for Art and Culture [M]. Washington D. C. : Johns Hopkins University Press, 2003.

[17] Arndt R T, Rubin D L. The Fulbright Difference, 1948—1992[M]. Washington, D. C. : Transaction Publishers, 1993.

[18] Arndt R T. The First Resort of King: American Cultural Diplomacy in the Twenty Century, Potomac Books, Inc. [M]. Washington, D. C. : Johns Hopkins University Press, 2006.

[19] Kevin Mulcahy. Cultural Diplomacy in the Post-Cold War World, Unpublished paper on file at the Center for Artand Culture [M]. Washington D. C. : Johns Hopkins University Press, 2000.

[20] Randolph Wieck. Ignorance Abroad: American Educational Cultural Foreign Policy and the Office of theAssistant Secretary of State [M]. New York: Praeger Publishers, 1992.

[21] Paul Sheeran. Cultural Politics in International Relations [M]. New York: Askgate, 2001.

[22] Beate John. The Cultural Construction of International Relations——The Invention of the State of Nature [M]. London: Palgrave Macmillan, 2000.

[23] Richard Ned Lebow. A Cultural Theory of International Relational [M]. Cambridge : Cambridge University Press, 2008.

[24] Margaret Wyszomirski. Christopher Burgess and Catherine Peila, International Cultural Relations: A Multi-Country Comparison, Center for Art and Culture [M]. Washington D. C. : Johns Hopkins University Press, 2003.

[25] Frederick Charles Barghoorn. the Soviet Cultural Offensive: The Role of Cultural Diplomacy in Soviet Foreign Policy [M]. Westport, Connecticut: Westport Greenwood Press, 1976.

[26] Kenneth Waltz Man. the State and War [M]. New York: Columbia UP, 1959.

[27] James Rosenan. The Scientific Study of Foreign Policy [M]. London: Frances Printer, 1980.

[28] Mexico City Declaration on Cultural Policies, World Conference on Cultural Policies Mexico City [R]. 26 July-6 August, 1982.

[29] Samuel Huntington. The Clash of Civilizations? [J]. Foreign Affairs, 1993 (2): 126 −133.

[30] Samuel Huntington. The Clash of Civilizations and the Remaking of World Order[M]. New York: Simon and Schuster, 1996.

[31] John P. Lovell. The United States as Ally and Adversary in East Asia: Reflections on Culture and Foreign Policy, in Jongsuk Chay, ed. , Culture and International Relations [M]. New York: Columbia UP, 1990.

[32] Alastair Iain Johnston. Cultural realism : strategic culture and grand strategy in Chinese history [M]. Princeton: Princeton University Press, 1995.

[33] Steve Lohr. Welcome to Internet, the First Global Colony [N]. The New York Times, 2000 − 01 − 09 (4) .

[34] Mulcahy K V. Cultural Diplomacy and the Exchange Programs: 1938—1978[J]. The Journal of Arts Management, Laws, and Society, 1999 (1): 8.

[35] Robert Rossow. the Professionalization of the New Diplomacy[J]. Word Politics, 1962 (14): 565.

[36] Cummings M C. Cultural Diplomacy and United States Government: A survey, Center for Art and Culture [M]. Washington D. C. : The Johns Hopkins University Press, 2003.

[37] Oliver Schmidt. Small Atlantic World: U. S. Philanthropy and the Expanding International Exchange of Scholars after 1945 [M] //Culture and International History,

eds. Jessica C. E. Gienow-Hecht & Frank Schumacher, Berghahn Books, 2003.

[38] Juliet Antunes Sablosky. Reinvention, Reorganization, Retreat: American Cultural Diplomacy at Century' End, 1978—1998 [J]. The Journal of Arts Management, Laws, and Society, 1999 (29): 32.

[39] Jensen Lionel. Culture industry, power, and the spectacle of China's Confucius Institutes [M] //In Weston, Timothy B. , Lionel Jensen and David M. Bandurski. China In and Beyond the Headlines (3rd Edition) . Rowman & Littlefield Publishers, 2012.

[40] Robert keohane and Joseph S. Nye. Power and Interdependence in the Information Age [J]. Foreign Affairs, 1998 (9): 110.

[41] Berridge G R. Diplomacy: Theory and Practice (The Third Edition) [M]. New York: Palgrave Mamilian, 2005.

[42] AlpoRusi. Image Research and Image Politics in International Relations-Transformation of Power Politics in the Television Age [J]. Cooperation and Conflict, 1988 (6): 29.

[43] 22 Nation Poll Shows China Viewed Positively by Most Countries [EB/OL]. http: // www. worldpublicopinion. org/pipa/articles/views _ on _ countriesregions _ bt/116. php.

后　　记

读博期间，由于研究兴趣、国家公派留学等因缘巧合，我选择了研究中国特色文化外交。本书①正是在我的博士学位论文《中国文化外交及其对中葡关系的影响》的基础上修改而成的。博士学位论文和本书的写作过程中得到了卫灵老师的诸多启发，融合了导师不少思想。对于导师的感情将继续融入我的学术创作中。

感谢在求学时教我知识、给予我指导的诸位师长前辈，你们的教诲让我受益颇多。正是你们，为我的学习之路增添了丰富的内容，点亮了我前行的灯塔，开启了思想的宝库。感谢中国矿业大学（北京）的各位领导和同人对我的关心和帮助。这种感谢无以言表，唯有以更加饱满的热情投入我们共同的教育事业中。

感谢文中所引用的诸位前辈学者的研究成果，你们的研究是本书稿得以创作的重要基础。在写作过程中，我尽可能地做到直接引用。如仍有转引或遗漏的，敬请包涵。

感谢为本书出版做了大量细致高效工作的组织和个人。若无你们的大力支持，本书恐难以这么快呈献于读者面前。

感谢我的家人和亲朋们。你们的爱是我完成学业、走完人生成长这一大步的动力源泉与心理基石。唯有怀抱一颗感恩之心，争做一名踏实笃行之人，

---

① 本书最初的书名是《中国特色文化外交研究》，但由于各种原因，出版时稍作修改。鉴于特色文化外交是特色对外文化交流的主体，是其理论支撑下的重要对外实践，于是有了现名《中国特色对外文化交流的理论与实践》。

才对得起你们。

文化发展与创新关乎一个国家的兴衰，是 21 世纪各国安身立命的根本，也是当前及未来各国国际较量的关键。建立在文化软实力基础上的中国特色文化外交研究是我中华实现民族复兴所要依托的一个既抽象又具体的课题。研究后期，我越发觉得"何为中国特色文化、如何实现中国特色文化创新、怎么创新中国特色文化外交、怎样运用中国特色文化外交"是中华复兴之路上绕不过去的艰巨而重要的时代命题。本书试着做了一些探索性的解答。然而，作为初入学术殿堂的后生，对学术之路始终充满敬畏之情。限于学识水平、研究方法运用、人生阅历等诸因素，书中的不足之处，敬请专家批评指正。